156

新知
文库

XINZHI

Making Heritage:
El Condor Pasa and Other
Stories from UNESCO

Making Heritage: El Condor Pasa and Other Stories from UNESCO

© 2018 by Valdimar Tr. Hafstein

制造非遗

《山鹰之歌》与来自联合国
的其他故事

[冰] 瓦尔迪马·哈夫斯泰因 著
闫人 译 马莲 校

生活·讀書·新知 三联书店

Simplified Chinese Copyright © 2023 by SDX Joint Publishing Company.
All Rights Reserved.

本作品简体中文版权由生活·读书·新知三联书店所有。
未经许可,不得翻印。

图书在版编目(CIP)数据

制造非遗:《山鹰之歌》与来自联合国的其他故事/(冰)瓦尔迪马·哈夫斯泰因著;闾人译. —北京:生活·读书·新知三联书店,2023.1
(新知文库)
ISBN 978-7-108-07477-5

Ⅰ.①制… Ⅱ.①瓦… ②闾… Ⅲ.①非物质文化遗产-介绍-世界 Ⅳ.① G112

中国版本图书馆 CIP 数据核字(2022)第 156961 号

责任编辑	李静韬
装帧设计	陆智昌 刘 洋
责任印制	张雅丽
出版发行	生活·讀書·新知 三联书店
	(北京市东城区美术馆东街 22 号 100010)
网 址	www.sdxjpc.com
图 字	01-2022-6276
经 销	新华书店
印 刷	河北鹏润印刷有限公司
版 次	2023 年 1 月北京第 1 版
	2023 年 1 月北京第 1 次印刷
开 本	635 毫米×965 毫米 1/16 印张 18.25
字 数	214 千字 图 28 幅
印 数	0,001-5,000 册
定 价	58.00 元

(印装查询:01064002715;邮购查询:01084010542)

新知文库

出版说明

在今天三联书店的前身——生活书店、读书出版社和新知书店的出版史上，介绍新知识和新观念的图书曾占有很大比重。熟悉三联的读者也都会记得，20世纪80年代后期，我们曾以"新知文库"的名义，出版过一批译介西方现代人文社会科学知识的图书。今年是生活·读书·新知三联书店恢复独立建制20周年，我们再次推出"新知文库"，正是为了接续这一传统。

近半个世纪以来，无论在自然科学方面，还是在人文社会科学方面，知识都在以前所未有的速度更新。涉及自然环境、社会文化等领域的新发现、新探索和新成果层出不穷，并以同样前所未有的深度和广度影响人类的社会和生活。了解这种知识成果的内容，思考其与我们生活的关系，固然是明了社会变迁趋势的必需，但更为重要的，乃是通过知识演进的背景和过程，领悟和体会隐藏其中的理性精神和科学规律。

"新知文库"拟选编一些介绍人文社会科学和自然科学新知识及其如何被发现和传播的图书，陆续出版。希望读者能在愉悦的阅读中获取新知，开阔视野，启迪思维，激发好奇心和想象力。

生活·讀書·新知三联书店
2006年3月

本书中重要公约的时间线

⊙ 1954年
《关于发生武装冲突时保护文化财产的公约》
（简称《海牙公约》）

⊙ 1964年
联合国教科文组织通过保护文化财产的同名法案

⊙ 1970年
《关于禁止和防止非法进出口文化财产和非法转让其所有权的方法的公约》

⊙ 1978年
"促进文化财产归还原属国或返还非法成立占有文化财产政府间委员会"

⊙ 1972年
通过《保护世界文化和自然遗产公约》
（简称《世界遗产公约》）

⊙ 2000年
"世界贸易组织知识产权与遗产资源、传统知识和传统文化表现形式政府间委员会"成立

⊙ 2003年
通过《保护非物质文化遗产公约》
（简称《非物质遗产公约》）

目 录

中文版序　非物质遗产保护与民俗学学者的使命　　1
序　曲　一个民俗学学者的自白　　9

第一章　导论——制造遗产　　1
第二章　制造威胁——山鹰之行　　27
第三章　制造名录——医院里的伴舞乐队　　67
第四章　制造社群——保护作为剥夺　　114
第五章　制造节日——再观民俗学化　　159
尾　声　非物质遗产作为诊断，保护作为治疗　　191

结　论　如果非物质遗产是解决方案，那么问题是什么？　　199
致　谢　　208
译后记　　213
参考文献　　215

中文版序

非物质遗产保护与民俗学学者的使命

19世纪出现了一个有助于人们反思日常生活急剧变迁的辉煌术语：民俗（folklore）。这个创新的术语通过提供一个衡量变革的基准，帮助人们围绕变革展开思考。虽然民俗学学者们后来为"民俗"这个概念配备了其他用途，但民俗学领域在它出现之初就通过后视镜记录与诠释社会、经济和环境的变革，这些变革后来被描述为工业化、城市化——现代性。

民俗学领域通过它参与建设的多种媒介和机构来确定这些变迁的基准：博物馆、收藏、展览、音乐会、书籍与杂志、录音、电影、演出、节日、地方历史学会、大学教席与院系、档案馆、艺术理事会。我们知道的民俗学领域是作为现代社会公共领域的一部分，在过去200年中建立起来的。当然，这些机构和媒介的发展是为了跟上每一代人所处的环境和面临的挑战，因而当今天的民俗学学者谈论民俗时，与150年前我们前辈们头脑中的民俗只有部分重叠，当我们谈论"民"（folk）时，我们指的是本土实践形式、表达文化和日常生活的美学。

但我认为，在19世纪和20世纪初的社会变革中，有一些特殊情况，民俗学领域在其形成之初就对此做出了回应。民俗学领域及其机构和媒介为某些社会中的某些阶级提供了一种基于特定历史的回应——这既是一种智识上的回应，也是一种情感上的回应——应对他们自身所处的正在急剧变化的环境，应对雷蒙德·威廉斯（Raymond Williams）所说的那个时期特有的"情感结构"。在某种程度上，这是一种适于特定历史的方式，用于概念化、观察和感受与时间的关系，将过去与现在区分开来，并设想传统与现代性之间的重叠和延伸。在一定程度上，这也关乎多样性的概念化，也就是说，收集、展示和理解人们看待世界的不同方式和存在于世界的不同方式，面对人们当时所经历的不同的生活方式和表达方式，因为现代性的推土机以进步的名义消除了所有这些差异。"民俗"这个概念，以及民俗学领域的机构和媒介，有助于人们反思并把握这一过程。

我开篇就从这个视角来看待民俗的历史，因为我认为，随着过去50年来文化遗产概念的兴起，以及遗产领域及其各种媒介和机构的形成，都有益于镜鉴当下。这里既有明显的连续性，也有重要的不同之处。20世纪末和21世纪初的社会变革有它的特殊性，而当前对遗产的关注正是对这种变革的回应。遗产领域也提供了一种特定于历史的回应，换句话说，这是一种直面当前和过去几十年所处环境和面临挑战的方式。正是在这个过程中，我们见证了遗产的激增，也正是在这个过程中，我们称为文化遗产的事物在数量和种类上都呈指数级增长，谈论文化遗产的人数和人群也在呈指数级增长。

其中一些特殊的变革和挑战包括我们与全球化、新自由主义化、去殖民化、大规模移民以及大众传媒和旅游业相联系的变革和挑战。遗产领域的机构和媒介为我们提供了一系列手段，使我们能够将当代面临的环境、挑战和变迁概念化，使它们成为焦点，将它们付诸辩论，来接受、反对、促进和抗议，使我们理解它们，并通过各种遗产情感来感受它们，从赞赏、依恋和自豪，到震惊和愤慨。

在本书的结论中，我问道，"如果非物质遗产是解决方案，那么问题是什么？"。也就是说，人们打算用非物质遗产的概念和保护非物质遗产的公约来解决什么问题？我想，术语的这种反转，抓住了我探讨这个已经成为充满活力的研究领域的特殊性。与非物质遗产的当代激增相匹配的是人类学、民族学、民俗学、文物保护学、博物馆学、公共管理学和许多其他领域的大量研究。事实上，我认为，这些研究本身就是非物质遗产兴起的一部分，是遗产领域的产物，是遗产领域基于历史性对当前环境作出特定回应的组成部分。这些研究大都涉及被贴上非物质遗产标签的特定实践形式或表达形式，有的主要是描述性的，更多的是规范性的，有的则更具批判性。我在本书中提到了很多诸如此类的研究，它们补充并扩展了我提出的各种主张和观点。我认为本书则是用另一种方式补充了这些"普通百姓的非物质遗产"的案例研究，通过反转问题的术语，试图理解非物质遗产的"制造"（making）：非物质遗产是如何产生的，以及它又带来了什么。不妨这样想，如果非物质遗产是一部电影或电视剧，那么本书可以成为一部关于"非物质遗产的制造"的纪录片。它以联合国教育、科学及文化组织（以下简称联合国教科文组织）的机构民族志为基础，提供了关于非物质遗产的概念和公约如何形成的幕后花絮——通过"从未公开的镜头"和对演员、导演、制片人等的采访。随后，本书将非物质遗产的影响延伸到世界不同角落，在那里，这一概念已经开始发挥作用，人们将它作为反思变革的工具，同时也将它作为实现变革的工具，通过遗产领域的机构和媒介，改造人们与自身实践形式之间的关系。

时隔几年，我于2019年3月重返联合国，这次不是去位于巴黎的联合国教科文组织总部，而是去位于日内瓦的世界知识产权组织，通过这个组织，我在2002年第一次向联合国介绍情况。这一次，我是去放映一部电影，作为"我的委员会"——知识产权与遗传资源、传统知识和传统文化表现形式政府间委员会的代表们在午餐时举行的"边会活动"，近二十年，我断断续续地参加过这个政府间委员会的会议。在我放映的这部电影中，就有世界知识产权组织的这个政府间委员会，电影叙述了关于其起源的故事，并展示了这个故事在世界知识产权组织和联合国教科文组织这两个机构的外交官之间的讲述，这个故事就是影片《山鹰之歌》（El Condor Pasa）的故事，本书的副书名指的就是这个故事，书中第二章叙述的也是这个故事。

我在会议室的后排通过桌上的话筒宣布："这部电影是关于你们的，是为你们带来的，也是为你们放映的。"我的头在前面的大屏幕上放大了十倍。在我头顶上的玻璃隔间里，翻译人员将我的推介语同时译成法语、西班牙语、汉语、俄语和阿拉伯语。代表们戴着耳麦，对我这种与会议程序格格不入的强行推销咧嘴一笑——在翻译人员翻译我的话时有几秒钟的滞后——但效果很好。在出席委员会会议的大约100名代表中，通常会有20—30名代表参加边会活动，但这次活动却爆满了，有50多名代表争夺空出的座位。

电影放映结束后（片长30分钟），我们还有半个小时的讨论时间。如果不是只带了一套摄像机和话筒的话，我可能会把所有的镜头和音频制作成这部电影的续集——《山鹰之行（第二部）——飞向日内瓦》。这部影片讲述的故事的一个重要部分，围绕秘鲁和玻利维亚两国政府对安第斯山脉的一首乐曲的相互抵牾的诉求而展开。20世纪70年代，随着保罗·西蒙（Paul Simo）和阿特·加芬克尔（Art Garfunkel）以《山鹰之歌——如果我可以》之名被纳入他们最畅销的专辑《忧愁河上的金桥》中，它登上了音乐排行榜。在电影放映后的问答环节，来自玻利维亚和秘鲁的代表们就这首乐曲的作者和来源进行了反复争论，他们都是能言善辩、见多识广的外交官，争论极为激烈且出乎意料地紧张，几乎没有时间考虑其他问题。当他们从历史、道德和法律的角度对各自国家有关"山鹰之歌"的权利主张进行辩论之际，在全神贯注、无法插话的50名外交官听众面前，我想，哇！这正是吸引我进入这个主题的原因，也正是最初促使我进入这个领域的原因。

不过，这个事件也证明了民俗研究的学术领域，与国家和地方政府以及国际组织更广泛的政策论坛之间的反馈循环。事实上，这部电影本身讲述了玻利维亚政府在1973年寄给联合国教科文组织总干事的一封信的故事（本书第二章有更详细的叙述），据这个故事所述，玻利维亚政府是出于对美国音乐人和全球音乐产业"窃取""山鹰之歌"的民族义愤（遗产情感之一）而发出这封信的。这个故事把在巴黎收到玻利维亚的这封信描述为一个起点——联合国教科文组织在民俗及其他非物质遗产领域的努力和世界知识产权组织在民俗及其他传统知识领域的努力的起点，最终导致（故事的结尾是）2000年世界知识产权组织成立政府间委员会和2003年联合国教科文组织通过《保护非物质文化遗产公约》（以下简称《非物质遗产公约》）。

当你读这本书时，很可能会忽略的一点，已在第二章顺便指出（见31页注释1），即玻利维亚寄给联合国教科文组织总干事的信所附的详尽备忘录的作者，正是茱莉娅·埃琳娜·弗顿（Julia Elena Fortún），她是一位造诣很高的玻利维亚民俗学学者，著述颇丰，写了很多关于玻利维亚流行音乐、舞蹈、手工艺、饮食方式、节日和岁时风俗的书籍，还曾在玻利维亚教育和文化部工作（在那里她创建了民俗司），建立了国家人类学研究所，并组织了玻利维亚第一次全国民俗学会议。换句话说，2019年我在世界知识产权组织放映电影以及随后外交官们的讨论，只是民俗学领域与联合国的国际组织之间长期交流的一个小片段。事实上，国际民族学与民俗学学会（我在2013年至2017年担任该会会长）最初创建于1928年（当时名为"国际大众艺术委员会"），是联合国教科文组织的直接前身——巴黎国际智力合作委员会的一个学术性的附属委员会，该委员会构成了国际联盟（联合国的前身）的一部分。换句话说，从学术到政策的影响路径在不断的反馈循环中来回运行。像茱莉娅·弗顿和我这样的民俗学和人类学学者多达数百名，他们为世界知识产权组织和联合国教科文组织关于大众艺术和传统的工作作出了直接的贡献，这还不包括成千上万在地方和国家层面上为这些国际公约、准则和努力的辩论与实施作出贡献的人。

  理解联合国教科文组织《非物质遗产公约》和世界知识产权组织政府间委员会的一种方式是，将它们视为民俗研究这一未被规训的学科之历史的组成部分，而这一学科通过各种系科化，在人类学、民俗学、民族学和历史学中被宽泛地理解。民俗学这个领域——即我们对民俗及其他传统知识或非物质遗产的现代理解，以及围绕着它们的研究、保护和促进所建构的现代体制，通过国际谈判、公约等在其他事物中积极地建构了自身。民俗学和人类学学者直接参与国际谈判本身只是冰山一角。在冰山的下面，可以发现民俗研究领域的理论、概念和观点在国际进程中的再循环、再排演和再解释，它们被纳入谈判，转化为公约文本，并在国家和地方层面实施该公约的方式中重新出现。

我认为，这将我们引向一个相当有趣的民俗学学科概念：这门学科不仅仅是学术性的，不仅仅是在教育和研究部门或科学期刊上，而且也是在公共领域、在实践和政策领域中展开的。可以说，民俗学学者一直都在那里，民俗学也一直属于那里。民俗学的使命从来都不仅仅局限于记录和研究，它的最终目标也始终是影响人们评价和实践自身文化的方式。

这种对民俗学究竟是什么，以及我作为一名民俗学学者对它如何理解，是我通过写这本书给自己上的最重要的一课。因为写作是一次发现之旅：不是把自己已经知道的东西写下来并发表，而是通过写作来学习，在这个过程中发现自己事先不知道的新东西。至少对我来说，写作是这样的，而另一方面，还可以从与读者的相遇中（在会议中，在课堂上，在电子邮件里）学到更多的东西，读者会在阅读这本书的过程中发现他们和我可能事先都没有意识到的东西。电影和与观众相遇同样也是如此，比如2019年3月在日内瓦举行的午餐会边会活动。

归根结底，这种相遇是我在这里试图描述的反馈循环的组成部分，现代社会通过这种反馈循环建立了各种机构——如大学、研究院、期刊、出版机构、博物馆、文化中心和政策机构——这些机构负责建立它们的反思性的自我意识。在过去的半个世纪里，促进和保护文化遗产已经成为这种现代自我意识的一个焦点，如今已通过非物质遗产的概念和保护非物质遗产的公约，扩展到人们的各种实践形式和表达形式之中。因此，归根结底，保护非物质遗产的努力和对这些努力的批评，都是同一个现代反思机制产生的同一种话语的一部分。换句话说，联合国教科文组织的公约、世界知识产权组织的委员会、我的书和电影，都是这种反思机制的产物。事实上，它们都可以被看作是广义上的现代民俗学的表达形式。而这个学科的最终目的,就是要提高社会对自身的反思意识,教会人们如何理解自身的实践形式,如何评价自身的实践形式。也就是说,我们的最终目标是把"民"变成民俗学学者。1977年,我的导师美国民俗学学者阿兰·邓迪斯(Alan Dundes)问了一个著名的问题,"谁是民?"。在向他的读者发问时,他的回答在当时是激进的,但至今仍然是正确的,"在他者中间,我们是!"。当然,这个回答的含义是,对其他所有人来说,也是如此。这里我的论点的含义是,反之亦然:"谁是民俗学学者?"——我们可能会问。而答案,引用邓迪斯的话,就是"在他者中间,我们是!"。对其他人来说,也是如此。

序　曲

一个民俗学学者的自白

我并非一开始就对文化遗产感兴趣，而是通过神话学才学习民俗学的。19岁时，我在冰岛大学选修了北欧神话的课程，这是民俗学专业开设的课程之一。在随后的一个学期里，我又上了三门民俗学课程。我下定决心，义无反顾。接下来的几个学期，我学习了风俗礼仪、故事传说、物质文化：它们在20世纪是民俗学的基础课程。我对神话的兴趣很快就因更多乏味的主题而消退了，如日常生活及人们赋予其意义的方式。文本解释让位田野工作。我的父母并不在乎，只是耐心地等着我定下心来。父亲只提过一次，他温和地建议，无论我选择做什么，都应该确保能够养家糊口。父亲上过法学院，在最后一学年行将结束时，外交部给他提供了一份工作。他犹疑不决，但母亲却想周游世界。在最后一次考试的那个月，他们就和长子搬到了斯德哥尔摩。26岁那年，父亲第一次出国，不经意间成为一名外交官。

我从小就和家人搬到了欧洲的外交之都布鲁塞尔和日内瓦，前者是欧盟和北约总部的所在地，后者则是联合国办事处、国际劳工组织、世界卫生组织、世界知识产权组织以及很多其他组织机构的所在地。父亲一路晋升，成为冰岛的驻外大使，并担任很多政府间协定、条约和公约的首席谈判代表。母亲在不同的城市养育了四个孩子，并承担了由父亲的职位带来的许多外交任务。他们都很擅长自己的工作。

坦白讲，我从来没有想过自己会步他们的后尘，我想，他们也没有想到。直到2005年我才意识到这一点。那时，我32岁，距我第一次上民俗学课13年了，父亲在不久之后于同年8月去世，我也在那之前几个月完成了伯克利的博士课程学业。在此之前的三年之间，我作为参与观察者参加了联合国教科文组织和世界知识产权组织的会议。在联合国教科文组织，我是冰岛代表团的一员，与其他国家的代表按姓名的字母顺序坐在一起，他们大多是律师。在世界知识产权组织，我作为观察者坐在后排的长椅上，代表国际民族学和民俗学学会或美国民俗学学会，或者两者兼而有之。我行走在世界知识产权组织总部外面的路上，那是一座位于日内瓦万国广场旁的13层高、外装宝蓝色玻璃的大楼。我花费整周的时间，在会议室和休息大厅里聆听有关版权与民俗的外交争论。我身着蓝色西装，手提公文包，穿过门厅的大理石地板，突然意识到：我变成了我的父亲，也在不经意间成为一名外交官。

第一章

导论
——制造遗产

是什么把比利时啤酒文化和中国皮影戏结合在一起？爱沙尼亚的烟熏桑拿和韩国与朝鲜的泡菜或比利牛斯山区夏至焰火节有什么共同之处？巴西的卡波卫勒圆圈舞和法国美食大餐又有什么共同之处？韩国的走绳索和意大利克雷莫纳的小提琴制作技艺有什么相似之处？它们和印尼的蜡染印花工艺、克罗地亚的花边制作、阿拉伯咖啡以及阿根廷的探戈又有什么相似之处？什么可以把印度的瑜伽和布隆迪的皇家大鼓仪式舞蹈、伊朗的地毯编织、瓦努阿图沙画联系起来呢？

答案是：这些文化实践形式与表达形式都被列入联合国教科文组织的《人类非物质文化遗产代表作名录》（以下简称《代表作名录》）。这意味着它们被选中，来代表人类创造力的多样性。被选中，是因为它们赋予深刻的价值观以审美形式，它们体现了技巧和能力，体现了连接的纽带，体现了它们与历史、社会和自然的不同关系。它们证明了人们关照前人、他人以及世界的各种方式。联合国教科文组织的《代表作名录》展示了人性最好的一面，展现了其从各种特殊环境中创造出美、形式和意义的能力。通过分享他们喜好或坚持的东西,人们在其文化实践形式和表演形式中赋予价值以形式(Hymes1975)。新一代人则根据自身条件再造这些形式,培育人才、知识和必要的鉴赏力。联合国教科文组织成员国着手保护的正是这种创造性的活力。《非物质遗产公约》要求我们所有人都对这些文化实践形式与表达形式得以保持持续的活力负责——确保实践者能够继续实践它们,并能够继续启发后代。

公约用"文化遗产"这个术语来表述它们,联合国教科文组织在过去半个世纪为这一概念注入生命。这个概念界定了它所描述的对象和表达形式之间的特殊关系,这种关系是最近才出现的。我们倾向于认为"文化遗产"久已有之,实际上,它是一个现代的新创词,仅在过去几十年变得耳熟能详(Klein 2006;Bendix 2000;Kirshenblatt-Gimblett 1998;Lowenthal 1998;Hafstein 2012)。它的新颖体现了当代社会及其对自身的过去、现在和未来的理解(Holtorf 2012;Eriksen 2014)。将某一建筑物、仪式、古迹或舞蹈珍视为文化遗产,就是要改造人们与其实践形式以及建筑环境产生关联的方式,并把诸如尊重、自豪和责任等情感注入这种关系中。通过促成文化遗产的各种社会机构(中心、理事会、协会、俱乐部、委员会、专家委员会、评委会、网络等),通过无处不在的与文化遗产相关的展示形式:从名录到节日,以及展览、盛典、编目、网站或书籍,这种改造得以展开。民俗学学者芭芭拉·克申布莱特-吉姆布雷特(Barbara Kirshenblatt-Gimblett)将它们称作超文化(metacultural)造物(1998,2006):指涉另一种文化表达形式与实践形式(地毯编织、仪式舞蹈、走绳索),并且是赋予其新的意义(如与社群、多样性、人性相连)和新的功能(如吸引游客、协调差异)的文化表达形式与实践形式(如名录和节日)。按照克申布莱特-吉姆布雷特的说法,遗产的一个标志是"它的对象与其展示手段之间有问题的关系"(1998：156)。本书会把这些问题弄清楚。当然，这本书本身也是一种超文化造物，是联合国教科文组织促进非物质遗产在全球取得成功带来的大量出版物、网站、时事通讯、新闻稿和展览之外的批评性补充。本书追溯了制造非物质遗产这个概念和致力于保护它的公约的起始时刻，以及这种制造的谱系——造就非物质遗产的事件、行动者和环境的谱系。

本书志在改变我们思考非物质遗产的方式。它提出的问题有时与常理相悖，挑战官方的故事和公众的看法。它的提问一反常态：如果非物质遗产是解决方案，那么问题是什么？人们打算利用非物质遗产的概念和保护公约来解决哪些问题？又产生了哪些影响？作为一名学者、田野工作者、政策制定者和顾问，我在过去15年里，试图从不同的方向来探讨这些问题。在这本书中，我提供了一些答案。

我的叙述始于在联合国教科文组织巴黎总部内围绕《非物质遗产公约》进行的谈判。然后，通过现在对历史的分析，重构非物质文化遗产所面临的挑战。本书也延伸到公约在世界各地的实施。我征引了各种被认为是非物质遗产的表达形式与实践形式，揭示选择、认定、排除、维护、促进和展示过程影响这些实践形式和实践它们的民众的方式，即非物质遗产带来了什么不同，不管是变好还是变糟。

联合国教科文组织的《非物质遗产公约》标志着文化遗产概念的变革，将国际遗产政策从古迹和遗址扩展到"非物质"的领域。这个难以捉摸的概念用来指没有留下太多物质痕迹的实践形式与表达形式，比如讲故事、手工艺、仪式、戏剧和节日。我观察了公约起草委员会和后来的公约执行委员会的会议。本书基于批评民族志的研究方法，辅以档案研究和对公约实施过程中的案例的研究，深

图1-1 位于法国巴黎芳德诺广场的联合国教科文组织总部。版权：NovikovAleksey/Shutterstock

入官方故事背后，揭示情境对于理解正在发生的事情的重要性。

非物质遗产——这一观念和致力于保护这些遗产的公约，掩盖了关于文化生产、保护、控制和异议的广泛分歧。这些分歧有的体现在所采纳的概念中，有的体现在被拒绝的概念中——公约最终文本的未明之处。通过把文化遗产的概念加以延伸，超越国家的限定，并将它转变为包含社会实践形式与表达形式的概念，人类非物质遗产的观念充满各种可能和矛盾。

公约的条款规定了职员、官员、学者和社群积极分子如何开展文化工作，而且在未来几十年内仍会继续这样做。它还制定了一个标准，世界各地各种传统的实践者现在都遵循这个标准，以便获得国家或国际的承认。本书的目的是让人们对非物质遗产的观念和对它的保护有批评性的认识；拆解被广泛接受的自由主义政策（谁会反对帮助文化传统生存下去呢？），将它融入组织背景、政治冲突

图1-2 联合国教科文组织非物质文化遗产徽标。来源：维基媒体

以及由此产生的谈判中来进行批评。我讲述的故事展示了个人和国家如何塑造文本，使之成为全球叙事的基础，以及出于特定的地方原因而提出的主张，如何成为在世界其他地方产生完全不同影响的全球性机制。

长期以来，遗产保护一直是个教化工程。它聘请学者、专家和专职人员就认同、忠诚和从属关系来教化民众，并鼓励他们对这种遗产进行管理、与之产生认同、对之加以看管。最适合这些目标的教化机制是叙事。相应地，联合国教科文组织的目标可以概括为构筑世界：呼唤形成一个新的集合主体——人类，并鼓励全世界的人与之认同、为其福祉负责。文化遗产是这一努力的主要资源，是一个想象共同体的物质代称，代表着多样统一的人类图景，并赋予"我们"共同负责的义务。这种责任由叙事的独特情感和论证能力所支撑（Lafranz-Samuels 2015）。

作为一名民俗学学者，我接受的训练是理解叙事交流，这是这个学科长期以来一直关注的关键问题之一。它将在下面的章节中得到体现。我的取向由一门以田野工作为基础、以历史为依据的学科所决定，注重日常生活和本土实践形式与表达形式，特别是文化的形式或类别及其使用与流传，无论这些形式是物质的（物品、服饰、食物或建筑）、身体的（手势、姿势或发型），还是语言的（叙事或谚语）、视觉的、音乐的、技术的。

非物质遗产十分关注这些文化形式及其表演、流传与使用。但是，不惟《非物质遗产公约》针对的人们——社群、群体和个人如此，谈判公约的外交官和专家，以及负责执行公约的学者、行政人员和文化工作者，也共享这种物质的、身体的和语言的文化形式。本书聚焦于这些形式：联合国关于故事讲述的故事讲述，或关于非物质遗产的非物质遗产，如果愿意或喜欢的话，也可称之为超民俗或超遗产。本书澄清了词语的表演力量：当它们在这些特定的环境中使用时，便产生了新的现实、概念和类别，然后人们会在全世界各种各样的情境中对它们加以利用。

民族志细节

我的研究对象漫步在巴黎联合国教科文组织总部芳德诺广场的廊道上。他们在世界知识产权组织日内瓦总部乘坐电梯。他们有自己的民间言说形式（例如，使用清晰可辨的第三人称的国家称谓："冰岛发现……""希腊支持……""美国相信……"），有自己的民间仪式和风俗（例如，"冰岛首次参加这个会议，我衷心祝贺主席先生连任"），有他们自己的饮食习惯（咖啡或茶和饼干，有人想要来点儿不？），以及自己的传统手势和姿态（握手、挥舞国徽、鼓掌、祝贺等），所有这些都在诸如散播非物质遗产概念之类的外交聚会上得到充分展示。这些交流很少如外交往来那样经过深思熟虑、精心酝酿。俗话说，外交官三思而后行。这是因为，在诸如我这里描述的会议中，言辞和行动是一体的；外交官们在这些场合中的争论和谈判，充满在会议室外制定规则和形成惯例的权力。

他们的传统民间服饰是黑色的西服、领带或裙装；是意味着权力、权威和尊重的制服，同时也通过遵循不着痕迹的资产阶级男性气质的欧洲规范（偶有细微变化和少数例外），弱化了性别、阶层、种族（race）和族群（ethnicity）的差别（在庆典时也会有人穿着艳丽显眼的节日服装，尤其是那些与其本国列入名录的非物质遗产相关的女性代表）。截至2011年参加联合国教科文组织大会，我作为参与观察者出席联合国会议已有10年之久，在联合国教科文组织就非

图1-3 联合国教科文组织会议中的外交官们，版权：UNESCO/Eric Esquivel

物质遗产、在世界知识产权组织就知识产权和传统知识进行了谈判；我已经浸淫在外交民俗之中。我代表冰岛，穿着自己的衣服，称之为权力着装也好，称之为伪装也罢，但作为一个学者，我只有一套衣服。第二天，我的裤子门襟破了。幸运的是，我住的旅馆旁边有个裁缝，他很好心，马上就把拉链修好了。买了这套衣服后，我的体重一定是增加了，两个小时后，裤子门襟又破了。所以，我在芳德诺广场忙活了两周，讨论世界遗产和新闻自由、问候各国的大使和元首、与同事们开会、参与投票，裤子门襟就一直开着。我用衬衫遮盖裤子，这种情况下只能这么做了。我想没有多少人注意到这个。

破损的裤子门襟给我带来了清晰的尴尬时刻，深刻地揭示了服饰和物质文化的问题，以及礼节、举止和身体的问题；让人在这种特定的背景下，审视日常生活的文化规范。这并非是像世界遗产的概念那样庄重高雅意义上的文化，而是日常生活中更为平淡无奇的文化。然而，前者恰恰是在后者之中形成的。关于非物质遗产的争论，是由这一（略显尴尬的）逸事彰显的身体文化实践形式所框定的。因为仔细想来，无论大小，大多数事情都发生在日常生活中，并通过日常实践形式与表达形式得到形塑。这正是民俗学学者、民族学者或人类学者的用武之地。

在写这本书的时候，我的一个目标就是从民俗学研究的特定视角，对文化遗产的批评研究做贡献；另一个目标是通过追踪进入国际组织中的本学科的概念、观点和洞见，为民俗学研究本身做贡献，这些概念、观点和洞见在国际组织中，在一定程度上得到恢复并获得重新在世界中起到作用的动力，正在形塑人们对自己实践形式的理解以及实践形式本身；第三个目标是帮助建立一个关注国际组织和外交会议的民族志视角：在民族志的细节中揭示它们的工作方式，并为它们所塑造的诸如文化遗产概念之类的产物提供背景。

作为社会想象的遗产

　　遗产的概念或曰罗马语的世袭概念出自遗嘱法，它为国家提供了一种家庭隐喻（Poulot 1997，2006；Bendix 2009；Swenson 2007，2013；Ronström 2008）。共和政体的民族-国家把代际关系、义务和继承权投射到国家身上，将在政府的其他领域被废除的王朝模式带入文化领域。在唤醒早期政体模式的同时，国家世袭的概念使只属于精英阶层的东西民主化（Bendix 2000）。共同的文化遗产将"贵族和教长、富豪和商人的财产与权利"（Lowenthal 1998：60）整体转让给公众；它打开卢浮宫的大门，使其向外面大街上的人群敞开（Poulot 1997）。

　　既称颂特权的物质标志，又主张共同使用它们的权利，这揭示了世袭想象中一个有趣的悖论。一方面，那些明显代表世袭的城堡、庄园及其他古迹、皇家珠宝和宫廷时尚，都属于社会中的少数人，而大多数人则是受压迫和赤贫阶层。现在和以前一样，正是这些多数人为维护特权阶层的外在标志买单。然而，不同之处在于这些物质标志的世袭价值，它们被奉为"我们的"遗产，促使普通民众认同其历史从属地位的假象。虽然这些特权标志如今在围栏里或玻璃柜中，却易于接近，这强调甚至夸大了当代社会与过往社会的差异。通过遗产想象来认同这些社会区隔的符号，有助于培育没有那么多阶层性的错觉，好像全民都融入统治阶层，确切地说，是融入习惯去博物馆、具有遗产意识的中产阶层，后者最热衷于文化消费。这种社会攀升的幻想能力是世袭体制的一个创新特征，因为，正如瑞吉娜·本迪克斯（Regina Bendix）所说，遗产区别于其他联结过去和现在的方式的，"正是它隐藏历史和政治复杂性的能力"（2000：38）。

非物质遗产的观念将遗产的范围扩展到大众与本土文化中，使这一更具包容性的遗产成为公众和国家更加关注的问题（Mugnaini 2016）。同时，它也帮助建构了一个以这种方式认同的国民。在一定程度上通过自命不凡与故作简朴的奇妙结合，民间将自身建构为一个集合主体，也就是说，这一主体是通过对"我们的宫殿"或"我们的民间舞蹈"的共同投入和共同责任来定义自身的（Thompson 2006）。净化简朴的盛典与社会攀升的幻像相结合，为社会认同创造出一种万灵丹式的机制。这种社会认同宣称我们的忠诚，引导着我们的上升和下降的社会想象，并留下社会等级已为往事的印象，鼓动怀旧而非抵抗。

民族文化和文化遗产

尽管文化遗产模糊了阶层差异，但却强化了文化差异。世袭体制所有的重要方面都形成于20世纪下半叶，这种体制继承并部分取代了之前的"民族文化"体制，后者的全盛时期是19世纪下半叶和20世纪上半叶（尽管如今它确实仍在不同地方不同程度地被援引，但通常都是与文化遗产相结合）。如果说民族文化是一种工具，在国家境内压制差异的同时，又在沿着国家边界强化差异，那么，文化遗产就是一种拥有更多功能的机制，用来在国家内部和国家之间展现和协调差异。在国家不得不接受民族文化的现代体制的失败时，世袭体制提供了一种应对文化差异的后现代策略。

在过去的几十年里，文化遗产的概念在无数地方引起了大量社会行动者的强烈关注。这一观念的巨大成功使它堪与"文化"（Bennett 1998，2003）、"经济"（Mitchell 1998，2002）和"环境"等影响深远的概念相媲美。在历史学兼地理学学者大卫·洛文塔尔

（David Lowenthal）开创性的著作《遗产的圣战和历史的战果》中，他比较了遗产的兴起和宗教运动，表明"遗产只是在我们的时代才成为一个自觉的信条，其神龛和圣像日益增多，对它的赞颂也充斥公共话语"（1998：1）。

在我看来，这种宗教类比过于夸张。我认为，将文化遗产与围绕着另一个影响巨大的概念而组织起来的环境运动进行比较更有帮助。环境概念相对晚出，对我们如何看待物质世界以及如何对其采取行动有着深远的影响。河流、海洋和大气早已有之，但一想到环境，就会把一个墨西哥村庄的水污染和阿姆斯特丹不断上升的海平面、把纽芬兰周围鳕鱼储量的枯竭和曾经严重的北京雾霾联系在一起。最重要的是，环境使受影响的人们有了共同事业。环境的存在无可置疑，它是事物的一个范畴，是对世界进行分类的机制，因此也是改变世界的机制。这种范畴具有操演能力，使自己变成现实。它们通过对世界采取行动，按照自己的形象塑造世界，生成了自身。

文化遗产和环境一样，都是这样的概念。和环境极为相似，文化遗产是事物的一种新范畴，五花八门的事物在其名目下以新颖的方式聚集在一起，比如建筑物、古迹、刀剑、歌曲、珠宝、视觉图案、宗教器物、文学、治疗舞蹈和木雕传统。与环境一样，遗产也不追求描述世界，而是改变世界。恰如环境，遗产的主要用处是调动人与资源、重组话语和改变实践形式。和环境一样，遗产意味着变化。不要被保护的热门话题所迷惑：所有的遗产都是变化的。

遗产的磁场是如此之强，以至于我们不断冒着被拉进去的风险，用遗产的措辞进行批评，而不是批评遗产的措辞。为了脱离遗产固化的影响，我们需要把它看作是一种特殊的真实体制：世袭体制，同时具有物质的和伦理的、经济的和情感的、科学的和感觉的要素（Poulot 2006：153—181）。这是一个迅速在我们的社会内部和社会之间扩张的体制。尽管与工业和政府紧密相连，但其修辞主要是道德的；在世袭体制内，进行保护的道德义务是不言而喻的。

世袭体制也是一种知识的形成过程，专家和内行、期刊与会议充斥其间，但这些关切本身大都重视手段而不是目的：重视方法和当务之急，往往是特定的保护项目。面对那些被认为是破坏的严重威胁，他们对日益增加的紧迫感做出反应。然而，很少有人对保护本身提出质疑，也很少有人审视其紧迫性。正如法国历史学者多米尼克·波洛（Dominique Poulot）评论的，在遗产的伦理话语范围内，激进的批评极易被理解为打破偶像或蓄意破坏（2006：157）。换句话说，替代保护的另一种选择并非不保护——要么是保护，要么就是破坏（Holtorf 2006；Holtorf and Myrup Kristensen 2015）。

对遗产的批评

世袭体制的盛行需要我们予以批评性的关注。民俗学者巴布罗·克莱因（Barbro Klein）警告说，在一个文化领域、政治领域和市场之间的现代界限日益模糊的时代，"对文化遗产天真的、非批评的、非历史的和非理论化的理解"带来了一种危险（2006：74）。他进一步说到，"遗产这个词脱不开干系"，它很容易赞同"我们必须深思它在世界范围内正在进行的意识形态的、政治的、经济的、学科的和概念的景观重塑中扮演的角色"（同上）。

人们提出了很多说法来解释遗产的兴盛。有人说它见证了历史意识的增强，有人把它与旅游业的发展联系起来，还有人将其视为怀旧思潮不可分割的一部分，与所谓的资本主义文化逻辑有关。其他解释包括：面对全球化，地方主义和爱国主义的崛起；更长的寿命和不断变化的家庭关系；在去地域化的世界中，个体的流动和民众的离散；电影和电视中过去的异国情调化；文化的逐渐商品化等，不胜枚举。毫无疑问，每种说法都有其道理，尽管没有一种能解释文化遗产在世界各地各种各样的调用（invocations）。

文化遗产的兴起也许是对文化的实践形式与对象进行重新评估的主要例子，评估的依据是它们在经济和政治目的上的利害（Yúdice 2004）。即把文化作为一种资源：一种新颖的构造，在这种构造中，文化如今成为一切事情最重要的权宜之计，从创造就业机会到减少犯罪，从提高投票人数到干预心理健康，从改变城市面貌到管理人口内部差异。在这种情况下，遗产提供了一种强大而灵活的语言，用于对文化提出要求和基于文化提出主张。

联合国教科文组织之下的遗产

在考古学者劳拉简·史密斯（Laurajane Smith）名为《遗产的用途》的重要著作中，他认为，"在一个被认为标志为重大社会和文化变迁的时代，'遗产'话语本身和对遗产丧失的担忧的兴起并非偶然"（2006：100）。公众接触媒体的机会剧增，推动了公众"对环境、政治和社会问题"的争论，史密斯认为，最近关于文化遗产的讨论和对文化遗产的担忧之所以突出，一个主要因素是它代表了"一种对变迁加以处理、协调和控制的企图"（同上：100）。

在史密斯看来，这种担忧和争论在一定程度上被导入"自我指涉的'授权的遗产话语'中，这种授权既依赖于其'言说'和弄懂实践者与政策制定者审美体验的能力"，也依赖于"一系列国家与国际组织和实践形式规范中的制度化"（同上：28）。史密斯的"授权的遗产话语"相当于我所说的"世袭体制"。其强大的制度孕育能力是这种体制急剧扩张的核心要素。实际上，任何关于世袭体制的讨论都不能毫不提及联合国教科文组织，该组织在塑造国家和地方话语以及遗产实践形式方面取得了巨大的成功（Di Giovine 2009）。

37个国家在第二次世界大战后建立了联合国教科文组织；目前共有193个成员和11个非正式成员。《联合国教育、科学和文化组织法》以一段由美国诗人阿奇博尔德·麦克利什（Archibald MacLeish）执笔的著名文字开篇："战争起源于人之思想，故务须于人之思想中筑起保卫和平之屏障"。该组织的任务是在文化、思想、教育和信息等全球领域广泛开展工作。除了保护文化遗产，它的使命还延伸到扫盲项目、受教育机会、性别平等、科学进步、记者安全和言论自由。《联合国教育、科学和文化组织法》解释道，为了"确保世界人民对其一致、持久而又真诚之支持"，和平必须奠基于"人类理性与道德上之团结"。然而，与联合国其他的一些组织不同，联合国教科文组织没有界定权利，而是由一个伦理框架来界定：联合国教科文组织试图动员国际舆论，并通过道德和言辞上的压力，在其职权范围内形塑国家的实践。特别是通过制定标准的文书——公约、建议和宣言——来施加这种压力。

自成立以来，联合国教科文组织于1954年通过了《关于发生武装冲突时保护文化财产的公约》，常被简称为《海牙公约》，此后又制定了一系列这类文书。《海牙公约》开始"认识到文化财产在最近的武装冲突中遭受到严重的破坏"，并且"深信对属于任何人群的文化财产的破坏，就是对全人类文化遗产的破坏"。公约缔约成员同意承担保护文化财产免受偷盗和破坏的各种义务。公约的前言表明，文化财产和文化遗产都是通过《海牙公约》出现在国际法中的，而且二者明显不同：在上面引用的句子中，文化财产属于一个人群，而文化遗产归属于人类。因此，在第二次世界大战结束后的10年内，作为以联合国为代表的世界新秩序的一部分，"文化遗产"

和"文化财产"被创造为国际法概念（Skrydstrup 2009；2012）。

直到20世纪70年代，联合国教科文组织在文化领域的努力都集中在文化财产的依法保护上。《海牙公约》通过后，基于1964年联合国教科文组织的同名提案，公约成员在1970年又通过了《关于禁止和防止非法进出口文化财产和非法转让其所有权的方法的公约》，并在1978年成立了促进文化财产归还原属国或返还非法占有文化财产政府间委员会。正如其名称表明的，"文化财产"自始就是一个国家概念，在要求将历史文物从一个国家返还给另一个国家的情境中使用。

从20世纪70年代开始，联合国教科文组织开始发展一个"文化遗产保护（与依法保护文化财产相对）的平行体制"，它有自己的法律文书和实体机构。在强调保护手工艺品、建筑物、遗址和文化实践形式（即确保其活力）的共同责任的语境中，文化遗产是最合适的术语。联合国教科文组织如今被世界很多地方所熟知，是因为它的《保护世界文化和自然遗产公约》（也被称为《世界遗产公约》），以及与其相关的世界遗产委员会，特别是《世界遗产名录》。《世界遗产公约》不是承认各国的权利，而是确认它们对今世与后代和人类整体的责任。

当然，这些术语并不明确，我们应该小心避免将它们具体化。它们之间的区别往往是模糊的：全球的社会行动者都参与财产和遗产概念提供的新机遇之中，并助长了市场和政治中新选项的塑造，这些新选项是通过诸如题名和名录等机制来实现的。尽管如此，这种区别在国际体制中却是明确的，不应低估它们在传播概念模板和形塑地方实践形式中的重要性。1954年《海牙公约》通过后，"文化财产"一词得到了普遍认可，而不是相反。同样，正是由于1972年通过了《世界遗产公约》，近几十年来"文化遗产"的涌现才获得了动力。

近年来,"非物质文化遗产"已成为国际公约发挥催化剂作用以致功成的典范:在致力于非物质文化遗产保护的公约于2003年通过后,这个于20世纪90年代在联合国教科文组织会议厅中造就出来的术语迅速被接受。它既是作为一个术语,也是作为一种价值体系、一套实践形式、一种知识形式、一种情感结构和一种道德准则,重复了1972年《世界遗产公约》提出的"文化遗产"在国际取得成功的故事。考虑到它否定的语义和繁缛的词源,甚至读起来有点拗口,它的广泛使用在某种程度上令人不解,实际上,在很多情况下,它已经成功地被ICH这个缩略词所取代。如今,在全世界无数的地方,人们已经把他们的实践形式称为非物质文化遗产或ICH,他们声称,这样做是依据国际体制,并得到了不断涌现的专家知识的认可。

非物质遗产的起源

曾几何时,民俗学研究的特点是寻找诸如风俗、传说、器具和乐曲等文化现象的起源。在过去的一个世纪里,学者们放弃了这种探索,转而关注民俗的意义、结构、表演、使用和影响,注重的是民俗在帮助聚拢社会集体、推动团结或分离、想象统一或对立过程中的表演性。尽管学术界很大程度上放弃了起源问题,但这些问题本身却并未消失。追问这些问题是一种发自内心的好奇,它们在社会中仍然广泛地保有智识上的吸引力。如果说19世纪和20世纪的学术研究花费了太多的笔墨来探寻起源,那么,这是因为学者们认为弄清事物的来源对理解其意义至关重要。找出风俗、传说或器具源自何处,以及它们是如何产生的,会在某种程度上告诉我们它们到底是什么。换句话说,它们的起源揭示了其本质和目的。这种观念仍然与我们形影相随,也许不是在学术领域,但肯定存在于大学之外的公共领域。起源的故事——因原学的(etiological)解释——充斥媒体。广告和市场营销一直在运用它们。公司用它们来打造自己的品牌。文化旅游依赖于它们。政治斗争利用它们来支持候选人和政治宣言,它们处于政治事业的核心,不同的因原学(etiology)为不同的政治前景辩护。它们在组织认同中也非常重要,用特定的方式即有组织的故事讲述,来证明工作的正当性并激励其员工。联合国教科文组织也不例外。

关于《非物质遗产公约》的起源,有很多故事。我是在田野工作期间听到这些故事的,先是作为参与观察者进入起草公约的会议中,在公约生效后则作为参会者进行观察。在正式的访谈和非正式的交谈中,这些故事出现在办公室、走廊和电梯里,在档案和出版物中偶尔也会看到对它们或长或短的引用。在重述或提及这些故事时,人们赋予他们所做的或打算做的事情以意义;阐述起源就是进行解释、合理化与确证。

这些叙述非物质遗产起源的故事以安第斯山脉、日本、摩洛哥为背景,并把我们带到纽约和巴黎,最终带到世界各地。我从一个民俗学者的视角来看待这些故事,并在接下来的章节中对它们进行叙述,以便阐明其用途、结构、表演和影响,理解它们如何帮助想象出一致或对立并为行动提供宪章。这些故事本身通过重新利用民间叙事传统的惯用母题和老套情节,照搬了众所周知的主题。

这些故事的一部分讲述了诸如艺术家、实业家、将军和政客等人物的传奇,也没有抹杀学者们对制造非物质遗产的密切参与。不管是主角还是配角,这些故事从头到尾都有描绘:从丹尼尔·阿洛米亚·罗夫莱斯(Daniel Alomía Robles)到何塞·玛丽亚·阿古达斯(José María Arguedas),从阿兰·洛马克斯(Alan Lomax)到理查德·库林（Richard Kurin），不一而足。最后，非物质遗产的故事也是一个关于民俗学学科的故事，一个关于公众领域"民俗学化"（folklorization）的故事——该学科的观点和知识不断沉淀，并随着时间的推移进入日常生活，形塑着人们对自己文化的态度及其向他者呈现自己文化的方式。

我已表明，文化遗产是一个教化工程，叙事是它最重要的教化手段。但叙事也是一种批评策略。在本书中，我就是这样来运用它的。我从联合国教科文组织中选取一些壮志故事、起源故事和成功故事加以叙述，以便使它们复杂化。通过增补背景和细节，这些故事获得了关键的复杂性，这种复杂性削弱了它们的道德要求。本书拒绝止步于"从此过上了幸福的生活"的结尾，而是继续追踪故事结束后发生了什么。

观光梯中的民族志

当着手进行本书的研究时，我真的不确定它是不是真正的田野工作、真正的民族志、真正的民俗学。的确，我在巴黎和日内瓦听到的外交官们讨论的东西，就是我将其作为民俗进行研究的东西：从口头传统到传统医疗知识、从民间音乐到节日、从工艺品到仪式到文化空间。我记得世界知识产权组织会议整天讨论如何定义民俗的问题，整天与来自世界各地的律师重新讨论最近150多年来的民俗学学科史（对坐在房间最后面的民俗学学者来说，这就是无聊的原因）。联合国教科文组织在20世纪90年代摒弃了"民俗"一词，取而代之的是该组织自己创造的"非物质文化遗产"或ICH。在世界知识产权组织，这发生在十年之后，当时另一个缩略词TCEs或"传统的文化表达形式"填补了"民俗"被驱逐后留下的空缺。新术语不那么优雅，语义也不那么丰富，但却涵盖以前被称为"民俗"的大多数文化实践形式，在遗产和知识产权的体制下，它们更容易辨认。

因此，律师们理所当然地谈论着民俗。但我真的是在做民俗学学者的工作吗？如果田野地点有大理石地板和观光电梯，如果我穿西装，这真的是田野工作吗？一些同事在学术会议和匿名同行评议中提出了诸如此类的问题。有些人建议我去学习一些不同的东西，到别的地方和其他人交谈，看看"普通百姓中的"情况是怎样的。我承认自己有过怀疑，但我的回答仍然是一样的：是的，我们也必须到别的地方去，没错，这一切都是超文化的，尽管如此，和其他任何田野一样，这也是一个真实的田野，而且还是一个对进入、分析、理解和批评来说至关重要的田野。不管表面看还是实际感受，这个田野都与民俗学和人类学学者传统上从中提出问题的田野十分不同，然而，早就应该解放我们的学科想象力了。

自从劳拉·纳德尔（Laura Nader）竭力主张人类学学者在理解"行使权力和承担责任的过程"上进行"钻研"（1969：284），已经过了半个世纪。她认为，"对殖民者而非被殖民者、有权者的文化而非无权者的文化、富裕文化而非贫困文化加以研究"将会"引导我们反过来质疑许多'常识'问题"（同上：289）。实际上，我认为推翻常识也许是学术批评最重要的任务。在这一点上，我的灵感来自安东尼奥·葛兰西（Antonio Gramsci），他提议民俗学、人类学学者和社会哲学家从随处可见的不言而喻的"常识"中获得"智识"（Gramsci 1999：626—667；另见Crehan 2016；Gencarella 2010；Patterson 2016）。政治的工作——包括文化遗产政治，在于定义常识、传播它并划定其界限（超出这个界限就是胡说八道）。批评的工作就是质疑这种常识，对之进行检验、颠覆或翻转，表明事情如何可能是另一种情形。以批评意识看待理所当然的东西，批评就是为了获得"正确的决策力"。既然如此，为什么不从明确着手制定规范和界定常识标准的过程开始研究呢？比如，从位于芳德诺广场的联合国教科文组织总部忙于协商标准制定方式的过程[1]开始。

再次引用纳德尔的话，我们"不是在处理一个非此即彼的议题，我们只需要认识到，从问题的角度来看，何时将研究领域向上、向下或横向扩展是有益的或重要的"（1969：292）。当不同的社会行动者在"普通百姓中"和世界各地的不同情境中调用非物质遗产概念时，研究这个概念所进入的各种地方关系就势在必行了，幸运的是，很多民俗学、民族学和人类学学者已经这样做了[2]。我在本书中提到这种以民族志为基础的批评性分析，它们与我在联合国教科文组织会议室中的工作形成鲜明的对比。不要忽视这个事实：上、下、内、外都是关系介词。"上"与"下"密不可分，正如埃伦·赫兹（Ellen Hertz）所强调的，问题在于"联系上下，观察不同的社会权力领域之间的关系"（2010：3）。必须追问我们所研究的主题走向何处。特别是民俗学学者，必须跟踪我们创造或参与形塑的概念，如民俗、传统、传统知识、表达文化、文化空间、文化

1　在法国，马克·阿贝尔斯（Marc Abélès）以其在20世纪90年代关于欧洲委员会日常生活的著作（1992；1995；1996）和后来关于法国议会的人类学研究（2000），展示了机构民族志的研究方式。

2　见相关重要著述，例如，Foster and Gilman 2015; Adell, Bendix, Bortolotto, and Tauschek 2015; Bendix, Eggert, and Peselmann 2013; Bondaz, Graezer Bideau, Isnart, and Leblon 2017; Bortolotto 2011; Stefano and Davis 2017; Stefano, Davis, and Corsane 2014; Arizpe and Amescua 2013 和 Smith and Akagawa 2009。也可见如下个案研究，Alivizatou 2016; Aykan 2013, 2015, 2016; Beardslee 2014, 2016; Bille 2012; Bortolotto 2009; Camal 2016; de Jong 2013, 2016; Foster 2011; Fournier 2011, 2012; Graezer Bideau 2012; Kuutma 2009; Kwon 2017; Lowthorp 2013; Margry 2014; Noyes 2006; Rodenberg and Wagenaar 2016; Sánchez Carretero 2015; Schmitt 2005; Tauschek 2009, 2010; Tebbaa and Skounti 2011; Tornatore 2012。

遗产，进入街道、广场或家庭，还有演播室、医药行业、政府办公室、选举政治和政府间委员会（Mugnaini 2016）。

忙于政策

我在2002年第一次参加外交会议。当时，并没有太多的著述可供借鉴。此后，出现了很多极佳的关于联合国会议和组织的民族志研究[1]。每一位作者都带着自己的一系列问题、研究计划和优先事项进入田野地点。和通常的田野工作一样，他们在田野地点发现的东西会改变研究计划、调整优先事项、重构问题。我也同样如此。

我的分析将《非物质遗产公约》及其核心概念纳入组织背景、意识形态冲突和外交谈判中。在整个分析的过程中，我一次又一次地回到巴黎，参加2003年在联合国教科文组织总部举行的政府间专家会议，我在那里观察并参与了《非物质遗产公约》的起草。有时，我细致入微地描写争辩和讨论，然后进一步探究当时辩论的历史情境，或者继续观察公约目前在世界各地的实施与影响，只有终

---

[1] 例如，瑞吉娜·本迪克斯的民族志研究（2013）和斯特凡·格罗斯（Stefan Groth）关于世界知识产权组织与知识产权和遗传资源、传统知识和传统文化表现形式政府间委员会的民族志研究（2011；2016）；克里斯托弗·布鲁曼（Christoph Brumann 2014；2016）、奥莱丽娅·艾丽萨·吉菲勒尔（Aurelie Elisa Gfeller 2015；2017）、林恩·梅斯克尔（Lynn Meskell 2011；2012；2013；2014）、托马斯·施密特（Thomas Schmitt 2009）、卢克·詹姆斯和蒂姆·温特（Luke James and Tim Winter 2017）、简·特恩内（Jan Turtinen 2006）关于世界遗产委员会的研究；萨莉·恩格尔·梅里（Sally Engle Merry）关于联合国妇女地位委员会的研究（2006）；埃伦·赫兹关于国际劳工组织的研究（2010；2014）；劳伦·埃斯特伍德（Lauren E. Eastwood）关于政府间森林问题论坛的研究（2013）；伯基特·缪勒（Birgit Müller）关于世界粮食与农业组织的研究（2011）；伊莲娜·贝利耶（Irène Bellier）关于原住民论坛和联合国其他组织中的原住民代表的研究（2013；2015）以及克里斯丁·库特玛（Kristin Kuutma 2007；2012）和基亚拉·博尔托洛托（Chiara Bortolotto 2008；2010；2013；2015）关于联合国教科文组织保护非物质文化遗产政府间委员会的研究。

于在会议室坐下休息时，才会考虑现在与历史的交汇。我认为，对于了解非物质遗产的具体内容来说，重要的是，不仅要知道有关妥协与团结的官方说法，还要见证幕后的外交角力、同盟的建立和打破、对抗和抵制，所有这些都给通向协议的道路打上了印记，并形塑了最终结果。

后来，在公约生效后，我作为冰岛代表出席了公约缔约国大会（其最高权力机构），并参加了保护非物质文化遗产政府间委员会（其执行机构）的一次会议。我还多次担任瑞典和冰岛政府执行公约的顾问。

2011年至2012年，我担任冰岛联合国教科文组织全国委员会主席。担任全国委员会主席是一段发人深省的快速学习全新知识的经历。最难忘的时刻是在2011年的联合国教科文组织大会上，我（和绝大多数人）投票赞成巴勒斯坦作为成员国加入[1]。但是，这样的亮点并不能掩盖在无数次会议、磋商和协调中所做的平凡工作。我从中学到了很多东西，对联合国教科文组织的工作方式有了更广泛的了解，包括冲突和争论、暗箱操作和开诚布公的讨论、观点分歧和立场一致。这经常是乏味的、技术性的和耗时的；我记得我不止一次在没有明确议程，也看不到终点的会议中坐着，盼着赶紧结束、尽快逃离。但事实上，令我印象深刻的是，来自193个公约成员的代表有时能够解决彼此之间的分歧并取得共识，比如《非物质遗产公约》的达成。难怪这需要时间和耐心。

多年来，我做了很多关于文化遗产，特别是非物质遗产的公开讲座。2010年，前全国委员会在雷克雅未克举行题为"联合国教科

---

[1] 当本书付梓时，美国在2018年宣布全面退出联合国教科文组织，以回应巴勒斯坦的加入，这距离美国在1984年里根政府时期退出联合国教科文组织，后又重新加入仅15年时间。

图 1-4　作者在 2011 年联合国教科文组织大会上。作者照片

文组织与文化遗产"的研讨会，教育和文化部长、委员会现任与前任主席即前国家总统（现任联合国教科文组织亲善大使）先后致开幕词，他们都精通该组织的方方面面。茶歇之后，我们三人先后就世界遗产、世界记忆项目和非物质遗产发表了讲话。我在最后就这个主题发表了自己的看法，有点像本书的时长15分钟的版本，充满了批评和讽刺意味，发出了与其他议程不同的声音。

　　几天后，电话响了。是部长打来的，她问我：在委员会任命的所有人员，包括主席的任期在当年晚些时候届满后，我是否有兴趣担任联合国教科文组织全国委员会的主席？我思考良久，难以决断。最后，我得出的结论是，如果我拒绝她的邀请，也就永远放弃了批评任何与联合国教科文组织有关的事情的权利。所以，我接受了挑战。后来，我明白了对我的任命遵循着一个更大的模式，当教育和文化部长卡特琳·雅各布斯多蒂尔（Katrín Jakobsdóttir），一个时年35岁的激进政治家，左翼绿党的副主席（在撰写本书时任总理兼党主席），发现有人动摇现状时，她使出了惯用的伎俩，让他们成为教育和文化部各部门的头头：用加入团队的批评者来参与重要的政策制定。冰岛联合国教科文组织全国委员会名义上是自主的，但教育和文化部控制其预算和人事。遗憾的是，其中一些官员发现我们的态度和活动"与联合国教科文组织格格不入"。几个被当作棋子的搅局者使我们的工作陷入停顿，2012年年中，我递交了辞呈。

仅次于最好

然而，这并不意味着我放弃了交往。毫无疑问，我们必须保护学术探讨的空间，理论和批评性分析对反思性社会至关重要。但是民俗学学者（民族学学者、人类学学者）也必须愿意参与其中（Tornatore 2007；Mugnaini 2016）。当联合国教科文组织的委员会和文化工作者接触与民俗学相关的表达形式和创造力时，当他们创造旨在保护民族政策与实践形式的国际机制时，民俗学学者、民族学学者、人类学学者也应该作为观察者、外部的评论员与批评家，在诸如秘书处、全国委员会、专家委员会等各个层面上参与其中。

正如19世纪下半叶统一并统治德国的铁血宰相奥托·冯·俾斯麦（Otto von Bismarck）的著名评论所言，"政治是可能性的艺术"（1895：248）。历史学者埃里克·霍布斯鲍姆（Eric Hobsbawm）认为，俾斯麦在1871年后"近20年里一直是多边外交棋局中无可争议的世界冠军"，成功地在欧洲"维持了大国之间的和平"（1989：312）。《非物质遗产公约》代表了一种俾斯麦意义上的可能性的艺术，也就是说，2003年联合国教科文组织通过多边外交谈判取得了

（坏处最少的）成果。的确，在该组织2001年和2003年的大会之间的两年之内，以创纪录的长时间谈判通过了公约。成员国本可以很容易地再花10年来谈判，但我不确定这会带来多大的改善。更有可能的是，它会阻止前进的势头，阻碍任何形式的结果。这种可能性的艺术就是仅次于最好。

不管是立场还是观点，《非物质遗产公约》都不尽如人意。它在本质上是有缺陷的，有时甚至会适得其反（继续读下去就会明白我的意思）。但它仅次于最好。坦率地说，我认为有了公约，世界会比没有公约好。但这并不意味着它无可指责，甚至不能说它是好的，只是说另一种选择更糟。仅次于最好给批评留下一个至关重要的角色。这就是我在本书中坚持的信念。这个公约会经得起批评，但没有批评就会凋零。

资料来源说明

本书的研究基于对三种不同的原始材料进行批评性分析。首先，是联合国教科文组织的追踪档案：报告、建议、调查问卷、区域的征求意见稿、实施说明书等。联合国教科文组织的档案是一个丰富的宝库，我在其中发现了大量的文件，它们有助于拼接历史，有助于洞察联合国教科文组织遗产倡议的变化逻辑。除了巴黎芳德诺广场地下室中的实物档案，联合国教科文组织的档案管理员还在一个可搜索的在线数据库中提供了大量的文件，这对我不在巴黎时的研究具有巨大的价值。最后，在执掌非物质遗产部时，瑞克斯·斯梅兹（Rieks Smeets）慷慨地让我查阅了该部门保存在员工办公室文件夹和信封里的机构自身的备忘录。这些文件帮助我弄明白了决策是如何做出的，以及主要的症结在哪里。

第二，我依赖制定了《非物质遗产公约》的联合国教科文组织政府间专家会议的争论和谈判。如前所述，我于2003年6月2日至14日参加了在联合国教科文组织巴黎总部举行的第三次政府间专家会议。我得到冰岛联合国教科文组织全国委员会主席斯温·埃纳森（Sveinn Einarsson）及其秘书格兹尼·海勒戈道蒂尔（Guðný Helgadóttir）的允许，可以跟着冰岛代表团。我对会议过程作了详细的记录，包括逐字逐句地引用所有似乎特别雄辩的、深刻的、有问题的、荒谬的或成熟的发言，以备查阅。以下各章对这次会议的所有讨论都是基于我个人的观察，对会议的直接引用来自我的笔记。我在书中提到的其他会议同样如此。

对联合国教科文组织工作人员和各国代表们的咨询，补充了文件证据和直接观察。这是我在本研究中依赖的第三种资料来源。联合国教科文组织秘书处的多位成员慷慨地与一个好奇的局外人分享了他们的时间和第一手知识，我的访谈对象包括但不限于非物质遗产部的工作人员。我把这些称为私下交流。

第二章

制造威胁
——山鹰之行

这是一本关于非物质遗产的书——关于一个新的概念和范畴是如何产生并在世界上运作的。它是一本关于民俗的书,关于文化实践形式与表达形式,以及当它们被列为非物质遗产时发生了什么。它也是关于非物质遗产如何被制造,以及如何在其权限范围内制造、形塑与改变文化表达形式和实践形式的。本书从一个故事开始。这个故事情节曲折、人物多样、引人入胜,讲述了非物质遗产的起源,以及它是如何被列入国际议程的[1]。

故事由一封信开头。在这封信之前,则是一首歌。我们很快就会深入其中。信封的右上角写着地址和日期:拉巴斯,1973年4月24日。这封信是玻利维亚共和国外交和宗教部寄给联合国教科文组织总干事的。它一开始便宣称:

> 我部仔细地对关乎人类文化遗产的国际保护的现有文件进

---

[1] 我把这个故事浓缩成一个30分钟的纪录片,与这本书同时发行,并在网上免费开放。该片由人类学学者、电影制片人阿斯劳格·埃纳斯多蒂尔(Aslaug Einarsdottir)联合制作,片名为《山鹰之行:一封信、一首歌和非物质文化遗产的故事》。

行了审察。

这个审察发现，所有现有机制都旨在保护物质的对象，而非诸如音乐和舞蹈等表达形式，在商业主导的文化交流与融合破坏传统文化的过程中，后者现在正遭受着最严重而隐蔽的商业化和外流。（UNESCO 1977）

我曾听到很多人提及这封信，后来在联合国教科文组织档案管理员的帮助下，我颇费周折地从该组织巴黎总部地下室的档案中翻出了这封信。信很简短，但附有一个详细的备忘录。在信中，玻利维亚的部长向国际社会强调，采取行动已刻不容缓：

民间艺术的价值亟待重估，因为消费市场的剧烈入侵正在使情况越来越糟，下面的例子可以说明。（同上）

随后列举了三个例子（就像所有的好故事一样），证明事情有多糟糕：

音乐领域的例子是，乐曲被与创作无关的人错误地盗用，他们将其注册为自己的作品，以确保自己享有版权法规所承认的利益。抛开其他问题不说，这导致乐曲民间性的降低。（同上）

"在舞蹈领域"，部长继续说道，民间舞蹈

被与其起源完全无关的其他国家盗用，并充作他们自己的民间舞蹈，甚至在国际比赛中也是如此。由于其地理位置，玻利维亚深受这种掠夺之害，邻国的某些组织甚至派人到这里来购买玻利维亚主要民间舞蹈的全套服装，并雇用"刺绣者""面具制造者"，甚至是舞蹈编导（来自"民间"的农民），来组织这种调换或蓄意的非自愿跨文化过程，这相当于窃取和秘密转移另一个民族的文化。就这样，创作群体逐渐失去了他们的民间艺术财富，而拥有更好财政条件的另一些人，则把从来都不是他们传统一部分的东西据为己有。在某些情况下，主题可能是相似的，但装饰和编舞是篡夺而来的。（同上）

第三个例子是工艺品。部长写道，"大众艺术领域"

也构成了民族民俗的一部分，目前拥有庞大的消费市场。一些国家以极度工业化的方式，从特定人群的传统文化模式中获取各种主题与技艺，在国际市场上廉价销售，并且未注明其来源，这个过程除了降低工艺品的品质外，还意味着大量常常以这种有偿工作为生的人群被"再次边缘化"了。在这种情况下，大众艺术领域同样存在窃取行为。（同上）

注意部长信件和备忘录中关于侵占的哀怨之词，"外流""入侵""盗用""掠夺""调换""窃取""秘密转移""丧失""篡夺"，以及（我个人最喜欢的）"蓄意的非自愿跨文化过程"，这些词在其他语句中随处可见。

外流是其中之一：问题出在外国人身上。换言之，这是一个民族问题——对民族文化的挑战，因此也是一个国际问题，因为边界是可以渗透的，而且没有人对跨越边界的文化流通进行巡查。入侵一词意味着侵略行为，即使其动机和手段是商业性的。

窃取、篡夺、掠夺：有这么多的方式称呼盗窃。信件中丰富多彩的意指盗窃的词强调了所有权，用来支持部长的主要观点，即根据写这封信的两年半之前联合国通过的《关于禁止和防止非法进出口文化财产和非法转让其所有权的方法的公约》，民俗应该被视为由国家控制的文化财产：

> 联合国教科文组织起草的国际公约为类似于考古学和造型艺术领域的匿名作品提供了保护，但它被认为只适用于物质的东西，而非诸如音乐与舞蹈等在时空中转瞬即逝的艺术表达形式，对于今天遭受最严重的秘密商业化和流失的艺术品，同样如此，尽管它们实际上是国家文化遗产的一部分。（同上）

考虑一下这里的行动者和所有者：国家。根据玻利维亚的信件，这些艺术表达形式构成了"国家文化遗产"的一部分。这不是笔误：

> 在1968年6月19日颁布的08396号最高法令中，玻利维亚政府已经宣称，对于其领土内（匿名的、大众的和传统的）民间音乐、目前由农民和普通民众中身份不明的作曲家创作的音乐、亡故30年及以上的玻利维亚作曲家的音乐，其所有权归属国家。
>
> 将这些措施扩展应用于民间舞蹈、大众艺术和传统文学的法规正在制定中。
>
> 玻利维亚政府将其在行使合法权力和所有权过程中采取的

决策,告知联合国教科文组织总干事,表明这些形式的文化财产的国家登记册是由专业研究者来科学地核查的,包括在其领土内兴起并成为传统的古代或现代的民间艺术表达形式、民族或民间群体如今展演的匿名作品和亡故30年及以上的创作者的作品。(同上)

民俗学、民族学、人类学和历史学的学者及遗产工作者也加入其中:这些"专业研究者"对文化财产的国家登记册进行确证[1]。将近半个世纪之后,联合国教科文组织的《非物质遗产公约》仍然设想我们在如今所谓的国家非物质遗产清单中扮演类似的角色。

在联合国教科文组织自己的叙述中,玻利维亚的这封信为《非物质遗产公约》的起源拉开了序幕。2003年春夏之际,在联合国教科文组织巴黎总部的一个会议室里,我听到一个玻利维亚特派员在政府间会议中强调通过这个公约的重要性,"最好今年通过",在因惹人注目而稍作停顿后,他补充道:"如同在区域和国家的层面上一样,国际层面上卓有成效的工作进行了三十年,这个过程已经趋于成熟"。他所说的"三十年卓有成效的工作",可以追溯到1973年4月24日的拉巴斯,当时另一位玻利维亚政治家在

---

[1] 事实上,我们一直都在这样做。部长信件所附的备忘录是由多产的玻利维亚民俗学者茱莉娅·埃琳娜·弗顿撰写的(Vargas 2014:65),她于1954年在玻利维亚教育和文化部创办了民俗司,1961年开始担任玻利维亚人类学学会的首任会长,于1962年建立了国家大众艺术博物馆,后来成为文化部的总干事,在此职位上,她于1975年建立了国家人类学研究所和国家芭蕾民俗研究所,并在1976年组织了第一次全国民俗学会议。弗顿也是一位多产的作家,出版了关于玻利维亚原住民音乐、年俗、恶魔之舞、大众手艺、饮食方式、节日和文化政治的书籍(Vargas 2014:35—70)。1979年,国家授予茱莉娅·埃琳娜·弗顿最高的卓越公民奖安第斯神鹰勋章。感谢民俗学者阿奇·G.卡尔森(Áki G. Karlsson)让我注意到她是备忘录的作者。

致联合国教科文组织总干事的信上签了字。当最终从档案中翻出这封信的时候，我惊讶地发现，仍在进行的工作是多么紧密地遵循玻利维亚部长的模式，无论好坏。所以我会在本书的其他地方再次提到这封信。

《保护非物质文化遗产公约（草案）》政府间专家会议第三次会议于2003年6月召开，为期两周。会议在巴黎芳德诺广场联合国教科文组织总部地下室的一间大会议室举行。我以冰岛代表团"专家"的身份出席了会议。因此，我是按国家（"冰岛"）的字母顺序，坐在印度代表的右边（伊朗人和伊拉克人都缺席了）。格兹尼·海勒戈道蒂尔坐在我的右手边，她是冰岛代表团的团长兼代表。我头戴耳机，耳机开关旁边有一个旋钮，可以在法语和英语的同声传译之间来回切换。我们面前的桌子上放着麦克风。在我们身后，帕台农神庙的多立克圆柱化身为巨幅的联合国教科文组织标志俯视着整个房间，提醒着代表们的庄严使命就是维护文明。前面正对我们的是坐在主席台上的主席、秘书和报告员，主席台两侧是两个大屏幕，上面显示的是英文版和法文版的公约草案。

在芳德诺广场进行了一整天的起草工作和外交谈判后，我曾与瑞典代表彼德·布约尔斯滕（Peder Bjursten）小酌片刻。我们都没有多少这样的会议经验，一致认为，参加这样的会议既有吸引力又令人厌烦，就像在詹姆斯·邦德的电影片场中担任临时演员一样。布约尔斯滕让我想起1973年的电影《你死我活》（Live and Let Die）的开场情景，巴黎的会议室和电影中的很像，一名匈牙利代表正在联合国全体大会上发言。镜头从各国代表们面前扫过，和我们一样，每个代表面前的桌子上都有一个名牌，耳朵上都戴着耳机。然后，镜头转向翻译的座位，一只黑手从屏幕外伸进来，接通了与一名昏昏欲睡的英国外交官的耳机相连的装置的插口，一种快

图 2-1　外交官之死，1973 年《你死我活》电影剧照。版权：米高梅电影公司

要吵死人的致命的、跳动的噪声取代了同声传译时舒缓的嗡嗡声。那只手是虚构的加勒比"圣莫尼克"岛的独裁者卡南加博士（Dr. Kananga）的。布约尔斯滕和我都本能地伸手摸了下耳朵。

　　根据秘书处的报告，代表103个成员国的249名与会者参加了第三次会议，此外还有联合国教科文组织3个常驻观察团的10名代表、2个政府间组织和5个非政府组织的代表。事实上，只有不到一半的人参加这次会议。我注意到，房间里只有一个非政府组织的代表。令人惊讶的是，官方报告与在这些会议上实际观察到的情况之间的差距如此之大，我仅仅是以参会人数为例说明之。这些报告总是倾向于掩盖冲突、忽略对抗、淡化分歧，同时强调融合、坚持共识，即使没有共识（见James and Winter 2017：11）。事实上，它们在创造它们描绘的融合方面发挥了重要作用。观察这些差异,很快就会明白不要只看官方陈述的表面,而是要仔细阅读这些文件。事实上,任何事情都不应该只看表面。在幕后,总是有其他的交涉、别有用心的动机、策略性的联盟和历史的逻辑。要理解这个过程和结果,至关重要的是在每个阶段都将它放到更大的情境中。我对这个过程的理解,是基于参与观察和私下交流中收集到的一切,辅以档案资料和个人经验。如上一章所言,自2006年《非物质遗产公约》生效(当时有30个国家批准了这个公约,包括冰岛)开始,我就担任缔约国大会的冰岛代表,担任过一次指导公约执行的政府间委员会会议的官方观察员,担任瑞典政府批准和实施该公约的专业顾问,并在2011—2012年,担任冰岛联合国教科文组织全国委员会

图2-2 作者和冰岛联合国教科文组织全国委员会秘书长埃纳尔·赫因松(Einar Hreinsson)在2011年联合国教科文组织大会。作者照片

的主席。

研究的过程中，在公约通过前后，我经常听到有人提及玻利维亚的来信。有些简短而凝练，如"三十年有价值的工作"，而另一些则发展为成熟的叙事形式。我认为没几个人真的读过这封信——他们不得不为此而在档案堆中翻来找去，但是，这并不妨碍人们在讲述联合国教科文组织如何开始关注非物质遗产的故事时非提这封信不可：玻利维亚的部长已经将它镌刻在国际议程中。

当联合国教科文组织的职员、代表、外交官和专家用这封玻利维亚来信，解释我们何以如此（在办公室、会议室、咖啡间或电话会议中工作），或强调如此久矣的时候，他们所做的便是工商管理的学生所言的"有组织的故事讲述"。民俗学者称之为"因原叙事"，也就是对事物形成过程的描述。

和其他组织一样，讲故事在联合国教科文组织内部司空见惯。在外交界走动或阅读该组织如何在自己的出版物中介绍自身及其工作时，会遇到其他关于起源的官方故事，叙述、解释并证明该组织另一些努力。关于1972年《世界遗产公约》的故事，讲述了在阿斯旺大坝将努比亚河谷变成一片汪洋之前，联合国教科文组织努比亚运动中的国际合作在20世纪60年代如何拯救阿布辛波神庙和其他古迹——"国家理解了遗产的普世特性及其保护的普世价值后，国际团结的一个典型案例"（UNESCO World Heritage Centre 2009）。这些古迹被重新安置在洪水无法到达的纳赛尔湖岸边，以及位于喀土穆的苏丹国家博物馆中，这些抢救工作的成功，证明了国际合作之于文化遗产保护的必要性。故事就是这样展开的（UNESCO 1982）。当然，还有更多的内容。居民被迫迁移，他们的村庄被摧毁，这些未被讲述。土坯建筑的消失也是如此，这种风土建筑依赖的尼罗河淤泥不再淤积，而是被大坝所阻隔（Mitchell 2002）。更大的政治背景对理解努比亚运动的"遗产外交"也至关重要。恰如蒂姆·温特所言,"苏联援建的大坝导致河谷南部洪水泛滥,与此同时,阿布辛波则为很多西方联盟在外交上的集思广益提供了机会,联合国教科文组织的这个项目后来被称为'国际团结的胜利'"(2016:19;另见Carruthers 2016;Betts 2015;Allias 2012)。

在联合国教科文组织的精心策划下,国际社会曾于1966年再次聚集在一起,使威尼斯的建筑遗产免于因大洪水而沉入地中海(Di Giovine 2015)。在讲述《世界遗产公约》的起源时,这些运动一再被提及:故事是这样说的,联合国教科文组织成员国创建了这个公约,以确认由"拯救努比亚"和"拯救威尼斯"运动所促成的合作承诺。通过成为这个公约的缔约国,他们承诺继续共同努力,拯救具有突出普世价值的遗产。

让你想起了什么?大洪水来了,建造一个方舟吧!从朱苏德拉传说(公元前17世纪)中的苏美尔洪水神话,到吉尔伽美什(公元前13至前10世纪)的美索不达米亚史诗,再到《创世记》(公元前15至前10世纪)中亚伯拉罕的大洪水和诺亚方舟故事,大洪水是创世神话的常见母题,讲述世界和人类的由来。在西亚传统之外,洪水一直是传统起源故事的一个特征,这些故事广泛流传于非洲东西海岸的马赛人和约鲁巴人、北美的霍皮人和因纽特人、南美的印加人和图比人之中,流传于夏威夷、马来西亚、朝鲜和中国的民众之中,也存在于印度、挪威和希腊神话中。实际上,正如民俗学学者阿兰·邓迪斯指出的,"大洪水神话是已知传播最广的故事之一"(1988:2)。联合国的故事讲述与其他地方并无不同。对大洪水母题的调用,赋予联合国教科文组织等同于《创世记》中的诺亚的主人公角色,后者肩负着创生整体的使命。联合国教科文组织把《世界遗产公约》作为自己的方舟。

图 2-3 联合国教科文组织总干事勒内·马厄
(René Maheu) 1968 年在阿布辛波神庙典礼。
版权：联合国教科文组织

作为起源故事，这些叙事奠定了联合国教科文组织喜欢在其中描述自己的努力的基调和风格。和其他诸如亚当与夏娃、苹果与蛇以及人类的堕落等起源故事一样，关于玻利维亚来信的故事也告诉我们关乎其主题的重要东西：一个关乎人的状况，一个关乎非物质遗产。凭直觉便知，它就是起源故事唤起的一种普遍期望（很像口头程式的"从前"或"一只鸭子走进酒吧"唤起的普遍期望）。这些重要的东西并不总是明确的，但是，在那些联合国教科文组织解释玻利维亚部长写这封信的动机的因原叙事诸版本中，它被直白地呈现出来（例如，Albro 2005：4；Honko 2001；Sherkin 2001：54，

注13）。

现在回到《非物质遗产公约》的起源故事，故事情节由此变得复杂。我们在玻利维亚的信和对它的各种引用上打住，但联合国讲述的故事却继续在情境中为这封信设置了情节。回到外交信使把信件送到巴黎的三年前，一首歌闯入故事。

1970年，保罗·西蒙和阿特·加芬克尔发行了名为《忧愁河上的金桥》的专辑。这是他们最后一张专辑，标志着13年来的成功合作就此结束。专辑的封面是西蒙和加芬克尔演唱的《山鹰之歌》，并注明是"18世纪秘鲁民歌"。《忧愁河上的金桥》获得了格莱美年度最佳唱片奖，并很快登上流行音乐专辑排行榜的第一名，而且连续六周蝉联榜首。它还在澳大利亚、加拿大、法国、德国、日本、荷兰、挪威、西班牙、瑞典和英国的专辑排行榜上高居榜首。《忧愁河上的金桥》是西蒙和加芬克尔最畅销的专辑，至今仍然是史上最畅销的专辑之一，仅在美国就售出800多万张。

《山鹰之歌》是其最畅销的单曲，在全球范围内都很受欢迎。同年晚些时候，佩里·科莫（Perry Como）在自己的专辑《不可能》中翻唱了这首歌。在英国，朱莉·费利克斯（Julie Felix）凭借同一首歌进入榜单前20名。意大利的葛兰·奎蒂（Gigliola Cinquetti）、福斯托·帕佩蒂（Fausto Papetti）、詹尼·莫兰迪（Gianni Morandi）和米玛·加斯帕里（Mimma Gaspari），德国的尤尔根·马库斯（Jurgen Marcus）、安东尼奥·康德（Antonio Conde）、雨果·斯特拉瑟（Hugo Strasser）、玛丽安·罗森博格（Marianne Rosenberg）、玛丽·鲁斯（Mary Roos）以及莫妮卡·豪夫（Monika Hauff）和克劳斯·迪特尔·亨克勒（Klaus Dieter Henkler），法国的卡拉维利（Caravelli）乐团、保罗·莫里亚特（Paul Mauriat）交响乐团、弗兰克·波塞尔（Franck Pourcel）及其大交响乐团和洛斯·查科斯（Los Chacos），捷克斯洛伐克的卡雷尔·戈特（Karel Gott；"布拉格的金嗓子"），美国的安迪·威廉姆斯（Andy Williams）、安妮塔·科尔（Anita Kerr）、切特·阿特金斯（Chet Atkins）、迪克·海曼（Dick Hyman）、诺基·爱德华兹（Nokie Edwards）和亨利·曼奇尼（Henry Mancini），牙买加的电报（Cables）乐队，加拿大的劳里·鲍威尔（Laurie Bower），丹麦的约根·因格曼（Jørgen Ingmann），瑞典的斯凡特·图勒松（Svante Thuresson）、米亚·阿道夫森（Mia Adolphson）和简·林德布拉德（Jan Lindblad；口哨艺术家），奥地利的克劳迪亚斯·阿尔茨纳（Claudius Alzner），以色列的艾斯特·奥法琳（Esther Ofarim）、达利亚·拉维（Daliah Lavi）和帕瓦林（Parvarim）乐队，芬兰的凯·海蒂内（Kai Hyttinen）和马库斯（Markus），中国的邓丽君，日本的村冈实（Muraoka Minoru）和泽井忠夫（Tadao Sawai）、森山良子（Moriyama Ryoko）、小野寺武（Takeshi Onodera）和小野寺乐（Los Onoderas）——所有这些人都翻唱过《山鹰之歌》，而这也仅仅是冰山一角。1970—1973年之间，来自各大洲的数百名艺术家都发行过这首歌的翻唱版。在此后的几十年里，世界各地的艺术家都创作了自己版本的《山鹰之歌》，其音乐类型各异。据位于利马的秘鲁天主教大学民族音乐学研究所所长劳尔·R. 罗梅罗（Raul R. Romero）统计，它的版本在全世界有4000多个，歌词达300余种（*Redaccion La Industria* 2013）。当然这是一个保守的估计。

在联合国教科文组织的圈子里讲述的故事并没有如此细致入微，只有西蒙和加芬克尔发行的《山鹰之歌》受到格外的关注。也许他们想通过录制这首歌来表达对南美贫穷、受压迫的原住民的声援，也许是为了支持革命精神，在那个拉丁美洲独裁者、革命和国

图 2-4 西蒙和加芬克尔《山鹰之歌》唱片套封,版权:哥伦比亚广播公司 / 哥伦比亚唱片公司

际上崇拜切·格瓦拉(Che Guevara)的时代,安第斯音乐在世界范围内与这种革命精神紧密相连。即便如此,他们也没有直白地表达出来。无论如何,安第斯地区的人们没有欢欣鼓舞。因为在他们看来,这更像是对本土音乐剥削而非颂扬。富裕的美国人洗劫了安第斯地区穷人的音乐传统,赚得盆满钵满,一分钱都没有落到那些认为自己是合法"所有者"的人手中。

这种模式并不陌生——它与从安第斯地区把黄金和白银运往欧洲以及(后来)把铜运往北美的殖民掠夺并无不同。然而,这次甚至连山鹰都被掠走了,它是印加人的鸟,是本土骄傲的象征。正如我们的故事描述的和人们经常提起的那样,整个事情确实造成了混乱,给很多人留下了苦涩。

按照这种解释，玻利维亚在1973年写给联合国教科文组织总干事的信，就是这种苦涩的政治表达形式（例如，Sherkin 2001：54，注13；Canclini 2001：15）。玻利维亚部长写道，这是"错误的盗用"，是他所谓的"最严重的秘密商业化和外流"，他警告说，这种"跨文化"会摧毁传统文化。

联合国教科文组织的圈子就是这样来讲述这个故事的。它的魅力不言而喻，它为国际外交设定了很多人都能哼出的调子，并将联合国教科文组织的最初努力与流行音乐史挂钩。据说这个故事告诉了我们一些关于非物质遗产的有趣并重要的东西，证明了当前采取特定行动的合理性[1]。但是，我们讲述的关于自己的故事，有时会揭示出比我们所知更多的东西，甚至比我们想要揭示的更多。颠倒过来品读，会发现这个故事远非如此简单：这首歌的出处更加复杂，所有权和盗用的问题更加微妙，保护的伦理道德也不像故事本身所描述的那样一目了然。

先从出处说起。第一个对西蒙和加芬克尔使用这首歌提出质疑的，是秘鲁电影导演阿曼多·罗夫莱斯·戈多伊（Armando Robles Godoy）。他的父亲丹尼尔·阿洛米亚·罗夫莱斯于1933年在美国版权局注册了这首歌，将它作为自己在名为"神鹰帕萨：印加之舞"的钢琴编曲中进行的创作（Library of Congress Copyright Office 1933：410）。1970年，儿子戈多伊向纽约的一个法院对保罗·西蒙提起诉讼。此案昭然若揭，认识到诉讼人主张的合法性，西蒙以庭外和解的方式化解了这件事（Bondy 2008）。

---

[1] 因此，在一份2001年的联合国教科文组织简报中，人类学学者内斯托尔·加西亚·坎克里尼（Néstor García Canclini）引用"西蒙和加芬克尔盗用玻利维亚传统歌曲《山鹰之歌》这个著名例子"来"说明可以约束民族音乐全球使用与传播的跨国立法的必要性"（2001：15）。

图 2-5 "山鹰之歌·印加之舞",1928 年原始钢琴乐谱。公版

CATALOGUE OF COPYRIGHT ENTRIES

Come to Chicago; waltz song. © May 15, 1933; E pub. 36287; George Thompson. 9636

Come to the fair; song, w Camille Callaway. © 1 c. May 6, 1933; E unp. 71100; Leonard P. Smith. 9637

Comme la neige; tango, de La joie de Paris, 1933, paroles Robert Marino, d'après l'original de P. Mendes, m Vittorio Mascheroni. © Mar. 25, 1933; E for. 29996; Editions Joséphine Baker. 9638

Company (The) of heaven; poem J. G. Whittier, m Maurice Besly. © Apr. 11, 1933; E for. 29633; Boosey & co., ltd. 9639

Complément (Le); 200 leçons de solfège pratique, L. J. Rousseau, Marguerite Rousseau, Cécile Rousseau et François Rousseau. Cours élémentaire, nos. 1-3. © Mar. 1, 1933; E for. 29677; L. Julien Rousseau. 9640

Concert a-moll für violine; mit begl. des orchs., Willi Czernik, op. 86; klavier-auszug mit solo-violine. © Oct. 11, 1932; E for. 29570; Henry Litolff's verlag. 9641

Concerto grosso; von Rudolf Moser, op. 32; streichorch. u. cembalo o. klavier. Partitur u. stimmen. © Mar. 20, 1933; E for. 29615; Steingräber verlag. 9642

Condor (El) pasa; Inca dance, Daniel A. Robles; pf. © May 3, 1933; E pub. 36127; Edward B. Marks music corp. 9643

Connecticut waltz; w and melody. © 1 c. May 15, 1933; E unp. 71449; Rodley Delmus Stoutenburg. 9644

Contest (The) winners; march, J. S. Taylor; band pts. © May 25, 1933; E pub. 36476; C. L. Barnhouse, inc. 9645

Coon (The) among the chickens; novelty pf. or xylophone solo, Malcolm Ives; orch. pts. © Apr. 21, 1933; E for. 29594; Hawkes & son (London) ltd. 9646

Corcovado; par Darius Milhaud, transcription Maurice Maréchal; violoncelle et pf. © Mar. 15, 1933; E for. 29524; Editions Max Eschig. 9647

Cornish sea pictures; w F. Keeling Scott and Lawrence Taylor, m L. Taylor; mixed cho. © Apr. 12, 1933; E for. 29514; Charles Larande & co. 9648

Coro (Il) dei cori; versi Domenico Tumiati, m Vittore Veneziani; coro a 4 voci maschili. Partitura. pte. 1, no. 1-5.—pte. 2, no. 6. © May 17, 1933; E for. 29957; G. Ricordi & co. 9649

Coronado; tango serenade, Ellis Levy; violin and pf. © Apr. 11, 1933; E pub. 36345; Carl Fischer, inc. 9650

Cottage episode attacca; by Herbert Stothart, orch. arr. by Paul Marquardt; [pf.-conductor.] © 1 c. May 3, 1933; E unp. 70939; Metro-Goldwyn-Mayer corp. 9651

Covadonga; paso-doble sinfónico; orch. pts. © May 2, 1933; E for. 29869; Juan Duran Alemany. 9652

Covenant concert band march; conductor. © 1 c. May 3, 1933; E unp. 70923; Alfred Strobeck. 9653

Cowboy's heaven; w Frank Marvin, melody G. Autry and Frank Marvin. © 1 c. May 6, 1933; E unp. 71111; Gene Autry. 9654

Cradle song; w Charlotte H. Coursen, m F. Ries, arr. Cyr de Brant. 1. Mixed voices.—2. Sop. 1, 2 and alto. © Mar. 21, 1933; E pub. 36325, 36326; Carl Fischer, inc. 9655, 9656

Cradle song of the Ozarks; w and m C. Dadswell. © 1 c. May 4, 1933; E unp. 70991; Cyril Dadswell and Margaret Lord. 9657

Crescent moon; w N. Freilich, m L. Pittler. © 1 c. May 20, 1933; E unp. 71714; Lila Pittler and Norman Freilich. 9658

Croix de guerre; march, Ralph Hueston Woods, op. 21; band pts. © May 12, 1933; E pub. 36270; Carl Dillon music co. 9659

Crossing the bar; w Alfred Tennyson, with melody. © 1 c. May 27, 1933; E unp. 71996; Steve Lovas. 9660

Cruel; pf. with w. © 1 c. May 27, 1933; E unp. 71997; Felix Joseph Bongiorno. 9661

Cryin'; w Bert Thistle, melody Maurice Merl. © 1 c. May 17, 1933; E unp. 71568; Albert Thistle. 9662

Cummings (Florence Amelia) Rondeau; w Thomas Moore; mixed voices. © Apr. 28, 1933; E pub. 36206; White-Smith music pub. co. 9663

Czecho-Slovakian dance song; partsong, w C. F. M., popular melody arr. Charles F. Manney; male voices.

410

图 2-6　美国版权局 1933 年 "山鹰之歌·印加之舞" 的版权声明。公版

《山鹰之歌》的版权注册人丹尼尔·阿洛米亚·罗夫莱斯是秘鲁的作曲家、民俗学学者和收藏家。20世纪初,他走遍了秘鲁,穿越亚马孙雨林,到遥远的安第斯山村搜集神话、传说和音乐。他甚至跨越边界,进入玻利维亚和厄瓜多尔境内。在乡村通讯员的帮助下,他搜集到了600多首歌曲,录音并转换成文字,也包括很多其他东西(Varallanos 1988:31)。但是,他不是以收藏家或学者而是以作曲家闻名的——他不断从传统曲调及对它们的引用、改编和利用中发现灵感。在这一点上,他和另一位颇有造诣的民俗研究者和收藏家颇为相似,后者在欧洲和北美更为知名:他的匈牙利同行贝拉·巴托克(Béla Bartók)。

图2-7 丹尼尔·阿洛米亚·罗夫莱斯(1871—1942)。公版

《山鹰之歌》最初是一部萨苏埃拉音乐剧的名字，这部剧于1913年在秘鲁利马的马兹剧院（Teatro Mazzi）首演，编曲是丹尼尔·阿洛米亚·罗夫莱斯，编剧是胡里奥·巴杜因-帕兹（Julio Badouin y Paz）。该剧的背景设在卡罗·德·帕斯科，一个西班牙征服者于16世纪左右在克丘亚边疆地区建立的矿山小镇，小镇周围是世界上银矿储量最丰富的地区之一。这里的银矿在19世纪末被采掘殆尽，先是西班牙殖民当局，1821年秘鲁独立后，则是地方势力和外国利益集团，用的劳动力都是原住民，有时是强迫，有时是严重剥削，不管怎样，都对人们的生命与健康、社会网络和环境造成难以言表的摧残。1902年，由美国矿业大亨詹姆斯·B.哈金（James B. Haggin）联合J.P.摩尔根（J. P. Morgan）、威廉·伦道夫·赫斯特（William Randolph Hearst）和范德比尔（Vanderbilt）的继承人组成的财团，买断了当地的采矿权，将其合并为卡罗·德·帕斯科铜矿公司。它的总部设在纽约，紧挨着华盛顿广场公园，离格林威治村的录音棚不到一公里，西蒙和加芬克尔后来就是在那里录制了《忧愁河上的金桥》专辑（Abeyta 2005：139—140）。在建造了一座冶炼厂和一条铁路之后，该公司于1906年开始了大规模的工业铜矿开采（McLaughlin 1945）。1911—1913年，在哈罗德·金米尔（Harold Kingsmill）的指点下，哈金将他的业务扩展到位于利马和卡罗·德·帕斯科之间的莫罗科查，公司副总裁后来声称，金米尔的指点"熟练而有力"（McLaughlin 1945：510）。在当地，卡罗·德·帕斯科铜矿公司"开始被简单地（轻蔑地）称为'公司'"（Abeyta 2005：192）。

　　这就是这部剧的背景。它戏剧化地表现了一起劳务纠纷后卡罗·德·帕斯科原住民矿工（"印第安人"）与美国老板（"撒克逊人"）之间的冲突。当矿工伊希尼奥（Higinio）杀死刻薄压榨的公司老板金先生时，人们同情的是伊希尼奥。然而，新的老板卡普先生很快就接替了前任，斗争继续进行。空中盘旋的山鹰代表着在面对外来剥削时矿工们争取的自由和印加人的自豪。

这部剧宣扬的是反帝国主义情绪，并在秘鲁庆祝国家独立100周年前夕，建立了它民族主义中左派的声望。截至彼时，卡罗·德·帕斯科铜矿公司是剥削秘鲁矿藏的最大的美国公司，事实上，它在卡罗·德·帕斯科和莫罗科查对铜矿的投资，在世界上也是最大的（Clayton 1999：87）。一位历史学学者评论道，该公司"在秘鲁国内是一个真正的自治的经济与政治实体"（McArver 1977，引自Clayton 1999：112）。

1916年，一位美国评论家写道，"很难找到比卡罗·德·帕斯科更肮脏的城镇了"，原住民的住所也"令人难以置信地脏"。与此相反，管理者美国佬们却拥有"保养良好的保龄球馆、游泳池、健身房、台球室、阅览室、图书馆、舞厅、棋牌室、酒吧和理发店，外加室外网球场"（Clayton 1999：117）。

马兹剧院的观众被邀请与奋起反抗新帝国主义者美国佬的原住民矿工站在一起。然而，观众中不太可能有很多原住民，大多数人是蓝领工人或中产阶级，他们在政治上是自由主义者或激进分子，在种族上是梅斯蒂索，即混血的后代。《山鹰之歌》这部剧颂扬的是梅斯蒂索的身份认同，它的主人公叫弗兰克，父亲是白人，母亲是原住民，而他认同的是体现着所有美好希望的山鹰。在这个时期，位于利马意大利广场的马兹剧院也是其他激进的社会戏剧聚集的场所，和新生的工会有关，观众都是工人阶级，这与更有声望同时也更守旧的剧场截然不同，后者迎合的是贵族阶级（Toledo Brückman 2011）。

《山鹰之歌》视自己为秘鲁及其邻国文化–政治运动的一部

分，这个运动以本土主义而闻名，在20世纪早期留下了深刻的印记。本土主义可以看作是后殖民民族主义的文化逻辑，因为资本主义和阶级政治的出现，这种民族主义在20世纪前半叶席卷整个拉丁美洲（Abercrombie 2001）。本土主义试图强化自主而包容的民族身份认同，反对印加的"乌托邦眼界"和想象的本土性（Flores Galindo 2010：152—196）。在族裔和语言多样、山脉雨林海岸并存、经济差异悬殊、殖民遗存依然非常明显的秘鲁，这是一个巨大的挑战。很多学者都强调，本土主义的文化工程与被称为梅策扎耶的文化和种族杂糅的意识形态紧密相连，后者意在"为民族–国家形塑同质化的市民"（Bigenho 2006：268）。正如人类学学者米歇尔·贝根豪（Michelle Bigenho）和民族音乐学者亨利·斯图巴特（Henry Stobart）所言，"在20世纪前半叶，安第斯原住民的文化表达形式……从被梅斯蒂索鄙弃到成为国家工程的核心……本土主义对这些本土表达形式加以民族化和颂扬，但并未对这个国家原住民继续边缘化的结构形成挑战"（2016：144；另见Mendoza 1998）。

于1913年在利马首演的那部剧就处在这个运动的风口浪尖。在20世纪二三十年代，出现了"呼吁本土重要性的大爆发"（Coronado 2009：14），利马和诸省的知识分子、艺术家和政客开始恢复并传播"本土形象，如印第安的大众传统、服饰和民俗，将它们作为强化民族文化典范的途径"（Williams 2002：43）。在《山鹰之歌》的剧本中，正是梅斯蒂索象征着秘鲁的未来，作为解决统治阶级科瑞奥罗和被征服原住民之间矛盾的辩证方案。梅斯蒂索既非科瑞奥罗，也不是原住民：弗兰克是新世纪的新人。丹尼尔·阿洛米亚·罗夫莱斯为《山鹰之歌》这部剧制作的音乐，遵循着极其相似的逻辑。它是对本土主义的音乐展示，是国家统一的音乐实

图 2-8　登载于 1913 年 12 月 19 日《民族报》的《山鹰之歌》在马兹剧院首演广告。公版

验。《山鹰之歌》的配乐遵循着三段曲式的结构,从雅拉维类型开始,进入帕萨卡勒类型,并在华依诺类型中达到高潮。每一种音乐类型都与一个独特的地理区域、社会阶层和族群认同相关联,但在罗夫莱斯的音乐中,它们构成了一个比部分更大的整体。同样,配乐的乐器也融合了秘鲁的社会和音乐门类,欧洲的吉他和曼陀林与殖民时代的恰朗哥、前殖民时代的管乐器奎那长笛与西库排箫一起演奏。简言之,西班牙、原住民和梅斯蒂索的音乐传统在《山鹰之歌》的乐曲和乐器中一起创造出了新的东西:现代秘鲁音乐,植根于过去,又在当时吸引了国家的支持,超越了语言、地理、种族和阶级的分化(Dorr 2007;Turino 1988:131—132;Varallanos 1988)。

配乐的最后部分深入人心:作为高潮演奏的是萨苏埃拉曲调。1913 年或 1914 年,法国民俗学学者拉乌尔·德哈考特(Raoul d'Harcourt)和玛格丽特·德哈考特(Margaret d'Harcourt)经过利马时，在马兹剧院观赏了《山鹰之歌》。这对夫妇提到，他们后来听到街头歌手演奏这首曲子（1925：542—544；Rios 2008：160）。换言之，这首曲子很快就风靡起来了。

但是，这首曲子的风靡归功于谁？这首曲子又是谁的？它是丹尼尔·阿洛米亚·罗夫莱斯的原创吗？抑或他"只不过"是对从安第斯收集来的音乐做了改编？某种意义上，我们清楚他做了什么，问题是把它称作什么。答案取决于我们如何看待原创，又如何看待改编。即使罗夫莱斯把这首曲子注册为自己的，也不过是他那个时代的搜集–创作者的常见做法，这不仅在南美很普遍，在北美、欧洲和亚洲也是如此。

不管罗夫莱斯对这首曲子的原创性贡献有多大，我们可以肯定地说，口头音乐传统在马兹剧院转变成了书面音乐传统。美妙之处在于，这首曲子在经过改编之后，反过来又重新回到了利马街头歌手的口头传统之中。

德哈考特夫妇在1925年出版的《印加音乐及其遗存》一书中，将这个曲调作为最后一首（第204首）予以发表，题为"瓦伊诺"（即华依诺），并附有"在街上听到"的注释。在这首曲子下面，他们评论道：

> 这首曲子提供了一个有趣的例子，说明在所有国家，民间曲调是如何被固化的，又是如何被转换和模仿的。这个片段的曲调最初来自民间，它是一个原住民的音乐主题，我们前面提到的罗夫莱斯曾将它用于一个小的抒情故事《山鹰之歌》……在利马成功上演。经由这个作品，民间保留了其耳熟能详的音乐片段，而街头歌手试图从记忆中再现的正是这些片段，然后，我们在听到他们演奏这些片段时，将它记录下来。

（d'Harcourt and d'Harcourt 1925：54；作者译）

实际上，根据丹尼尔·阿洛米亚·罗夫莱斯的传记作者、历史学学者何塞·瓦拉拉诺斯（José Varallanos）的说法，罗夫莱斯本人承认，华依诺的风靡是基于一个传统的曲调，"我是离开巢穴迷失的鸽子"是其西班牙语名称（1988：62，20，29，56，61—62，70；另见Llórens Amico 1983：100—105；Tucker 2013：45；引自Salazar Mejía 2014）。这种音乐类型在卡罗·德·帕斯科矿区很常见，秘鲁的安第斯地区和与其接壤的玻利维亚、厄瓜多尔及阿根廷北部的很多地方亦复如此。

事实上，法国民俗学者德哈考特夫妇还在秘鲁的豪哈省记录了一个变体。它作为第47首出现在他们的书中，歌词是用克丘亚语和法语写的："我养了一只鸽子/全心全意地爱着她/我没有做任何伤害她的事/这就是她离开我的原因吗？"（d'Harcourt and d'Harcourt 1925：303—304；作者译）[1]这首歌（利马街头歌手演唱的）和《我是离开巢穴迷失的鸽子》（豪哈的乐师演唱的）都出现在书的封面上，在书中则相隔了240页。

1917年3月，胜利留声机公司的两个录音师开始了一次录音之旅（这个公司后来被美国广播公司收购，后者接着又被索尼音乐娱乐公司收购，索尼音乐娱乐公司还收购了哥伦比亚唱片公司、西蒙和加芬克尔的唱片公司），从公司总部所在地新泽西的卡姆登到阿根廷、智利、玻利维亚、秘鲁和厄瓜多尔。8月，他们乘船抵达利马，在接下来的三周里，他们录制了很多秘鲁艺术家的作品。8月

---

[1] 在这里可以指出，19世纪的最后几年，也就是他在秘鲁旅行和实地工作期间，丹尼尔·阿洛米亚·罗夫莱斯在豪哈担任太平洋绅士，他就是在这里遇见了未来的妻子塞巴斯蒂安·戈多伊·阿戈斯蒂尼（Sebastiana Godoy Agostini）。

27日,他们录制了利马动物园咖啡管弦乐队演奏的因《山鹰之歌》这部剧而风靡的华依诺。两天后,这两个录音师又录制了《山鹰之歌》的另一个版本,由第一宪兵营乐队演奏。胜利留声机公司在10英寸的唱片中将这两首曲子发行。

1919年,丹尼尔·阿洛米亚·罗夫莱斯搬到了纽约。1923年和1928年,他在美国出版了《山鹰之歌》最后一个乐章的钢琴独奏曲谱,名为《印加之舞》。他的音乐曾在中央公园、大学校园的音乐会和华盛顿泛美联盟的聚会上演奏,演奏者包括埃德温·弗兰科·戈尔德曼(Edwin Franko Goldman)乐队和美国海军乐队。1930年,海军乐队为哥伦比亚唱片公司录制了这首歌。1933年,罗夫莱斯将这首歌的版权转让给了爱德华·B.马克斯(Edward B. Marks)音乐公司,该公司以他的名字在美国版权局注册了这首歌。同年,罗夫莱斯搬回秘鲁,但五年后,爱德华·B.马克斯在《另类美洲》的《中美洲和南美洲典型歌舞专辑》中发行了自己录制的这首歌(Rios 2008:160;Varallanos 1988:23—24)。

细心的读者会注意到,这个故事在卡罗·德·帕斯科、利马和纽约之间兜兜转转。《山鹰之歌》这部剧讲述的故事和后来其乐谱流传的故事同样如此。但是,后者还跨过大西洋,来到巴黎。从20世纪50年代开始,越来越多的拉丁美洲音乐家来到巴黎,并开设了多家专门演奏拉丁美洲音乐的俱乐部。来自安第斯地区的音乐尤为流行,尽管大多数音乐家实际上来自国际化的布宜诺斯艾利斯低地,而非全都来自安第斯地区(Rios 2006)。

正是在这里,在20世纪60年代的巴黎,《山鹰之歌》再次风靡——不是整部剧,而是其结尾的曲调,利马街头音乐家听到的华依诺音乐。阿扎雷乐队可能是第一个录制这首歌曲的,这个乐队是由住在巴黎的阿根廷和意大利音乐家组成的临时团体,其中包括里卡多·加里亚奇（Ricardo Galeazzi）和豪尔赫·米尔奇伯格（Jorge Milchberg），他们1958年的专辑《安第斯本土音乐》中的最后一首就是这首歌曲。据民族音乐学者费尔南多·里奥斯（Fernando Rios）说，他们从秘鲁的录音中挑选出这首歌（2008：161；2005：440）[1]。1963年，法国第一个也是最著名的安第斯音乐合奏团印加人在其专辑《南美》中发行了另一个版本的《山鹰之歌》，其编曲有很大的不同。里奥斯指出，印加人引起了轰动：在巴黎的拉美俱乐部定期演出，有时由碧姬·芭铎（Brigitte Bardot）担任主唱，与法国歌手玛丽·拉菲尔特（Marie Lafôret）在奥林匹亚音乐厅演出，甚至1956年在摩纳哥格蕾丝·凯利（Grace Kelly）与雷尼尔王子（Prince Rainier）的婚礼上演出。加里亚奇和米尔奇伯格都是印加人乐队的成员，两人在阿扎雷乐队1958年的专辑和印加人乐队1963年的专辑中都演唱过《山鹰之歌》（2008：148—162）。

知道西蒙和加芬克尔版本的人，都听过印加人乐队演唱的《忧愁河上的金桥》。保罗·西蒙在成名前不久，于1965年访问了巴黎，当时他住在英国。在巴黎圣殿剧院的一场音乐会后台，西蒙被介绍给豪尔赫·米尔奇伯格，后者送给他一张"南美"专辑的唱片。后来，米尔奇伯格许可西蒙在《忧愁河上的金桥》中使用其1963年版的《山鹰之歌》（Rios 2008：161；Kingston 1997：107）。保罗·西蒙用自己的声音、唱法和歌词重新演绎了这首歌："我说过，'我爱这个曲调，我要给它填词。我就是喜欢它，我们就在这个专辑里演

---

[1] 正如里奥斯在民族志细节中展示的那样，"在把安第斯山脉的音乐带到欧洲方面，来自安第斯国家的音乐家刚开始几乎没有发挥什么作用。最初的主角是来自布宜诺斯艾利斯的阿根廷侨民，他们在巴黎生活期间就学会了演奏安第斯高地乐器和音乐类型"（2008：171）。

唱它吧'。"（Luftig 1997：86—87）

在专辑《忧愁河上的金桥》的封面上，注明这首歌是"18世纪秘鲁民间小调"，但也认可豪尔赫·米尔奇伯格为作曲者，用的是化名"印加人"，保罗·西蒙作词。在接下来的几年里，大多数翻唱这首歌的艺术家都是这样做的。当版税滚滚而来时，米尔奇伯格的乐队同伴都不太高兴，在他们当中的一些人看来，似乎是米尔奇伯格抢了功劳，而他们却一无所获。印加人乐队解散了（Rios 2005：635）。部分成员跟着米尔奇伯格，以新乐队乌鲁班巴之名，加入西蒙和加芬克尔的世界巡演。因为米尔奇伯格使自己"陷入与丹尼尔·阿洛米亚·罗夫莱斯家族旷日持久的法律争端之中"，暂时无法使用以前的乐队名称。

在向纽约市一位地方法官提起的法律诉讼中，阿曼多·罗夫莱斯·戈多伊声称，这首歌既不是18世纪的民间小调，也不是米尔奇伯格的作品，而是他父亲的创作，1933年获得版权，并在美国版权局注册。与米尔奇伯格不同，保罗·西蒙很快就和解了，"这几乎是一个友好的案件"，原告在35年后的一次采访中则说道，"保罗·西蒙不仅是个天才，也热爱文化；不是他的疏忽……他们告诉他这首歌是18世纪的民间小调，而非告诉他这是我父亲的创作"（Bondy 2008：4—5；作者译）。两年后的1972年，西蒙和加芬克尔的精选集将罗夫莱斯、西蒙、米尔奇伯格三者并列为《山鹰之歌》的作者。

就像他们说的，剩下的都是历史了。在随后的几年里，这首歌曲在世界巡演了上千遍，在很多不同的地方出过唱片和磁带，街头表演者把它带到世界各地的城镇广场。他们还在演奏这个曲子，就在你附近的某条街上，我敢打赌你一定听过他们演唱这首歌曲。

但是，《山鹰之歌》最远的旅程仍在进行中，看不到尽头。

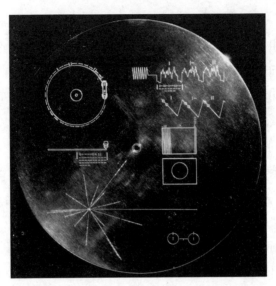

图 2-9 地球之声,"旅行者"号航天器携带的金唱片的封面。来源:美国国家航空航天局,公版

1977年,美国国家航空航天局发射了两艘"旅行者"号航天器,以研究太阳系的边界。在写作本书之时,它们正以每小时接近5万公里的速度飞行,"旅行者"1号向北已经驶入星际空间,而"旅行者"2号也很快就会驶出太阳系。没有任何人造物体比它们飞得更远。在这两个探测器发射四十年后,它们还要4万年才有可能接近另一颗类似的恒星。从时间跨度的角度来看,最后一批尼安德特人是在4万年前在地球上游荡的。"旅行者"号的两个航天器都携带着给外星智慧生物的特殊信息:一张金唱片,他们也许会在遥远的未来发现这些信息,那时人类可能消亡很久了。这张唱片带着地球人的问候、图片、自然的声音、诗歌、吉米·卡特(Jimmy Carter)的致辞、库尔特·瓦尔德海姆(Kurt Waldheim)的良好祝愿,特别是还有人类代表性音乐的选辑,包括莫扎特的《夜之女王咏叹

调》、爪哇的甘美兰音乐、墨西哥的流浪音乐、巴赫的《勃兰登堡协奏曲》、贝多芬的《第五交响曲》、澳大利亚的号角与图腾歌、查克·贝里（Chuck Berry）的《强尼·B.古德》（Johnny B. Goode）。猜猜还有什么？一首在秘鲁录制的用排箫和鼓演奏的歌曲（长达55秒，存档于利马的文化之家），《山鹰之歌》的一个版本，或者说是它依据的克丘亚传统曲调《我是离开巢穴迷失的鸽子》的一个版本。的确，它迷失了（Sagan et al. 1978；Brown, Cantillo, Landau, and Cook 2017）[1]。

2004年，秘鲁国家文化研究所（文化部的一个机构）官方宣布《山鹰之歌》是秘鲁的国家文化遗产——极高的正式承认（Trujillo 2012）。这种承认也是持续的国家竞争的一部分，以使人知道这首歌是秘鲁歌曲：不是西蒙和加芬克尔的歌，不是与安第斯歌曲同源

---

[1] 金唱片中的音乐由天体物理学者卡尔·萨根（Carl Sagan）主持的一个委员会选择，民俗学学者阿兰·洛马克斯提供了建议，他在提议和倡导纳入西方古典音乐杰作之外的音乐方面起到了至关重要的作用，这些音乐包括布鲁斯、爵士乐、摇滚乐和来自世界各地的大众音乐。萨根在他关于这个项目的书《地球的呢喃："旅行者"号星际唱片》中写道，洛马克斯"极力坚持把民族音乐包括进来，甚至不惜牺牲西方古典音乐。他带来的作品如此悦耳美妙，以至于我们对他的建议让步的次数比我想象的还要多，例如，在我们的选项中没有德布希（Debussy）音乐，因为阿塞拜疆人用类似风笛的乐器巴拉班演奏，秘鲁人用潘笛演奏，这些精美的作品已经被洛马克斯所熟知的民族音乐学学者记录下来"（Sagan et al. 1978：16）。其中一个"洛马克斯所熟知的民族音乐学学者"是秘鲁小说家、民俗学和民族学学者何塞·玛丽亚·阿格达斯（José María Arguedas），他搜集、研究、出版了本土音乐和舞蹈，并在1946年被教育部正式任命为"民俗保护总干事"，此前他是国家历史博物馆馆长，随后又成为文化之家（后来变成国家文化研究所）的负责人（Cerrón Fetta 2017；Casas Ballón 2017）。阿格达斯录制了《潘笛与鼓之歌》这首曲子，并将它提供给阿兰·洛马克斯，后来收录在金唱片中。这首曲子被认为是文化之家的，但没有进一步落实归属。

在他关于黄金唱片计划的书《地球的呢喃》中，萨根提到了秘鲁的《潘笛与鼓之歌》："'旅行者'号的选择是在这些两排潘笛之一上演奏的。中空的木棒被切割成不同的长度，顶部打开，声音是由吹孔而产生的。伴奏鼓点的松散凌乱是有意为之，而非不专业。演奏者故意掌控节奏，追求出乎意料的效果。这首曲子可以由单人乐队演奏。在印加征服以前秘鲁漆绘的陶器上和今天秘鲁城市的街道上，都可以看到同时演奏潘笛和鼓的乐师。"（Sagan et al. 1978, 190）

的歌,不是玻利维亚民间曲调,而是秘鲁名曲,由秘鲁的大师罗夫莱斯所创作。国家文化研究所所长在接受共和报采访时声明:"从现在起,不能接受对原版的任何修改。"(Escribano 2004)

与此同时,玻利维亚仍在抱怨,因为至少从20世纪60年代起,他们就一直在说《山鹰之歌》实际上是一首玻利维亚歌曲。因此,玻利维亚对1970年豁免西蒙和加芬克尔的愤怒并不亚于秘鲁。费尔南多·里奥斯引用了一位拉巴斯八卦专栏作家洛丽塔(Lolita)当年对玻利维亚文化部"未能向这对搭档盗用'国家的曲调'索赔"进行的批评(2014:217),并补充道,玻利维亚音乐家"经常向我声称,《山鹰之歌》是玻利维亚的"(2005:636,391)。

与之相反的是,2009年9月,秘鲁议会副议长威尔伯特·本德祖(Wilbert Bendezu)公开斥责,反对玻利维亚几个官方网站对《山鹰之歌》的侵权,并在某种程度上推动了没有正式承认其著作权或源自哪国的情况下演奏这首歌曲,从而在秘鲁媒体引起轩然大波。这个故事连续三天上了电视、电台的新闻和报纸的头条,成为热烈讨论和纷纷指责的主题(*Correo* 2009a, 2009b;*EcoDiario* 2009;*Los Andes* 2009;*RPP Notícias* 2009d, 2009e)。

第三天,玻利维亚文化部长巴勃罗·格鲁(Pablo Groux)终于发表声明,宣布"这首歌的作曲者是秘鲁人,虽然秘鲁、厄瓜多尔和智利的许多团体都演奏过这首歌曲,但它的著作权是毫无疑问的"(*RPP Notícias* 2009e;作者译)。他将这一事件与《恶魔之舞》进行了对比,后者是一种戴着面具、穿着戏服的传统舞蹈,是玻利维亚和秘鲁一个月前就文化盗用问题发生的另一场争执的核心所在。

《恶魔之舞》是玻利维亚奥鲁罗狂欢节的一大亮点,列入联合国教科文组织的《代表作名录》。它的特点是"怪诞的面具上有可怕的牙齿、绘有蛇和蜥蜴的大犄角以及凸起的眼睛",舞者身着"镶嵌着彩石与亮片的发光斗篷、装饰着金色恶龙的铠甲和缝着百枚古币的沉重裙摆"(Guss 2006:312—313)。

2009年8月,秘鲁小姐凯伦·施瓦茨(Karen Schwarz)代表自己国家参加环球小姐选美大赛,她身穿受《恶魔之舞》启发而设计的服装,声称这是典型的秘鲁遗产。这引发了玻利维亚首都的街头抗议活动,《恶魔之舞》的舞者也向他们的政府、选美皇后和全世界传达了一个信息,他们不会容忍那些本属于他们的东西被偷走。玻利维亚驻联合国教科文组织大使强烈要求"采取紧急的、充分的、恰当的和及时的措施,来保护玻利维亚的文化遗产,尊重我们的风俗习惯和古老传统的源头"(CNN 2009)。同时,文化部长巴勃罗·格鲁致函选美大赛的组织者,及其金主房地产大亨、电视真人秀明星唐纳德·特朗普(Donald Trump),威胁要提起诉讼,还列举《恶魔之舞》来自玻利维亚并属于玻利维亚人民的证据(*Emol. Mundo* 2009a)。他断言,《恶魔之舞》之于玻利维亚就像皮斯科酒之于秘鲁"(*Clarin Notícias* 2009;作者译),皮斯科酒是秘鲁和智利都宣称为自己所有的烈性葡萄白兰地。格鲁甚至威胁秘鲁当局,他将把这种对玻利维亚民族文化的严重盗用行为提交海牙国际审判法院和日内瓦世界知识产权组织(*Clarin Notícias* 2009;*Emol. Mundo* 2009b)。

秘鲁外交部部长何塞·安东尼奥·加西亚·贝朗德(José Antonio García Belaúnde),刺激格鲁兑现其威胁,并补充说,他确信法院会弄清楚《恶魔之舞》是艾马拉人的传统,艾马拉人是安第斯地区秘鲁、玻利维亚和智利这三个国家的原住民,因此《恶魔之舞》不可能是其中任何一个国家的专属财产(*Emol. Mundo* 2009b)。秘鲁国家文化研究所所长塞西莉亚·巴库拉(Cecilia

Bakula）也驳斥了格鲁的声明（她后来成为秘鲁驻联合国教科文组织大使）。她认为玻利维亚没有理由声称这种舞蹈属于他们，并补充说，"我们没有'盗用'任何人的文化遗产，这种舞蹈就是我们的"（Latino Perspectives Magazine 2009）。她用档案证据表明，《恶魔之舞》源自秘鲁的普诺城，可以追溯到1892年，而玻利维亚奥鲁罗狂欢节中著名的《恶魔之舞》却只能追溯到1904年。必须补充说明的是，巴库拉的证据带有选择性，因为1904年只是长期存在的传统由于一个有组织的舞团形成而被制度化的年份，名为"奥鲁罗伟大的正宗传统恶魔之舞"——这个名称说明了一切（Andina 2009；Emol. Mundo 2009b；RPP Notícias 2009c；另见 Abercrombie 1992；Cordova 2012）。

事实上，《恶魔之舞》是玻利维亚狂欢节的象征，恶魔们代表奥鲁罗矿井的地下世界，他们为向矿井的原始状态表达敬意而舞。因此，玻利维亚民俗学学者豪尔赫·恩里克·瓦加斯·鲁扎（Jorge Enrique Vargas Luza）对于秘鲁小姐声称她在比赛中所穿《恶魔之舞》的服装来自秘鲁，向国际媒体表达了愤慨（RPP Notícias 2009a），他写过关于奥鲁罗《恶魔之舞》面具传统的著作（Vargas Luza 1998）。奥鲁罗狂欢节是2001年被宣布为联合国教科文组织的人类口头和非物质遗产杰作首批文化实践之一，后者是先于《非物质遗产公约》的《宣布杰作》计划的一部分（详见第三章）。在秘鲁小姐环球选美大赛中着装所引发的《恶魔之舞》所有权之争和大众愤慨与政治动荡中，这种认定增强了玻利维亚的信心（Bigenho and Stobart 2016）。

与此同时，选美大赛的参赛者凯伦·施瓦茨则占据了道德高地，她耐心地向玻利维亚媒体解释道，"我们有把彼此联结在一起的舞蹈，因为玻利维亚人和秘鲁人都跳《恶魔之舞》"，还说"我们不能丢掉两国之间的宽容与尊重"而像这样斤斤计较（CNN 2009），"我们是兄弟姐妹，几为一体，我们有近乎相同的服装、相同的文化，我们有更大的问题要解决或斗争"（*RPP Notícias* 2009b；作者译）。然而，当玻利维亚总统埃沃·莫拉莱斯（Evo Morales）邀请施瓦茨在奥鲁罗狂欢节上和他一起跳《恶魔之舞》时，她却婉言拒绝了，说她很乐意，但遗憾的是，她将忙于在秘鲁的普诺跳《恶魔之舞》（*El Comercio* 2009；*Telemetro* 2009）[1]。

两周后，总统莫拉莱斯和他的文化部长向其安第斯共同体的伙伴秘鲁、哥伦比亚和厄瓜多尔政府发出外交邀请，在拉巴斯开会讨论制作一个安第斯非物质遗产地图，这将一劳永逸地明确什么属于各自国家、什么是他们共有的（*Emol. Mundo* 2009c）。然而，这似乎并没

---

[1] 有趣的是，对这种纠纷和玻利维亚政客马里亚诺·巴普蒂斯塔·古穆西奥（Mariano Baptista Gumucio）更冷静的看法进行比较，雨果·班塞尔·苏亚雷斯（Hugo Banzer Suárez）1971年发动政变之前，他在1969—1970年任教育和文化部部长，班塞尔1979年被推翻后，他在第一个民选政府中再次就任教育和文化部部长（后来又任玻利维亚驻联合国大使）。在1979年上任之前，应玻利维亚联合国教科文组织全国委员会的要求，巴普蒂斯塔·古穆西奥在上任之前为联合国教科文组织的一系列"文化政策研究和文件"编写了一份关于玻利维亚文化政策的研究报告。在"艺术作品与民间文化的劫掠"这一章，巴普蒂斯塔·古穆西奥写道：

> 造成艺术作品和文化特征丢失的另一个方面，是其他南美国家从玻利维亚本土和梅斯蒂索民间文化中盗用歌曲、舞蹈和假面剧。更糟糕的是，在这些国家，无耻的个人把它们当作自己的东西来录制和售卖，收取版税，这是非常不正当的。
>
> 玻利维亚音乐家和作曲家的不满主要是针对阿根廷，尽管事情没有那么简单。问题是，阿根廷大约有50万玻利维亚移民，其中许多人最初是从事制糖工作的劳工，他们一直住在布宜诺斯艾利斯及其他城市与集镇的苦难镇（villas miseria）或棚户区。这个庞大的本土工人群体带来了自己的文化传统、音乐和其他形式的民间文化，后来被认为是阿根廷北部的产物。此外，这个地区曾经居住着艾马拉人和克丘亚人，也有说克丘亚语的城镇，其民间文化与玻利维亚相似。
>
> 这种对玻利维亚典型文化形式的盗用，在秘鲁南部和智利潘帕斯的舞团过去几年里的模仿中，表现得尤为明显，他们在把奥鲁罗矿工传统的《恶魔之舞》当作自己的创作。
>
> 政府之间的协定可以通过相互交流和迅速制裁的有效机制，制止非法盗用和传播民间文化与大众歌曲。（1979：78）

有排除采取单边行动的必要性。2011年，埃沃·莫拉莱斯签署了玻利维亚议会通过的一项法案，宣布《恶魔之舞》为多元民族国家玻利维亚的文化和非物质遗产。莫拉莱斯解释说，他们需要2011年7月11日的第149号法案，所以"一些邻国不要抢走我们的舞蹈和传统，比如《恶魔之舞》"（*La Razón* 2011）。法案的副本很快就分发给了巴黎的联合国教科文组织和日内瓦的世界知识产权组织（WIPO 2011）。

然而，如贝根豪和斯图巴特所述，在2014年，"秘鲁把刻有他们认为属于自己的几种舞蹈的光碟提交给联合国教科文组织"，将它作为候选《代表作名录》的普诺圣烛节的一部分，再一次激怒了玻利维亚政府，激起了民族愤慨（2016：142）。玻利维亚民俗保卫与宣传组织在拉巴斯的联合国教科文组织办公室前，发起抗议活动，国内外的玻利维亚人纷纷在线上动员起来，玻利维亚文化部长则严正反对秘鲁的提名，18分钟的声明也在YouTube网上流传（同上：156）。他没有成功地阻止该节日列入《代表作名录》，但为了应对玻利维亚的强烈抗议，经过长时间的讨论，主管的政府间委员会在将该节日列入这个名录的决议中，纳入两条不同寻常的条款，一条"注明""普诺圣烛节相关的文化表达形式为该地区的安第斯社群共享"，另一条则"提醒列入《代表作名录》并不意味着排他"（UNESCO Intangible Cultural Heritage 2014）。这次惨败之后，埃沃·莫拉莱斯要求部长辞职。

许多学者注意到玻利维亚"关于跨国音乐盗用的民族主义话语似乎无处不在"，那里的愤怒情绪经常爆发，通常针对的是阿根廷人、秘鲁人或智利人（Rios 2014：198；Bigenho and Stobart 2016）。因此，早在1965年，一位作者被自己看到的智利文化盗用所激怒，他向玻利维亚的新闻日报投稿，谴责"奥鲁罗的《恶魔之舞》被丝毫不差地模仿""玻利维亚的华依诺音乐被原原本本地抄袭"，并在智利新歌音乐人中用夏朗哥吉他和可纳笛演奏："我不知道谁可以谴责这些行径……我希望有某种国际组织，能像警察局一样在一个人谴责偷钱包的行为时采取措施"（引自Rios 2005：542—543）。1973年，也就是玻利维亚部长给联合国教科文组织总干事写信那一年，这种愤怒就很普遍了。在6月的夏朗哥大会上，教育和文化部部长指责"外国凶手"觊觎夏朗哥，并承诺用"'强有力的措施'来保护一切当地民俗的'所有权'"，发誓"夏朗哥会被裁定为玻利维亚的传统乐器"（引自Rios 2014：208）。同年11月，教育部通过了第823号决议，"'制定民间音乐保护条例，公布国家财产'，宣称其目的在于限制对国家领土内外的玻利维亚'民俗表达形式'的不断盗用"（同上：209；另见Bigenho and Stobart 2016：153）[1]。

  回想一下玻利维亚部长1973年向联合国教科文组织的控诉，他说，玻利维亚特别容易遭到文化盗用，因为周围都是太愿意窃取其传统的国家。是的，从玻利维亚人的角度来看，《山鹰之歌》和《恶魔之舞》就是两个典型案例。玻利维亚政府36年间两次向联合国教科文组织进行官方控诉，这两个案例有一个重要区别：在1973年，部长哀怨缺乏保护"诸如音乐和舞蹈这样的表达形式"的国际机制，"它们目前正遭受最严重的秘密商业化和外流"；在2009年，这种机制已经存在，作为玻利维亚奥鲁罗狂欢节的一部分，《恶魔之舞》也已经被列入《代表作名录》。然而，从这段插曲中可以看出，玻利维亚人在对环球小姐的行为处于外交绝望之际，征引国际权威是有好处的。

  当然，这都是从玻利维亚的角度来看的。秘鲁提供了另一种观

---

[1] 费尔南多·里奥斯表示，促使玻利维亚给联合国教科文组织写信的具体事件，可能是围绕着电影《阿根廷精神》（*Argentinísima*）的争议。这部电影在写这封信的四天前在拉巴斯首映。然而，值得注意的是，围绕这部电影的争议直到第一次放映两周后，也就是写信的十天后，才在玻利维亚爆发（更多细节，见Rios 2014）。

点。正如凯伦·施瓦茨在环球小姐选美大赛服装风波中指出的，这些文化表达形式跨越政治边界是很常见的。《恶魔之舞》是艾马拉人的舞蹈和服装传统，存在于艾马拉人没有参与绘制的各种政治边界的任何一边。同样，《山鹰之歌》所属的音乐类型在玻利维亚和秘鲁的克丘亚音乐传统中也都很常见。

我们也知道罗夫莱斯在他的搜集之旅中越过了边境。秘鲁人坚持罗夫莱斯的著作权必须部分地被理解为一种所有权的文化政治：如果丹尼尔·阿洛米亚·罗夫莱斯是作曲者，那么这首歌曲就来自秘鲁——任何所谓口头的和乐器的流传再模糊都分国界。一个作者同时也是一个公民。与口头传统不同，作者随身携带护照，而秘鲁共和国签发了罗夫莱斯的护照。

现在让我们回到玻利维亚写给联合国教科文组织总干事的信。考虑下政治背景：这封信的签名是玻利维亚共和国外交和宗教部部长马里奥·古铁雷斯（Mario Gutiérrez），也是长枪主义社会党的领袖。他代表的是一个军事独裁政府，由1971年通过政变上台的雨果·班塞尔·苏亚雷斯将军领导。在抽出时间发送这封信之前，政府解散了工会，关闭了大学，严刑拷打持不同政见者，把一些人关进集中营或监狱，还有些人彻底失踪了。

班塞尔政权和原住民群体的关系也很紧张。生活在玻利维亚高地和城镇里的艾马拉人和克丘亚人贫困潦倒，他们的土地被没收了，身份也被压制在一种"跨文化"之中，这种"跨文化"与班塞尔的部长控诉的那种完全不同（Ströbele-Gregor 1996；Hylton and Thomson 2007）。早在1953年，执政的国民革命运动党就宣布玻利维亚不再存在"印第安人"，从此以后，他们被称为"农民"。同时，军事政权颂扬原住民的表达文化，并将它作为玻利维亚新的梅斯蒂索的国家-大众文化而加以挪用（Abercrombie 2001：96—97；

图 2-10　2009 年玻利维亚奥鲁罗狂欢节上的《恶魔之舞》。来源：维基媒体

图 2-11　2013 年秘鲁普诺圣烛节上的《恶魔之舞》。来源：维基媒体

图 2-12 玻利维亚独裁者雨果·班塞尔·苏亚雷斯将军。来源：美国 Keystone Pictures，Alamy

Rios 2010：283—284）。

班塞尔将军当权时，民俗盛典处于黄金时代，传统服装、音乐和舞蹈在形形色色的国家荣耀与和谐的表演中，得到颂扬。实际上，从佛朗哥的西班牙和萨拉查的葡萄牙到皮诺切特的智利和班塞尔的玻利维亚，民俗盛典都是独裁者统治下最受欢迎的娱乐形式（见DaCosta Holton 2005；Ortiz 1999；Guss 2000：13）。因此，这个玻利维亚的统治者经常参加民间节日、在总统府举办传统音乐表演、与当地的音乐合奏团一起为报纸摄影师摆造型，甚至在格兰博德节中带领舞者"一路走到拉巴斯最漂亮的普拉多商业街"（Guss 2006：315；Rios 2005：481—485）。

因此，重要的是要理解，玻利维亚政府努力保护一首原住民的安第斯民歌《山鹰之歌》并扩展至努力保护其他民间音乐、舞蹈和手工艺，掩盖了这个时期对国内原住民的真正压迫。实际上，政府保护这种表达文化的努力是其暴政的一部分，是褫夺文化权利的工具。这是特别阴险的，因为《山鹰之歌》是表现抵抗的歌，但是，通过第08396号最高法令，它被国家化了，因为玻利维亚政府宣布了国家对它领土内的民间音乐以及随后的"民间舞蹈、大众艺术和传统文学"拥有所有权。顺便说一句，这个最高法令是在1968年由总统雷内·巴里恩托斯（René Barrientos）颁布的，他是另一个痴迷于民俗的军事独裁者。班塞尔在1973年通过一项决议完成了征收的工作，该决议宣布传统的、匿名的与大众的音乐不仅是国家财产，也是国家文化遗产的一部分（"国家文化遗产"；1973年9月19日第823号部长令，引自Bigenho, Cordero, Mújica, Rozo and Stobart 2015：151）。借用皮特·汤森（Pete Townshend）的一句话：新旧老板一个德行。

确切地说，20世纪70年代的南美独裁者也盗用了安第斯山鹰，把反抗的象征转换为枪口下的屈服的象征：和皮诺切特等人一样，班塞尔也是"操弄山鹰"的元凶之一，他们本质上是在情报机构配合下镇压异己的政府间谋杀集团（McSherry 2005）。

因此，《山鹰之歌》的教训超出文化的跨国流动，甚至超越它的星际传递。这个故事通常被当作描述起源的故事来讲，叙述民俗如何被列入国际议程，为国际社会齐心协力保护非物质遗产，提供了一个伦理上的理由。然而，仔细审视一下便知，它使起源复杂化，混淆了伦理，并颠覆了合理化。如果由表及里地深入思考，我们很快就会发现一系列不同的关于非物质遗产及其保护的教训。这些问题不仅关系到遗产在国家内部的霸权战略中的使用，也关系到遗产在国家之间的跨国流通。更重要的是，这些问题很难厘清。提醒有外部威胁——入侵者、小偷邻国、外国公司，或者实际上是"最严重的秘密商业化和流失"，以此证明国家干预是正当的，亟须采取保护措施。来自外部的威胁被视为比国家的文化政治更大的危险之源。实际上，保护本身变成了剥夺的手段：一种同化策略，抽干他们权力抵抗的象征或打乱他们的符号学，提醒国家本身才是意义赋予者，调整他们的情感主张以宣称效忠国家。

说人是非者，便是是非人，部长信中关于盗窃的词——盗用和掠夺，窃取和篡夺——很大程度上是他的政权及其文化政策的反映。然而，在玻利维亚的疆界之外，当我们听到世界各地关于联合国教科文组织非物质遗产项目实施情况的报道时，这个故事给我们留下了一个紧迫而重要的问题。例如，来自马拉喀什、加泰罗尼亚、马拉维、韩国和喀拉拉邦的报道，在这些地方，联合国教科文组织已将某些特定的实践形式承认为人类非物质遗产，而当地的行动者则声称他们正在失去对自己文化实践形式的控制，他们抱怨说，由于当局对他们的传统实践形式有兴趣，就在这些实践形式上叠加了一个行政网络来保护它们。一旦他们的实践形式被转换成非物质遗产的语言，当地的行动者对它们的再现就不再有那么多的发言权了。

这个问题涉及社群与国家、赋权与服从、遗产与治理之间的关系，对于非物质遗产的理论研究和政策制定及其实践都是至关重要的。什么时候保护不是剥夺的手段？我没预设一个答案，也没假设没有答案——这不是一个反问句。什么时候或曰什么条件和情况下，保护不是剥夺的手段？

第三章

制造名录
——医院里的伴舞乐队

在《非物质遗产公约》的谈判过程中，最具争议的问题可能是名录的创建、认定和目的。最终文本有三种类型：《代表作名录》、《急需保护的非物质文化遗产名录》和国家的非物质遗产清单。第一种是各国代表们经过激烈对峙后达成的一个折中方案，他们有的想要一个择优选择的"珍宝名录"或"杰作名录"，类似于《世界遗产名录》，有的偏爱一个无所不包的传统实践形式清单，有的则根本不想要名录。在最终文本中，对《代表作名录》的规定含糊不清，致使争论延续到公约生效之后。

在下文中，我将分析代表们在关于编制名录的争论中提出的论点——从激励和提升价值到分化和等级化——我认为这些都是遗产实践形式的核心，它们总是不可避免地具有选择性。遗产制度是建立在排他的基础上的：它参照一套模糊的标准，赋予特定事物以价值。在这方面，遗产和名录并没有什么不同，它们都依赖于选择，都将它们的对象与周围环境分离开来，并参照其他认定或列入名录的事物，将它们重新置于情境中。编制名录似乎总是与遗产制造相伴，这一点也不奇怪。遗产名录以一种相当独特的方式融合了美学、伦理和行政方面的考虑。它们颂扬特定人群的美德，同时也挑起了他们之间的文化竞争。通过使一个人群了解自身并将其实践形式向全世界展示，这种名录的最终目的在于引导资金和人们对保护的关注。然而，一旦名录被制造出来并可供流通，它们就有了自己的生命，它们可以被用于与其创造者所设想的完全不同的用途，甚至是截然相反的用途。《世界遗产名录》就是一个很好的例子，旅游逐渐取代了保护，将名录作为其驱动因素和主要内容而加以使用。可以说《代表作名录》也是如此。

枪毙外交官

作为冰岛联合国教科文组织代表团的一员，我观察并参加了于2003年6月召开的第三次政府间专家会议，这次会议讨论了《保护非物质文化遗产公约（草案）》（前两次会议于2002年9月和2003年2月举行）。会议在巴黎芳德诺广场联合国教科文组织总部地下的一个大型会议室举行，设定的任务是完成关于这个新公约的工作，将其提交联合国教科文组织大会通过（见第一章）。

在这次会议之前，联合国教科文组织秘书处向代表们分发了他们在上一次会议上商讨的一份草案（后来一个小型的委员会在闭会期间对它进行了修订）。这份草案的一个条款提议创建"世界非物质文化遗产珍宝名录"或"非物质文化遗产杰作名录"。这个条款的第一段提出，应建立、更新并公布这个名录，以"确保更好地了解非物质文化遗产，提高对其重要性的认识，并鼓励对话"（UNESCO 2003a：Appendix II, 9）。

这一想法可以追溯到1993年韩国的一项正式提案，建议联合国教科文组织建立一个活态文化财产制度。同年晚些时候，联合国教科文组织执行局做出反应,通过了一项决议(UNESCO 1993),邀请各成员国酌情在各自境内建立一个人类活态珍宝制度(UNESCO 2002a：8)[1]。韩国的提案建议,作为这个新方案的一部分,联合国教科文组织将设立"自己的关于人类活态珍宝的委员会,其职能类似于世界遗产委员会";这个委员会一旦成立,将"编制一个世界人类活态珍宝名录,类似于《世界遗产名录》";并补充说,"为建立这一制度,可能需要一个关于人类活态珍宝的公约"(UNESCO 1993：2)。

与《世界遗产公约》的这种比较,是理解联合国教科文组织在这一领域的发展的关键所在。联合国教科文组织大会于1972年通过的《世界遗产公约》,已经成为联合国教科文组织的伟大成就之一。就加入的国家数目而言,《世界遗产公约》在所有最成功的国际公约中名列前茅。在编写本书时,已有194个缔约成员,紧随《日内

---

1 活态人类珍宝制度主要是在日本和韩国发展起来的,还有与之密切相关的"非物质文化遗产"范畴。日本于1950年颁布了《文化财产保护法》,这是一部关于遗产保护的综合性立法,取代了早先1929年的《国宝保护法案》。1955年,日本当局指定了第一批非物质文化财产及其"持有者",后者被定义为"人类活态珍宝",即"在艺术和手工艺方面掌握或拥有特殊技能的人"(UNESCO 2002a：13)。自此以后,每年都会进行这样的指定。这些"持有者"会得到资助,资金用来帮助他们培训徒弟、支持公开表演和展览。1975年,日本《文化财产保护法》增加了第五类,即"民间文化财产",包括物质的和非物质的遗产。与官方确认的人类活态珍宝项目和与之相关的非物质文化财产及其持有者不同,民间文化财产都是集体的,对它们的承认只给予群体的,而不是个体的"持有者"(UNESCO 2002a：14)。

韩国的《文化财产保护法》可追溯到1962年。该法是部分以修订后的日本模式为基础,并对四类文化财产进行了区分:重要的物质文化财产、重要的非物质文化财产、民间文化财产和古迹。1964年,韩国第一批非物质文化财产与"持有者"或人类活态珍宝一起被指定。后者每月领取津贴,并有义务培养接班人,尽量使公众能接触到非物质遗产(UNESCO 2002a：14—15)。菲律宾和泰国在20世纪80年代也建立了活态人类珍宝制度。在美国,国家艺术基金会于1982年参照日本的制度设立了国家遗产奖,"以表彰美国民间艺人对国家的文化拼图做出的贡献"。欧洲一些国家,包括法国、捷克和波兰,也设立了专门针对手工艺的类似项目(UNESCO 2002a：16—18;另见 Almevik 2016; Löfgren 2011; Palmsköld 2011)。

第三章 制造名录

瓦公约》（196个）、《儿童权利公约》（196个）和《生物多样性公约》（195个）之后，这使得它实际上是世界性的公约。与之相连的《世界遗产名录》对联合国教科文组织来说，已经成为一次伟大的公共关系变革，毫无疑问，这个组织在世界很多地方也最为有名。15年间已有178个国家加入了《非物质遗产公约》，它也以同样的方式取得了巨大的成功[1]。

正如韩国的提案表明的，他们是模仿《世界遗产名录》及其有关法律文书和执行委员会，提议编制《世界人类活态珍宝名录》的。因此，韩国的提案以联合国教科文组织在世界遗产方面的经验为基础，显然是希望分享后者在该领域的成功。联合国教科文组织执行局欢迎这一提案，并表示"如果国家名录取得成功，联合国教科文组织接下来可以建立一个世界名录"（引自UNESCO 2002a：51）。四年后的1997年，联合国教科文组织大会通过了一项决议，创建了这一名录：《宣布人类口头和非物质遗产杰作》（简称《宣布杰作》）。

虽然是模仿《世界遗产名录》，但相比之下，《宣布杰作》显得苍白无力：它没有建立在公约的基础上，没有配备政府间执行委员会，也没有成员国在联合国教科文组织大会上承诺的财政资源。相反，《宣布杰作》依赖于总干事任命的一个国际评估委员会，并完全依赖自愿捐款来提供资金。理查德·库林是这个评估委员会的18名成员之一，他是史密森学会会长（当时是这个学会民俗生活与文化遗产中心的主任）。2002年，在《当代人类学》（*Current Anthropology*）的一篇评论中，他将自己描述为一个持怀疑态度

---

[1] 只有3个国际公约在同一时期做得更好：《反对在体育运动中使用兴奋剂国际公约》《联合国反腐败公约》《世界卫生组织烟草控制框架公约》。177个国家花了30多年时间才使《世界遗产公约》正式生效。

的参与者，并坦承评估委员会受到了挑战："友善的同事们参与了一项艰巨的任务，他们在术语、概念、应用和解释上存在重大分歧……我们需要更多的信息和更好的专家建议、更明确的行动计划，需要更好地了解实践者和社群成员是如何参与的。在决定是否要珍视一项传统时，我们有时会纠结于人类表达形式的文化相对论观点和人权的普世性一致之间的紧张关系"（2002：145）。

在幕后，情况同样复杂。有些事情从来不会写入报告或会议记录。库林告诉我，在评委会讨论一个特定提名项目的优点时，一位成员主张将其列入名录，因为"否则的话，我回去后会被枪毙"（与库林的私下交流，2017年8月1日）。不客气地说，这个主张暴露了评委会谈判中的外交风险。来自27个国家的28位学者、艺术家、王室成员和外交官（日本有两位），为联合国教科文组织的《宣布杰作》而服务于由18名成员组成的评委会（2001, 2003, 2005）。其中21个国家（超过四分之三）至少有一种文化项目被宣布为杰作，有的国家甚至不止一种。这就是制造名录的一种方式。

日本的遗产

在促成1972年《世界遗产公约》的谈判中，是否创建一个名录来作为这个公约的机制的问题，也引起了激烈的争论（Titchen 1995：147—151）。谈判的重点是设立一个保护世界杰出遗产的信托基金，而非制作名录，这是国际社会在遗产保护方面团结一致的表达。事实上，1969年的一个政府间专家会议宣称，建立一个关于古迹、建筑群和具有普世价值的遗址的"国际登记册"并没什么用（尽管一些参会者觉得，编制濒危不可移动遗产的"有限名录"，有助于"警告世界舆论"，同上：148）。具有"突出普世价值"的文化与自然遗产的《世界遗产名录》，是后来才入局的：在推翻之前的反对意见并面对一些代表的抵制时，美国政府威胁，如果不提供一个《世界遗产名录》，就撤回对公约的支持（同上：150—151；另见Schuster 2002：2）。

通过在1997年创建《宣布杰作》，联合国教科文组织大会使韩国于1993年提议的名录付诸实践，尽管它还远远不能与《世界遗产名录》相提并论。在2001年出版的第一批《宣布杰作》的手册序言中，联合国教科文组织总干事松浦晃一郎（Koichiro Matsuura）解释道，《宣布杰作》方案是"两条互补、平行的行动路线"中的第一条，它着眼于短期目的；"第二条路线是准备保护非物质遗产的标准文书，具有长期目标"（UNESCO 2001a：2）。总干事断言，"随着时间的推移，通过结合，这两个方案必然会变得更加有效"（同上：3）。这是一直以来的计划[1]。

联合国教科文组织历史上首位来自亚洲的总干事松浦晃一郎于1999—2009年执掌该组织长达10年，他是日本职业外交官和驻法国大使。作为世界遗产委员会前主席，松浦晃一郎对文化领域极为关注。一位联合国教科文组织的行政人员坦承，"松浦晃一郎确实极大地推动了这一（非物质遗产）公约"（私下交流 2003年11月26日），很多亲历者都证实了这种看法。在这一点上，松浦晃一郎得益于日本政府的全力支持，后者为了他能当选，"组织了狂热的竞选活动"（Akagawa 2015：111）。

正如研究遗产的学者赤川夏子（Akagawa Natsuko）所言，文化遗产是"日本外交策略的一个关键组成部分，以加强其在国际舞

---

[1] 在这本手册的法文版本中，总干事甚至更为直率，其中必然性变成了真正意义上的命运，"很显然，长远来看，这两个方面的互补性注定在二者的结合当中才能更好地得到理解"（UNESCO 2001b：3）

台上的存在"（2015：1），联合国教科文组织是该策略发挥作用的最重要的基础（同上：102—113）。日本于1951年成为联合国教科文组织成员国，就在日本第二次世界大战后重获主权并重新加入国际社会这一年，比加入联合国早了五年（Saikawa 2016）。20世纪80年代，日本扩大了对境外文化保护的财政和技术援助，成为国际遗产领域的主要参与者。当罗纳德·里根和玛格丽特·撒切尔于20世纪80年代中期令美国和英国退出联合国教科文组织（Imber 1989；Nordenstreng 2012）后，日本成为该组织预算的主要贡献者。它在联合国教科文组织内担任了领导角色，设立了新的日本－联合国教科文组织信托基金，以自愿捐款资助该组织更多的工作，确定其优先事项。因此，更多的日本专家参与联合国教科文组织的项目，文化遗产也成为联合国教科文组织职责范围内更为重要的角色（Akagawa 2015：44—46）。

即使考虑到日本对联合国教科文组织事务的广泛参与，它在非物质遗产领域的领导地位也是引人注目的。2002年5月执行委员会会议的一个报告断言，"日本的捐助在很大程度上促成了与《宣布杰作》相关的活动的持续性，因为一些国家在编制非物质遗产清单、准备候选资格材料和实施行动计划方面需要援助"（UNESCO 2002c：5）。仅在2000年，日本－联合国教科文组织的信托基金就支持了40多个国家为第二批《宣布杰作》项目创制候选资格档案，每个国家获得资助的总额高达2万美元。此外，日本的基金还支持组织筹备新的《非物质遗产公约》的政府间专家会议，包括补贴发展中国家代表参会的费用，据秘书处的另一个成员所言，这种开支不可能由常规预算提供（私下交流 2004年11月25日）。由此可以看出，在多大程度上，成员国可以通过向它们喜欢的项目和政策领域提供自愿捐助，将经济力量转变为道德领导，影响像联合国教科文组织这样的多边组织（在这种组织中，野心总是超过资源），日本-联合国教科文组织信托基金就是一个鲜明的例子。

在2003年6月举行的政府间专家会议上，主管文化事务的总干事助理莫尼尔·布什纳基（Mounir Bouchenaki）代表总干事发言，感谢日本政府的捐助，"这再次使第三次会议成为可能"。在会议间歇，日本的捐助成了各种谣言的主题，茶歇和午餐之后，我得知实际上日本支付了很多出席这次会议的非洲代表的旅费和生活费。

日本在这一领域的领导作用不仅限于财政捐助。联合国教科文组织的一名来自日本的行政官员爱川纪子（Noriko Aikawa），1993—2003年担任该组织非物质遗产部门的负责人。爱川纪子负责重新调整联合国教科文组织在这一领域的工作重点，使其从以往源自西方的档案文献模式转向日本-韩国的活态人类珍宝模式。在日本和韩国的政治与财政支持下，松浦晃一郎和爱川纪子成功地将非物质遗产列入联合国教科文组织的议程之首。

事实上，作为联合国教科文组织非物质遗产倡议的合作者和竞争者，韩国与日本的关系和《世界遗产公约》最初阶段的西班牙与意大利的关系类似（至少我从联合国教科文组织秘书处的一名成员那里了解到的情况是这样）。意大利最终在竞争中占了上风，就像在韩国最早向联合国教科文组织执行委员会提议人类活态珍宝制度后，日本占据领先地位一样。这种比较可能引导我们从另一个角度来看待日本、韩国和非洲诸国的结盟，很多西方代表对此持怀疑态度。为了充分体现这一观点的含义，需要通过世界遗产的历史稍作说明。

世界遗产

1972年的《世界遗产公约》汇集了截至当时为止两股截然不

同的历史思潮：一方面，保护历史古迹的运动在欧洲涌现，在两次毁灭性的战争之后愈演愈烈；另一方面，面对前所未有的自然环境衰退和物种灭绝，环保主义兴起（见Pressouyre 1997：56—57）。把文化保护和自然保护在一个公约中相结合的观念起源于美国，早在1965年，美国就呼吁建立世界遗产信托基金，刺激国际合作，"为现在和未来的全体世界公民保护世界上非凡的自然与风景区和历史财产"（UNESCO World Heritage Centre, "World Heritage Convention"）。

正如在第二章提到的，催生《世界遗产公约》的一个因素是，在联合国教科文组织的协调下，国际社会于20世纪60年代努力拯救埃及和苏丹努比亚河谷的神庙和堡垒，包括阿布辛波神庙，以使它免于因始建于1960年的阿斯旺大坝而被全部淹没（Hassan 2007；Berg 1978）。这场运动耗资8000万美元，其中一半来自50个不同国家的人们捐助，包括世界各地一流的考古学学者、工程师、建筑师和博物馆专业人士，他们得到了由瑞典国王主持的资助人荣誉委员会的支持，包括比利时和希腊的女王、摩纳哥和丹麦的公主、日本的王子，以及埃莉诺·罗斯福（Eleanor Roosevelt）、达格·哈马舍尔德（Dag Hammarskjöld）、安德烈·马尔罗（André Malraux）和朱利安·赫胥黎（Julian Huxley）（Hassan 2007：82）。

努比亚运动表明，如果世界各国共同承担起保护重要历史古迹的责任，就能取得成果。其他的国际运动紧随其后，比如在均受到水位不断上升的威胁的意大利威尼斯和巴基斯坦摩亨佐-达罗。《世界遗产公约》为在这些抢救行动中表现出的国际团结提供了一个制度框架（Gfeller and Eisenberg 2016, 281—285；UNESCO World Heritage Centre, "World Heritage Convention"；另见 Schuster 2002：2；Hassan 2007）。

《世界遗产公约》无疑取得了成功，但也由于各种原因而受到了批评；这些因素加在一起，导致了公约最好的机制——《世界遗产名录》的明显失衡。公约缔约国受到邀请，提名其领土内的遗产地列入这一代表"整个人类的世界遗产"的名录。然而，从这个名录来看，人类的遗产似乎绝大多数是欧洲的、基督教的和文化的。自然遗产在名录中只占一小部分，绝大多数是文化遗产（在撰写本书时，1073个中有832个是文化遗产）。欧洲国家，特别是那些濒临地中海的国家，列入名录的遗址数目甚巨，教堂似乎是最受欢迎的。从名录上看，超过一半的世界文化遗产集中在较小的欧洲大陆，特别是欧洲南部，而只有6%在被誉为人类摇篮的撒哈拉以南的非洲。仅意大利就有53处文化遗址被列入《世界遗产名录》，比整个撒哈拉非洲次大陆还要多。事实上，这种不平衡甚至远甚于此，恰如亨利·克利尔（Henry Cleere）指出的，因为"一些文化遗址不是本土的，而是早期欧洲殖民时期的产物，包括臭名昭著的奴隶贸易中心——塞内加尔的戈雷岛"（Cleere 1998）。

为了回应对这种不平衡的批评和不满，联合国教科文组织于1994年通过了一项全球战略，以制定一个平衡的和有代表性的《世界遗产名录》。这个战略一方面呼吁通过认识提高、能力建设与合作，增加未被充分代表的各种遗产，提高未被充分代表的地区的遗产提名数量；另一方面，它认为有必要彻底修订文化遗产的概念和世界遗产委员会使用的评价标准（Gfeller 2015；Di Giovini 2009：419—429）。

上面所引数字表明，全球战略在解决比例失衡问题方面还有很长的路要走。尽管如此，它证明了关于世界遗产的话语发生了转变。随着时间的推移，最初视名录为代表着人类共有遗产中具有突出普世价值的杰作的想法，已经变成名录代表着全人类的遗产。换言之，认为某些遗址是如此宝贵以至于人类作为一个整体必须承担保护它们的责任的假设，已经让位于所有人和社群都对遗产及其国际承认与保护拥有权利的假设。普遍主义已屈服于多元主义。

《世界遗产公约》自通过以来，除了名录代表性的全球失衡外，还受到了其他一些重要的批评，可以总结为"纪念碑主义""物质主义""生态隔离"和"本真性信条"这几类。

纪念碑主义

首先，《世界遗产公约》对文化遗产的定义具有纪念碑主义的特征，并深深植根于欧洲古典的历史建筑概念：城堡、宫殿、大教堂、修道院、寺庙、金字塔、陵墓和巨石[1]。因此，人类文化遗产由什么构成的概念，受到了陈旧的卓越观念的影响，这些观念通过（经常被提起的）诸如珍宝、杰作和奇迹等概念得到最好的表达。这种纪念碑主义迷恋于大小，并赋予那些规模大和造价高的文明的物质遗迹以特权，导致对纪念碑主义文明的风土建筑和物质遗迹的损害。

物质主义

与对纪念碑主义的指责密切相关的是对物质主义的批评。在一个关于非洲世界遗产的专家会议上，津巴布韦古迹管理部门的区域主管道森·穆涅里（Dawson Munjeri）指出，相比之下，遗产的观

---

1 这一点在联合国教科文组织内部得到了广泛的承认，例如，时任联合国教科文组织物质遗产科科长和文化遗产处副处长的劳伦特·列维–斯特劳斯（Laurent Lévi-Strauss）就说《世界遗产公约》"第一条中的文化遗产定义极具欧洲风格"（2001：70；另见 Droste and Bertilsson 1995：14）。

念在"传统非洲社会不是基于对有形的物质对象的崇拜,当然也不是基于条件和审美价值"(2001:18)。非物质遗产范畴是这种物质主义遗产观的对立面。2003年公约中非物质性的否定修饰语,可以理解为对1972年公约中的物质主义价值体系的否定。它否弃了旧公约对大小的重视和对"物质性"遗产的自我界定与限定。然而,与此同时,它也强化了这种遗产的二分法概念,并强调了物质性的至关重要。物质性的概念在这里代表着西方的话语和实践,对于那些身处其中的人来说,这几乎是不言自明的。在这种占据主导地位的话语中,遗产保护代表着对物的关注,这毫无疑问是一种以欧洲为中心的二分法。

生态隔离

这一系列排他特征中的第三个,是穆涅里所说的"生态隔离"(Munjeri 2001:19)。《世界遗产公约》把自然保护和文化保护纳入到同一个法律文书中,但同时又对它们进行了彻底区分,并将彼此分离。二者列入《世界遗产名录》的衡量标准不同,文化遗产必须符合"本真性检验"(详见下文),而自然遗产必须符合"完整性条件"。穆涅里指出,"完整性的概念强调'整体性''精巧',不受有机和无机的人为与非人为侵蚀的限制",并在自然保护区和国家公园中找到了其主要表达形式。在《世界遗产公约》中,隐藏在完整性条件和更普遍地保护自然遗产背后的动机是,以国家公园为榜样,"将很多未受人类破坏的'原始的'自然遗址传给后代"(Pressouyre 1997:57)。

这种措施依赖于一种自然-文化二分法,即不把人类的繁衍和活动视为生活环境的自然因素。相反,人类对自然的开发被认为是"破坏"它，人类对"原始"土地的渗透亵渎了它的纯洁和价值（有人可能会问，在1974年雪莉·奥特纳[Sherry Ortner]）之后，女人之于男人是否如同自然遗产之于文化遗产？）。正如梅丽莎·贝尔德（Melissa Baird）指出的，这种保护措施"作为一种'保护自然'的方式，已经在全世界范围内造成社群的流离失所"（2015：211）。我认为，将这些概念和措施贴上伊甸园的标签并无不妥。它们为自然创造了庇护所，故意将人类排除在外。通过这种措施，当地社群在他们居住的大片土地上被边缘化，脱离它们的管理（Munjeri 2001：19）。实际上，这相当于堕落的重演，这些人被赶出重建的伊甸园。

本真性信条

从自然到文化，本真性信条（上述四种排他和二分法的特征中的最后一个）近年来成为很多反思和重估的主题。现在普遍认识到，本真性的概念在付诸实践（这是一个重要的限定）时，完全是以欧洲为中心的，危害了《世界遗产名录》的全球影响力和公信力。经由一家巴黎餐厅，这个话题将带领我们回到日本，以及东亚对西方遗产保护准则的改造。

法隆寺

2003年6月在巴黎召开专家会议第一周的一天晚上，格兹尼·海勒戈道蒂尔（冰岛代表团团长）和我在联合国教科文组织总部附近的一个小餐馆与其他北欧代表共进晚餐。我们赶时髦地晚到了一点，在桌旁的两个空位上坐了下来。我坐在挪威代表团团长对面，我以前还没和他说过话。我们做了自我介绍，结果发现我们都是民俗学学者，他的名字是马格尼·维鲁（Magne Velure），听起来耳熟。还是学生时，我读过他关于民俗主义（folklorism）的文章（Velure 1972）。我们开始谈论我的研究，我很想知道日本在推进《非物质遗产公约》方面的角色。作为回应，维鲁解释道，日本有古老的建筑遗产，但很少有真正的老建筑可以展示——西方标准的"真正的"。有价值的不是物质性的建筑物本身，而是其潜在的技术和传统。他继续解释道，只要这种东西没丢，人们就能够重建这些建筑物。尽管技术和传统是非物质的，但却是与日本保护措施相适应的遗产。维鲁的洞见帮助我理解了日本的责任，尽管这绝非他一个人的见解。关于世界遗产晚近历史的进一步说明将发展这一洞见。

《世界遗产名录》的不平衡及其对遗产的有问题的定义，以前曾引起争论，但日本1992年加入《世界遗产公约》，在联合国教科文组织内部和整个保护行业引发了一场反思，带来了对基本方式和概念的重新思考（Lévi-Strauss 2001：72; Luxen 1995：373）。赫伯·斯托维尔（Herb Stovel）1990年至1993年担任国际古迹和遗址理事会（世界遗产委员会的两个主要咨询机构之一）的秘书长，他回忆道，"在日本决定签署《世界遗产公约》之后，国内的保护机构就全球能否接受日本的保护和本真性方式，向国际古迹和遗址理事会表达了担忧。日本人担心，如果从西方的框架来判断，他们定期拆除重要木结构建筑的习俗可能会被视为有违本真性。事实上，他们的担心是合理的，外界对日本的遗产及保护的理解水平相对较低"（1995：xxxv）。

日本加入《世界遗产公约》，随后提名一些文化财产列入《世界遗产名录》，在由此引发的争论中，两处遗产地备受关注。它们都是在会议、茶歇、报告和出版物（包括本书）中以不同形式被重复的冗长故事的主题。令人想起了第二章中提到的有组织的故事讲述，以及将《非物质遗产公约》追溯到来自拉巴斯的一封信和一首起源不确定的歌曲的故事。那是一个起源故事。这是另一个，而且明确地定位了公约的起源、含蓄地解释了它的目的。如果第一个故事使玻利维亚成为主角，并明确了创建公约的动力在于外国对本土文化的盗用，那么，这第二个故事则以日本为背景，动力是《世界遗产名录》中的偏见，它揭示了遗产概念中的偏见，进而反映了日本着手加以纠正的国际秩序中的偏见。还有其他的故事，第四章以摩洛哥的一个因原解释开头。似乎每个大陆都有一个故事。每个故事都展示了保护非物质遗产的不同逻辑。

2003年6月的北欧晚宴为其中一个故事的讲述提供了背景，类似的故事在过去几十年谈判和实施《非物质遗产公约》过程中，流传于联合国教科文组织的圈子中，这些故事也从联合国教科文组织总部，被带到世界各地很多保护非物质遗产的研讨会、集会和培训会之中。和所有人一样，民俗学学者也参与其中，正如民俗学学者阿兰·邓迪斯在自问自答时所指出的："谁是民？""在他者中间，我们就是。"（1977：35）这里我们关注的故事聚焦于日本的两处遗产地：法隆寺和伊势神宫。

奈良县法隆寺地区（日本列岛的中心）大约有48座佛教古迹，其中一些可以追溯到7世纪末或8世纪初。它们是世界上现存最古老的木结构建筑之一，建造时间与佛教经由朝鲜半岛从中国传入日本的时间吻合。作为遗址，它们标志着宗教史、艺术史和建筑史的一个重要转折点。然而，对它们进行保护的方式，很多西方遗产专家并不认可。一些人认定，这些建筑的本真性已经无法修复。它们永远不会通过公约的"本真性检验"。维护工作持续进行了1300年。有些建筑物已定期被部分或全部拆除和重新组装。法隆寺最后一次大规模的重建是在1934年至1955年（Inaba 2001；Droste and Bertilsson 1995：11—12）。

操作指南中规定的"本真性检验"考虑了文化遗产的材料、设计、工艺和环境。然而在实际应用中，首要的是基于"材料的本真性"来进行检验，即根据原始材料和新材料的存在与否来判断遗产的本真性。在不可避免地引入新材料的地方，它们至少应该清楚地作为原来材料结构的陪衬。如果应用强调材料的公约，法隆寺的庙宇等建筑就不会通过这个检验，在这一点上，批评者是对的。

然而，正如日本保护专家所指出的，用这些方法来保护建筑是有充分理由的。在高温和潮湿的气候中，木材很容易腐烂，经常遭到昆虫和霉菌等真菌的破坏（Ito 1995：39）。随着时间的推移，建筑物变形并倾斜，木料腐烂，接缝被压坏。简单地说，建筑物需要定期维护，以修补或更换损坏的部分。日本专家强调，无论如

图3-1 日本斑鸠町的法隆寺。版权：PrakichTreetasayuth, Shutterstock

何都要尽可能用"种类和质量与原件相同的新木材"来更换损坏的部分,而且总是"采用同样的木工技术"(同上:43;另见Inaba 1995:331)[1]。

《世界遗产公约》及其操作指南的制定,明显并没有考虑到易腐烂的植物材料。日本的大多数历史建筑都是用这种材料建造的,非洲和大洋洲的建筑更是如此。这自然要求经常更新和定期更换一些构件。如前所述,该公约伴随着由纪念碑主义石建筑所定义的话语,卫城、凡尔赛宫和科隆大教堂是这种建筑的典范。显然,有充分的理由在保护行业中重新进行反思(Gfeller 2017)。

尽管面临这样的困境,世界遗产委员会还是在1993年将法隆寺地区列入《世界遗产名录》。为了应对这一提名带来的困难以及似乎与历史保护观不相称的东西,日本政府提出,与联合国教科文组织世界遗产中心、国际古迹和遗址理事会及国际文化财产保护与修复研究中心(一个隶属于联合国教科文组织的政府间组织)合作,召开一次专家会议。1994年11月,日本召集全世界遗产、保护和历史方面的一流专业人士和学者,在奈良县主办了这次会议(Larsen 1995a)。从对于"古迹的复制或重建"不具本真性或者它们是否是"本真的或非本真的——不可能有本真性的标准"(Cleere 1995:253)的立场,到对于"在实践中,本真性的概念是如此模糊,以至于允许任何操纵"(Choay 1995:106)的看法,专业人士和学者们分歧很大。但是,绝大多数与会者都同意,如果要将这个概念框架应用于世界遗产,就需要对它进行调整。正如一名与会者所说,"这次会议表现出对文化遗产事业的反思,这个事业关心的是它在

---

[1] 这些木工技术在阿兹拜·布朗(S. Azby Brown)的《日本木匠的智慧》一书中得到证明,该书详细而生动地描述了西冈宗和(Nishioka)的工作,西冈宗和是一位木工大师,1934—1955年参与了法隆寺的拆除和重建工作(Brown 1998:25—35)。

后殖民社会中的重要性"(Galla 1995：318)。

会议进行到一半时休会，前往奈良县的法隆寺游览（Akagawa 2015：70）。然后，专家们起草了"奈良本真性文件"，作为商讨的结果和建议，提交至世界遗产委员会（见Larsen 1995b：xxi—xxiii；ICOMOS 1994）。他们确认本真性对评价文化遗产依然至关重要，但前提条件是以文化相对性为宗旨。他们宣称，本真性因文化背景而异。因此，不应不加区别地运用"检验"。这意味着它在日本或贝宁的评估将不同于法国或意大利。这种理念是，"任何一种文化"——假设它们是互不相连的单元，都有自己的本真性概念。因此，其遗产的价值应该参照这一概念来进行评估。会议记录的编辑克努特·埃纳尔·拉尔森（Knut Einar Larsen）在前言中对此进行了总结："奈良文件反映了这样一个事实，即国际保护的信条已经从欧洲为中心的做法，转向以承认文化相对主义为特征的后现代立场……（结果是）保护专家不得不阐明在自己的国家和文化领域内如何使用本真性的概念。然后他们才能与来自世界其他地方的同事进行公开对话，理解本真性的追求是普世的，并认识到保护文化遗产本真性的方式与手段还依赖于文化。"（1995b：xiii）

然而，对于"追求本真性"是否真的是或应该是普世的，在国际遗产界仍有怀疑（Ito 1995：35—36；Jokilehto 1995a：73—74）。克努特·埃纳尔·拉尔森描述的后现代转向，实际上等同于本真性检验的国家化；精心制作本真性本土标准的管理者，则成了各国政府的雇员或承包人。因此，这一转向与其说标志着对超叙事的质疑，不如说是标志着国家管理和对国家利益的服从。多样性分布于"文化"之间，而非文化之内。文化被具体化为行政和道德单元，都有自己本土的本真性概念。事实上，拉尔森本人相信本真性检验由于它的相对化而成为多余，因为国家不太可能首先将任何在本国被视为非本真的遗址、建筑或古迹提名至《世界遗产名录》（1995c：363）。然而，其他人，包括考古学学者亨利·克利尔（当时是国际古迹和遗址理事会的世界遗产协调员），公开表示支持"与遗产保护立法类似并关联的本真性的国家准则"（1995：254）。

当然，本真性是社会建构的（Muños-Vinas 2005：91—114；另见Jones 2010；Jones and Yarrow 2013）。这是不言而喻的，因为社会建构论已经成为半个世纪以来文化理论的主导范式。《奈良文件》承认这一点。然而，它的构想有意忽略的是，任何社群都不是在自身中构建本真性的。相反，它是一个历史上被高估的概念（关于它的历史，见Bendix 1997；Choay 1995：101—104）。它是在欧洲被建构的，后来通过一种专业术语、一套保护措施和一项道义使命，被输出和推行。总之，这些界定了遗产话语的规范及其通过《世界遗产公约》本身在全球范围内的影响和权威。

事实上，要求每一种"文化"都界定自己的本真性来作为保护的操作原则，意味着现在与过去遗迹之间的关系仍然是根据本真性来界定的。它强化了对独创性的重视（Jokilehto 1995a：18；Droste and Bertilsson 1995：4），并支持"在文化领域中求真"（Jokilehto and King 2001：33；另见David Lowenthal in Jokilehto 1995b：72）。归根结底，所谓《奈良文件》的后现代转向首先是走向高效的档案审查。由此产生的相对论的单一心灵主义者演绎（一个国家：一种遗产：一种本真性），是基于官僚主义的权宜之计（Gfeller 2017；Winter 2014）。

伊势神宫

法隆寺是我关注的遗址之一，而另一处在起源故事中特征鲜明的日本遗址是伊势神宫。它甚至更适合起源故事，它所做的叙事工作和描绘的西方保护教条及其替代者之间的对比，更具戏剧性。伊势神宫位于日本中部，紧挨着佛教法隆寺所在地奈良县的三重县，由伊势市的两个神道教神宫组成，它们分别被称为内宫和外宫。根据当地的因原解释，内宫最早是在2000年前作为太阳神天照大神的神宫而建造的，日本皇室声称自己就是天照大神的后裔。根据相同的因原学，外宫供奉的是农业与工业神丰受大神，大约始建于1500年前（Ise Jingu 2015a）。周边地区有125个神道教附属神堂。内宫和外宫都是神道教最神圣的神宫。在目前的情况下，伊势神宫最引人注目的事情是，其木制神堂每隔20年就会被完全夷为平地，并在一块相邻的空地上用新材料重建。据官方记载，这个被称为"式年迁宫"的礼仪制度已经存在1300多年；第一次式年迁宫是在第四十一任天皇持统在位时期的公元690年进行的（Ise Jingu 2015b）。尽管这一重建制度更早是在其他神道教神宫实践的，但伊势神宫现在是唯一一个坚持这种习俗的神宫。伊势神宫的重建历时8年，始于砍伐柏树取材，终于神宫献祭和平整原址。最近一次（第62次伊势式年迁宫）于2013年完成，下一次将于2025年开始（Bernard 2000）。

在过去的四分之一世纪里，伊势神宫在关于遗产的讨论中被大量引用，因为人们接受的观念受到了挑战，《世界遗产公约》也因其狭隘的基础而受到批评（Luxen 1995：373）。然而，日本遗产专家很快指出，"这个传统与保护实践没有关系——它是神道教仪式实践的一部分"（Inaba 1995：331；Akagawa 2015：8—9）。确实如此，它不是一个物质保护的范型，不像法隆寺的例子。尽管如此，作为对保护进行反思的一种凭借，伊势神宫还是很有价值的。套用克劳德·列维-斯特劳斯（Claude Lévi-Strauss）的话来说，它不是有益于崇拜，而是有助于思考。伊势神宫帮助人们通过本真性和物质性的问题，来思考过去如何与现在相连接。与佛教部分或全部拆除和重新组装的传统相比，神道教的保护哲学给人的印象是与保护领域的主导范式完全格格不入。即使是例外，它也对传统习俗提出挑战，通过对比，它有助于使物质主义者的偏见得以显现，这种偏见不仅存在于本真性检验中，也存在于总体的保护事业中，后者的方式、理论和实践都屈从于过去的拜物教。

"式年迁宫"代表了对遗产的另一种看法，它不是建立在永恒和实体之上，而是建立在事物的短暂和虚体之上。就此而言，伊势神宫对日本文化来说是一个戏中戏，暂时的观念是其核心。根据古老的信仰和仪式，在过去的数世纪中，不仅是神宫，城堡市镇甚至首府也都定期拆除、移动、在新地点重建（Bognar 1997：3）。幻灭和无常的佛教意识在这里起到了作用，建筑史学者指出，这种传统的世界观在当代东京和其他日本大都市里是显而易见的：始终处于建造和拆除之中，其特征是"无常的建筑，拥有'破败地图'的极其易变的世界——一个真实感被建筑迅速改变的场景所深刻挑战的地方"（Bognar 1997：3；另见Bharne and Shimomura 2003）。

根据主导的遗产话语，参照石质古迹，式年迁宫的习俗只能被视为复制，伊势神宫只能被视为62次的复制品。然而，对它们还有更多的看法。一方面，这种习俗确保了传统知识从木匠师傅传给学徒，以及对在过去、现在和未来之间建立牢固联系的礼仪风俗的遵守。此外，即使建筑所用的柏树只是在2005年才被砍伐，建筑的组装在2013年才完成，内宫和外宫仍给人以古老的感觉。尽管材料不是古老的，但设计、工艺和环境都是古老的。因此，伊势神宫的例子凸显物质性在受欧洲启发的保护实践中至关重要，相比之下，它是作为防腐技术出现的（Choay 1995：112）。它们展示了历史学者皮埃尔·诺拉（Pierre Nora）所说的记忆之地，"不再是全然鲜活的，

图3-2　1953年日本三重县的伊势神宫（内宫），来源：Nyotarou，维基媒体

也不是已经彻底死亡，就像这些贝壳在活生生的记忆海洋退潮之后栖息在岸边"（Nora 1989：12）。

在1994年的奈良会议上，神户艺术工科大学的伊藤信夫（Nobuo Ito）就本真性问题做了一个有趣的比较，表明"伊势神宫重建制度的原则"看似独一无二，但实际上和日本保护物质文化财产的制度很像，后者是把保护表演和应用艺术中的技术与技巧，"从经验丰富的老专家传给年轻一代"（1995：44）。这两种文化再生产制度极其相似。人们很容易接受作为一种传承方式的复制，这与西方保护哲学对复制的焦虑形成鲜明的对比。

正如联合国教科文组织世界遗产中心的贝恩德·冯·德罗斯特（Bernd von Droste）和瑞典国家遗产委员会的伍尔夫·贝蒂尔松（Ulf Bertilsson）在1994年奈良会议上所解释的，"'任何遗产都应满足本真性检验'这个必要条件背后的初衷，是拒绝复制或完全重建的古迹——'现代赝品'——进入《世界遗产名录》"（Droste and Bertilsson 1995：4）[1]。本着这种精神，芬兰建筑史学者、国际文化财产保护与修复研究中心建筑保护项目的负责人尤卡·约基莱托（Jukka Jokilehto）为奈良会议贡献了一个很长的学术性的"本真性概念的一般框架"，阐述了本真性的词源和语义。约基莱托断言，本真"可以指相对于副本的原件，或指相对于伪装的真实，也可以指公认的来源或作者，或指相对于真品的仿品"。此外，"本真的描述……是原初的、创造的、非重复的、独一的、真诚的、真实的、特别的或名副其实的"（1995a：18）。

这些术语所限定的与过去的特殊关系，是基于线性时间观和石头的永恒理念建立的，并在有石质古迹和历史石建筑的文明中得到发展。相比之下，伊势神宫则代表了一种用有机材料来建构的与过去的关系，体现的是短暂和无常，其定期拆除和重建是对循环时间观的纪念。

遗产行业对本真性的话语建构，如同强调物质遗产所强调的那样，系统地排斥了历史连续性的模式，以及不是植根于欧洲世界观并强调物质的那种过去与现在相联系的方式。尽管日本的遗产在关于这个问题的争论中地位显赫，日本的政府和代表团实际上也在挑战欧洲的遗产物质主义霸权中扮演了领导角色，但日本只是受到

---

[1] 然而，正如贝恩德·冯·德罗斯特和伍尔夫·贝蒂尔松指出的那样，世界遗产委员会早在 1980 年就已经为华沙市中心的重建破例："华沙 85% 以上的城市在 1944 年 8 月被摧毁，1945—1949 年进行了大量重建工作。华沙 18 世纪的历史中心——它的教堂、宫殿和集市，已经被精心地再造。今天，它是国家愿意保护其文化的一个建筑证据。"（1995：9）世界遗产中心的网站将其吹嘘为"一个几乎完全重建了 13 世纪至 20 世纪历史跨度的突出典范"（UNESCO World Heritage Centre, "Historic Centre of Warsaw"）。

这种与过去联系模式的霸权不利影响的众多非西方国家之一，非洲遗产在《世界遗产名录》中的代表性很差就说明了这一点。如前所述，在非洲，尤其是在撒哈拉沙漠以南地区，过去的有价值的遗迹很难反映出受欧洲启发的遗产定义，易腐、有机材料在建筑中占有重要地位，自然的与文化的不易区分，纪念性的与风土性的没有明显区别——在很多情况下，笛卡尔式的有形和无形之分没什么意义（Saouma-Forero 2001）。

普世范畴

再次回到巴黎，上述分析揭示了日本代表和非洲诸国代表在联合国教科文组织的政府间专家会议上结成联盟，这似乎不是牵强附会的推测，与日本支付非洲代表的费用并得到后者服从日本议程的回报这种传闻相呼应，很多欧洲代表解释过这种联盟。这两种解释并不一定是相互排斥的，但是，如果这种传闻引起了抵制或嘲讽，那么，日本加入《世界遗产公约》的故事，以及日本的保护实践与世界遗产的纪念碑主义、物质主义精神之间的不可通约性，就会引起更令人同情的回应。叙事和反叙事，这些故事使事物的秩序合理化，使不同的立场合法化。

因此，本真性的理念是2003年制定《非物质遗产公约》过程中主要争论的基本背景。具有讽刺意味的是，这个公约本身就是一个"副本"。参加公约起草的代表们从第一天起就告诉我，为了先制定一个工作文件，会议主席穆罕默德·贝贾维（Mohammed Bedjaoui）把1972年的《世界遗产公约》拿过来，并在每一个"文化遗产"的词前面插入限定词"非物质的"。对公约各种草案的研究或多或少证实了这一点（Blake 2006：6—7，129—141）。2003年6月在巴黎召开会议的第一天,贝贾维提醒代表们:"我们一直尊崇1972年的公约,并遵循其内容和形式。我们从1972年的公约中采借了很多方案,我自己也从中获得了灵感"(作者的民族志笔记;另见Bedjaoui 2004:152—153)。几天后,他以一种更重的语气补充说:"我从一开始就遵循这些讨论,我发现,如果我们复制1972年的公约,很多国家会感到放心。当然,一切都令人放心,我们正在进入一个熟悉的领域,并且正在取得进展。而现在,我们有了一份公约草案,可以自力更生了,也许我们可以修改措辞。"

一些代表担心新公约是旧公约的翻版。在2003年6月的专家会议上讨论财政问题时,一名法国代表评论,"这个公约看起来非常像1972年的公约,后者耗资甚巨",并且问道,"我们如何才能避免这种浪费呢?"。一年前,欧盟国家的联合国教科文组织委员会的一次会议抗议"'复制'1972年公约的结构的企图"。然而,其他人对这两个文书的相似感到高兴。很明显,非物质文化遗产的东亚缔造者们一直在努力使这两个公约的一致性最大化。

从奈良会议(1994)到爱川纪子领导的联合国教科文组织非物质文化遗产部门(1993—2003),从松浦晃一郎的《宣布杰作》(1999—2006)到政府间专家会议对《非物质遗产公约》的谈判(2001—2003),日本创建了重新思考的论坛、建立了联盟、为其事业赢得了支持,并领导一个国家联合体来修改概念和范畴、重新设计现存机制并创造新的机制。这种努力重组了关于遗产的专业与政治话语的决定因素。正是通过这些决定因素、概念和范畴,这些国家在全球舞台上建立霸权。霸权不是通过统治或强迫获得的,而是通过改造现存的普世范畴和提出新的界定所有遗产的普世范畴获得的。当对遗产进行分类和评估的普世范畴与欧洲纪念碑主义文明的范畴和价值协调一致时,这些国家的遗产提供了人类珍宝的主要例子，他们的保护实践是该领域最佳实践的教科书范例。就日本及其领导的国家联合体成功地重组遗产话语的决定因素而言，这些国家的遗产通过《代表作名录》，正在作为人类遗产的主要例子而出现。他们的干预方法作为最佳实践脱颖而出，这些方法的专门知识在参与国际合作项目（常常是由日本资助）的其他国家中深受欢迎。通过与盟友合作，日本正在竞争文化领域中全球权威的位置。

宣布讽刺

2001年5月18日，伴随着隆重的仪式，第一批《宣布杰作》发布了。就像随后的几批《宣布杰作》一样，它收到了不同的回应。在那些文化传统被承认是人类遗产杰作的国家，当地媒体刊登了贺词。然而，其他地方对《宣布杰作》却没有那么热情，甚至是漠不关心。因此，卡伦·墨菲（Cullen Murphy）在《大西洋月刊》（*Atlantic Monthly*）上颇具讽刺意味的力作肯定激怒了《宣布杰作》的支持者。他一开始主动表达了喜悦之情和等待第一批《宣布杰作》公布时的期待之感，毕竟它们一定会是可以"和吴哥窟、雅典卫城、蒂迦尔遗址或泰姬陵相提并论的非物质遗产"，但墨菲发现，"唉，结果联合国教科文组织巴黎总部颁布的名录有点令人失望"。他解释道："总体印象就像是凌晨3点公共电视台的一个节目列表。"所幸他并未丧失所有希望，因为联合国教科文组织仍然有机会在2003年的第二批《宣布杰作》中"为这一事业注入活力和雄心"。卡伦·墨菲建议把"一些真正卓越的候选"加入名录，包括善意的谎言（"它的社会效用不可估量"）、被动语态（"一个几乎无所不在的概念空间"）、事物间的空间（"所有关系的重要而无形的成分"）、自证预言、沉默和反语（2001：20—22）。

墨菲列出的候选强调了《宣布杰作》和《代表作名录》的一些特点。如果评委会不承认反语是人类精神的杰作，那将是一个有偏见的评委会。可能使它丧失候选资格的是它持续的实践几乎没有受到威胁。它不能成为遗产的原因是没有干预的正当性。阻碍反语被宣布为人类非物质遗产的另一个因素是，没有任何社群或国家会宣称反语是自己的——它没有疆界，也没有与之相认同的特定人群（Fernandez and Taylor Huber 2001）[1]。悖谬的是，反语（以及墨菲列出的其他候选项）太常见了，以至于不能被宣布为人类的共同遗产。

在讨论这个项目的优点时，一位联合国教科文组织的行政官员向我解释说，对于像赞比亚[2]这样一个既不擅长体育、"高雅艺术"方面也不突出的国家来说，《宣布杰作》给予承认的重要性不容低估。他强调，《宣布杰作》给社群带来了自豪感，也赋予政府责任。《宣布杰作》不仅是一个名录，也是一个项目：名录的背后是一个保护拟议项目的行动计划。

作为一种展示机制，颁布的遗产名录与国际领域其他的公共盛典等量齐观。它是最近才出现在"人们以与其他国家竞争的方式展示自己及其长处"（Bennett 2001a：16）的一系列机制之中，很像世界博览会、世界杯和世界小姐大赛。它可以被定性为一个文化奥运会（见Turtinen 2000：20—21）。在这方面，它遵循了《世界遗产名录》的范例，与《世界遗产名录》一样，它是利用服务于保护的国家自豪感来加以设计的（见Turtinen 2006）。

尽管总干事大力鼓动，政府间专家会议在名录问题上仍存在

---

1 当然，除了英语。
2 赞比亚在这里被单独挑出来，并不是因为它在体育方面表现得特别差，也不是因为它的艺术家在著名的画廊里完全不被承认，而是因为它在这些领域的地位是非常典型的贫穷国家，在这些领域，地位差别和金钱往往是密不可分的。

分歧。在这方面，类似于《世界遗产公约》的起草。抵制从一开始就很明显，并在前几次会议上明确表达过。事实上，欧盟国家的联合国教科文组织委员会在一次会议之前就发现，对基于名录来保护非物质遗产的方式来说，"《宣布杰作》……依赖于一份名录的建立，并不是一个令人信服的范例"（EU National Commissions for UNESCO 2002）。

然而，到2003年6月召开第三次专家会议时，情况已变得很清楚，名录势在必行：绝大多数的成员国似乎支持以复数形式建立名录，并将它作为公约的核心机制。在2月份举行的前一次会议已经达成共识，准备国家非物质遗产清单和一份国际急需保护的非物质文化遗产登记册，二者均以《世界遗产公约》为范本。然而，另一个更具一般性的国际名录的确切性质和内容仍有待讨论。很多以前反对这样一个名录的代表现在已改变立场，以重新获得外交地位。一些人完全放弃了抵抗，转而选择在还有一线生机的地方进行争辩，另一些人则着手创建一个至少尽可能没有异议的名录。

登记册、名录、清单

2003年6月2日周一上午，当我们在等着其他代表坐下来开始第三次专家会议的时候，冰岛代表团团长格兹尼·海勒戈道蒂尔告诉我这个会议的背景。她解释道，委员会分为两派，一派希望有一个杰作名录（以《世界遗产名录》为依据，《宣布杰作》也是效仿它），另一派则更愿意看到一个不涉及审美标准的兼容并蓄的"登记册"。日本领衔前一个群体。后来我从小道消息听说，日本代表团忙着带其他代表去吃午饭。在芳德诺广场灯光明亮的会议室里，在麦克风和多语种耳机所及范围之外，各种游说和谈判正在进行。

门厅里有两大摞文件，分别放在一张小桌子上，代表们从它们中间走入会议室。其中一摞是格林纳达、圣卢西亚、巴巴多斯及圣文森特和格林纳丁斯提交的一项提案，他们提出一个新的条款，创立一个《非物质文化遗产国际登记册》（简称《国际登记册》或《登记册》），以取代公约草案设想的《珍宝或杰作名录》。另一摞要高一些，四页纸装订起来的文件里有五十段解释性说明，列出对《珍宝或杰作名录》的反对意见，并概述了《国际登记册》的优点。

加勒比的提案与《珍宝或杰作名录》的不同之处主要在于，建议取消选择机制。根据这个提案，将应缔约国的相关需求在《非物质文化遗产国际登记册》中填写，列入《登记册》的唯一条件是对遗产"完整建档"的技术要求，包括一个对任何"与之有关的国家立法"的说明、一个"保护该遗产的行动计划"和"对该遗产守护者的确认"。

这个提案所附的解释性说明，至少指出了《珍宝名录》有关的三个主要相互关联的问题。首先，这个说明认为，《珍宝名录》"与《世界遗产名录》非常相似，很难将它们区分开来"[1]。第二，它声称，一个基于卓越标准的有选择的名录，会转移新公约的目的，"其根本目标将会变成在名录中题名而非保护"。第三，这样的名录将是"主观的和精英主义的"，和采用它的《宣布杰作》一样。它断言，"用'珍宝'一词取代'杰作'并未弱化这种倾向"，并补充道，"无论使用什么词，选择总是基于'特殊价值'的标准"。相比之下，加勒比替代方案——《国际登记册》——"不会以卓越或唯

---

1 这种担心并非毫无根据，媒体报道经常将《代表作名录》与《世界遗产名录》相混淆，后者当然更有名气，更受推崇。联合国教科文组织的外交官们也是如此，他们随意地提到"世界遗产"（Brumann 2013：40）。即使是著名学术期刊的同行评议文章也并不都理解这种区别，见皮特·J.M.纳斯（Peter J M Nas）2002年发表于《当代人类学》的"口头与非物质文化杰作——反思联合国教科文组织的《世界遗产名录》"一文。

美主义为标准，淘汰任何形式的非物质文化遗产"。事后看来，加勒比代表们其实是正确的。他们所有未被重视的警告，事实证明都是正确的。不过，我认为2003年会议室里的大多数人都已经清楚这一点。加勒比的卡桑德拉情结不是因为其他代表不相信，而是因为他们不在乎。

茶歇时，一名北欧同事说，联合国教科文组织秘书处赞成以卓越为基础的名录。然而，在他看来，这样的名录是荒谬的。他解释说，"不可能把芬兰、土耳其和日本的民间舞蹈拿出来比较，说一个比另一个好"。另一位来自北欧的代表毫不掩饰他对《珍宝名录》的强烈反感。他宁愿根本没有名录，"但这不可能实现"。喝咖啡聊天时，他们勉强同意，就目前情况而言，最好的行动方针是支持加勒比提案，两害相权取其轻，至少比一份以优点为基础的珍宝或杰作名册要好得多。

茶歇和午餐时，进行了大量非正式的外交斡旋，铺着白色桌布的巴黎餐桌上无疑也出现了这种情况，比如周三晚上北欧代表团的那张餐桌。围绕着名录和其他有争议的问题，形成了联盟，也打破了联盟，如国家主权和社群在公约中的作用问题（见第四章），以及围绕着拟议的非物质文化遗产基金、各国向基金捐款的数额以及捐款的强制性或自愿性。正如卢克·詹姆斯和蒂姆·温特在谈到联合国教科文组织世界遗产委员会的会议时指出的那样："主会场中的公开支持，很可能已经酝酿几个月，并在当天的走廊和餐厅里就安排好了"（2017：4）。在幕后，一场精心编排的毫无悬念的对抗的舞台早就搭好了。

周四下午，在仔细研究了之前的条款后，我们开始讨论名录。上次会议通过了一项关于建立国家清单的条款，以及建立国际性的《急需保护的非物质文化遗产登记册》的原则。争议涉及《珍宝或杰作名录》。

委员会主席，阿尔及利亚大使穆罕默德·贝贾维表示，现在是着手处理这个条款的时候了，起草这个条款的方式至少要能为大多数代表所接受。格林纳达提出程序问题时，有几个国家要求发言，从而中断了议程。格林纳达代表要求先讨论加勒比提案，然后再讨论公约草案中的条款，她解释说，一旦委员会修改了公约草案的文本并达成共识，加勒比提案将是多余的。

这导致日本提出了另一个程序问题。日本代表坚持认为，委员会应仅限于讨论公约草案，否则，委员会在这之前的所有工作都将是徒劳的，不会取得任何进展。紧接着，更多的程序问题被提了出来。随着紧张局势的加剧，会议室里一片嘈杂。一名塞内加尔代表发言支持日本，并指责格林纳达干扰委员会的工作。

格林纳达代表对日本和塞内加尔代表的指控表示不满：她承认，这次会议当然正在讨论公约草案，但这并非神圣不可侵犯，代表们当然有权提出修正案。委内瑞拉代表团紧接着提出了另一个程序问题，抗议对格林纳达和提案背后的其他加勒比国家的指控。委内瑞拉代表以罕见的激动情绪提高嗓门说，做出这些不公平指控的代表们损害了谈判的友好气氛。我一定是看起来很困惑；冰岛代表团团长格兹尼·海勒戈道蒂尔微笑着转过身来，告诉我不要太认真。她解释说，表达愤怒和不满是代表们偶尔会使用的外交工具。在化解紧张局势时，贝贾维主席向格林纳达代表承诺，她将在适当的时候发言，介绍加勒比提案。但现在，他宣布，"为了让所有人都感到我们正在取得一些成果，让我们继续吧"。

随后，一场围绕名录条款的争论很快就令人吃惊地演变成关于词语的争吵。在一篇关于"制造名录"的精辟文章中，J.马克·舒斯特尔（J. Mark Schuster）指出，"如果想把编制名录作为历史保护的工具……马上就会面对一组相当扭曲和混乱的词语,计划表、清单、名录、分类、调查、登记册和记录"。这些术语中的每一个都是多义词,并意味着"在同时使用它们的国家,不同的过程具有不同的含义"(2002:3)。

  舒斯特尔的警告在芳德诺广场的争论中得到了证实。在下午的大部分时间里,不同国家的代表们接连发言,支持其中某一个词:登记册、名录或清单,还加入了其他术语,如登记簿和"记录"(relaçion)。一位代表声称,"在这里登记册是技术上最合适的词",但没有进一步说明。另一位代表则抱怨说,"'登记册'太过正式,意味着登记的例行公事"。一位非洲代表发言支持"登记册"这个术语,因为它"赋予其所登记的项目以重要性"。而一位南美代表则主张使用"清单",因为"登记册"一词在版权法中具有正式含义。正当我以为外交工作不能比这再荒唐的时候,南非代表将讨论带入一个新的荒谬境界,表示倾向于使用"登记册"一词,应该这样定义它,"登记册是需要保护的非物质文化遗产的列表,是清单的形式部分"。

  在一个程序环节上,荷兰要求立即进行投票以节省时间:"2月时我们在'登记册'和'名录'这两个词的相对优点上花了很长时间,今天我们在这个问题上花了两个小时,这是一个简单的选择——要么使用'登记册',要么使用'名录'"。日本发言支持荷兰。另一些人则反对说,在进行表决之前,他们需要明了这些术语的意义有什么不同,并要求荷兰和日本的代表们予以宽容。作为回应,荷兰请在场的联合国教科文组织的一名法律顾问界定登记册和名录之间的区别。这位法律顾问给出了一个相当明显的观点,即"在本公约中使用哪一个词其实并不重要,重要的是,那个名录或登记册纳入了什么,如何对待它,等等"。然而,他的回答并未使这个问题得到解决，圣卢西亚代表问，术语问题是不是不能推迟，直到委员会就条款内容做出决定。"我们在重复上次会议的争论，"她气愤地抱怨道，"现在说的一切，无一例外都说过了。"贝贾维抓住这个机会，结束了当天的会议。他宣布，第二天我们将首先介绍加勒比的建议，因此，他呼吁暂时停止术语上的争论。

邀请吵闹的伴舞乐队到医院演出

在这场争论令人吃惊的难产背后，隐藏着一个具有一定重要性的政治争端，尽管在外交的装腔作势中忽略这一点很容易。成败的关键是谈判中的公约与现存的《世界遗产公约》之间的关系。阿根廷代表在表示支持使用"登记册"而不是"名录"时对此做了总结，用他的话说，这是为了"避免与《世界遗产名录》混淆"。虽然并非所有代表都对术语意见一致，但总的来说，对"名录"的偏爱与对《世界遗产名录》模式下的《珍宝或杰作名录》的支持是一致的。相反，偏爱"登记册"一词的人可能对该名录持怀疑态度，并倾向于四个加勒比岛屿国家提议的国际登记册。

第二天，格林纳达展示了这一备选提案。格林纳达代表在发言中强调，将某些实践形式与表达形式确定为人类的珍宝或杰作，而将其他的排除在外是不恰当的："任何群体的非物质文化遗产对他们来说都是宝贵的，即使只是对他们来说。因此，公约不应仅仅承认具有'特殊'价值的非物质文化遗产。"她还强调，这个公约不应被用来弥补《世界遗产公约》的不平衡，并警告说，如果是这样的想法，结果肯定会令人失望："保护不应该是一种竞争，发达国家已经投入资金进行保护，所以他们的非物质遗产将被列入国际名录，而发展中国家将再次成为输家。"

随后进行了激烈的争论,代表们提出了支持和反对加勒比提案的论点。然而,很快就发现,这是一场失败的战斗;发言的人中,反对该提案的比例远远大于赞成该提案的比例[1]。尽管如此,还是有一些代表支持该提案,而另一些代表则对其总体想法表示同情,但却因为担心广泛适用的登记册将会难以管理而没有给予支持。

一名乌拉圭外交官宣称,"公约的根本目标是保护作为整体的文化遗产,而不是登记杰作",丹麦代表也同意"这个提案确实抓住了保护的真正意义"。同样,阿根廷代表也发出警告,反对"专注于保护少数对象,不管称之为杰作还是珍宝",并提议在公约中增加"保护非物质文化遗产的方案、项目和活动"(后面这个提议被接受并通过,成为公约的第18条)。

圣卢西亚和巴巴多斯拒绝接受"珍宝"和"杰作"的提法,因为这些词语暗示着遗产有等级。西班牙代表团此前曾表示,"非物质遗产不是选美比赛",现在又重申了反对意见。西班牙代表说,"《世界遗产名录》的经验是,通过它建立了等级,这很难证明是合理的,它还在提交名录而未被接受的国家中制造了紧张"——这出自其国家(和意大利及后来快速上升的中国一样)在世界遗产等级中名列前茅的代表之口,这些国家列入名录的世界遗产多于任何其他国家。

另一位代表(国籍我不记得了,但他的英语听起来像是撒哈拉

---

[1] 没有进行正式表决,但秘书处统计了对加勒比提案持赞成和反对立场的国家。和每次审议条款文本时一样,统计结果被投射到主席、报告员和教科文组织秘书处所坐的舞台后面的白色大屏幕上。

赞成:巴巴多斯、丹麦、多米尼加共和国、希腊、冰岛、牙买加、瑞典和乌拉圭。

反对:比利时、贝宁、巴西、柬埔寨、中非共和国、智利、哥伦比亚、刚果(布)、刚果(金)、埃塞俄比亚、法国、洪都拉斯、印度、日本、摩洛哥、尼日尔、尼日利亚、巴拿马、菲律宾、卢旺达、塞内加尔、西班牙、多哥、土耳其、乌干达、坦桑尼亚联合共和国、越南。

以南非洲的人）持有类似的立场，并雄辩地表达了他的关切："我们如何确定'突出品质'？这将在我们应该合作的地方导致竞争。寻找杰作将把注意力从最需要我们关注的濒危非物质文化遗产上转移开。这就像邀请一个吵闹的伴舞乐队到医院演出一样！"他总结道，关键是"杰作不需要帮助"。这位代表把公约比作一所医院，他在最后时刻提及保护的道德要求。为了避免委员会在颂扬遗产亮点中忽视这个要求，医院的比喻提醒人们，保护才是生死攸关的事情——正如生存和振兴的概念所隐含的那样。

在涉及《世界遗产公约》时，这种比喻也经常被提到，因为正如艺术史学者达瑞奥·冈博尼（Dario Gamboni）所言，"某种意义上，'世界遗产'是一辆跟在军队后面并试图超越它的救护车"（2001：8）。然而，更多的代表发言反对加勒比提案，并起来为《珍宝或杰作名录》——"吵闹的伴舞乐队"辩护。他们当中的很多人提到《世界遗产名录》和《宣布杰作》的成功。例如，中国代表指出，《宣布杰作》在中国非常成功，并补充说，"《世界遗产名录》已经成为联合国教科文组织极好的宣传——我不明白为什么我们不想用它"。一位日本代表告诫说，"登记簿将不过是一个庞大的数据库，不会显示出任何知名度"，并指出，"据说仅在我国就有六万多项非物质文化遗产，这个登记册将不仅包括所有这些，而且包括世界各地所有的非物质文化遗产！"。绕过这种遗产量化的荒谬，一位来自智利的代表赞同说，"登记册将会成为电话簿"。代表非洲诸国发言的贝宁代表补充说："拒绝宣布人类非物质文化遗产杰作，将发出一个危险的信息，这个公约是二流的，不如1972年的公约，因为某些国家强迫我们这样做。"

说到底，美的就是美的

会上的大多数代表驳斥了对精英主义和等级化的指责。因此，来自佛得角的代表"并不是真的为杰作或珍宝的事情所困扰，因为说到底美的就是美的"。刚果民主共和国代表团团长也说，她"看不出杰作和珍宝有什么不妥，它有点罗曼蒂克，而这正是这个公约想要的"。混乱之中，多米尼加共和国的代表表示支持"加勒比代表们令人印象深刻的新方案"，她发现这个方案特别有吸引力，因为"它不是精英主义的"，但是她随后转而反对这个新方案，声称"存在堪称杰作的人类天才的作品，我们必须小心，不要否认这一点而轻视文化"。多米尼加代表补充说，"不幸的是，人类并没有在所有地方都产生这些东西，但无论如何，重要的是认识到这些东西是在哪里产生的"。

贝宁代表抗议说，反精英主义的论点站不住脚，并提出"等级是历史事实"的重要意见。他强调说，"每一种文化都会认为遗产有高低之别"。一名巴西代表同样指出，"人类学对遗产的看法和政治对遗产的看法是不同的"。与人类学的描述性观点相反，政治对遗产的看法的前提是，资源永远不会是无限的。或者正如巴西代表所说，"我们不能保护一切，这意味着我们不能平等地评估一切"。

这些敏锐的评论强调了核心问题和选择机制对遗产实践的重要性。民俗学者巴布罗·克莱因认为，"不使用政治这个词，几乎不可能谈论文化遗产"，因为文化遗产是通过政治的操作而形成的，"个人或群体就是这样挑选或认定文化遗产的"（1997：19；作者译）。通过同样的操作，更多过去的痕迹被抹平，或者任其腐烂，或者被用于新的用途。遗产制造不可避免地会造成损害，用达瑞奥·冈博尼的话来说，"保护和破坏是同一枚硬币的两面"。他解释说，遗产"是一个解释和选择持续过程的结果，这种解释和选择取决于特定对象（而非其他对象）能否延缓它们的恶化"（2001：9）。

因此，选择的政治远远超过了名录的构成。遗产制造本身与名录制造并无不同。人类学学者杰克·古迪（Jack Goody）在他关于名录作为社会和认知机制的经典分析中指出，名录依赖于非连续性和边界，赋予了任何从日常言谈中抽象出来并被列入名录的东西本不具有的普遍性，尤其是当名录得到官方机构批准时（1977：80—81，105—106）。遗产亦复如此，因为凡是被如此认定的东西都被从其先前的语境中抽离，并与同样被选入遗产范畴的其他事物、遗址、实践形式或表达形式联系起来。批准入选的个人和机构赋予这一范畴以权威性，而纳入这一范畴的东西则被赋予不同于其以往具有的、更普遍的价值。因此，编制名录影响着遗产制造不足为奇。

一名出席会议的墨西哥代表对这种选择性发表了重要评论。在讨论国家层面上各国的义务时，他抗议说："目前的文本缺乏对重要性的评估。按照现在的文本，任何社群都可以要求将其传统承认为非物质文化遗产。他们既是法官又是当事人。这可能会导致各种各样的问题，所有社群都要求为他们的文化提供财政支持，而且没有办法在他们中间进行裁决，也没有评估拟议的非物质文化遗产的重要性的机制。"

这里值得注意的是，人们认识到传统必须被承认为非物质文化遗产，他们拟议的传统要得到承认，权威部门就必须评估它们的重要性，并在它们中间进行裁决。也就是说，非物质文化遗产是官方认可的印记。它是文化部的一个档案柜，凡是没有得到承认和归档的东西，最后都被扔进历史的垃圾桶。这就是为什么如很多代表反对的那样，没有选择机制的国际遗产登记簿"不切实际"（越南）、"不方便"（哥伦比亚）或"太庞大了，没法管理"（乌干达）。实际上,垃圾桶("废纸篓")也许是有效管理最不能缺少的工具。没有限制、无所不包的名录是无法管理的。它甚至不是一个名录:名录是通过其边界和内容的非连续性来区别于它们所排除的一切的。

名录的使用

名录将文化逐项汇总。它们不可避免这样做,列举和逐项汇总正是其本质。这种逐项汇总是《非物质遗产公约》的核心。国际上保护和促进非物质遗产的核心机制是名录,公约要求各国承担的主要义务则是详尽拟订其领土内非物质遗产的国家清单(见Kurin 2004:71—72)。

这些非物质遗产名录使文化实践形式与表达形式不再自然而然。为了使文化实践形式与表达形式再情境化,名录使它们脱离其发生的社会关系,一方面在国家清单中参照同一国家政府的其他实践形式和表达形式,另一方面在国际名录中参照其他人类遗产。如此一来,编制名录就转化为把实践形式与表达形式逐项汇总并挑选出来,以引起关注。这种转化令人担忧,在2003年6月的会议上,阿根廷代表对联合国教科文组织的《非物质遗产名录》表达了这种担忧:"尽管完全是出于好意,但仅仅公布一个名录本身就有危险,我们是在给寻宝者提供一份购物清单。就这个公约而言,我们最终可能会给那些想盗用非物质文化遗产的跨国公司提供一个免费目录。我们都支持透明度,但问题是,有时别人会利用它。"

阿根廷代表指出,"围绕关于水下遗产的公约,我们也有过这种讨论",他提及寻宝者是参考了《世界遗产名录》实际存在的问题(见Schuster 2002:14—15,以及Gamboni 2001:8—9)。正如马克·舒斯特尔所说,名录一个有趣的特性正是,"一旦有人编制了名录,其他人就会使用它们——通常不是为了最初的目的"(2002：8)。这些目的甚至可能与名录编制者的意图截然相反。

拯救摩洛哥马拉喀什杰玛·埃尔夫纳集市、将其列入《代表作名录》及其在创建《非物质遗产公约》中的作用的故事,开启了本书的下一章。但这个故事还有一个悲惨的后记。2011年,一枚炸弹炸毁了艾尔加奈咖啡馆,这家咖啡馆很受欢迎,在二楼屋顶,可以俯瞰马拉喀什麦地那(老城)的杰玛·埃尔夫纳集市。爆炸造成15人死亡,其中大部分是游客,包括一名10岁的女孩。两周后,摩洛哥警方拘捕了9人:一名头号嫌犯,据称其手机在爆炸现场被发现,还有8名同伙。警方认为他们是北非恐怖主义组织"基地"组织的特工,但该组织否认对爆炸案负责。被指控炸毁咖啡馆的男子阿迪尔·奥斯曼尼(Adil Othmani)声称,他的供词是在威胁和酷刑下做出的。他的家人声称他是替罪羊,认为这是摩洛哥安全警察试图化解马拉喀什街头"阿拉伯之春"的抗议活动。2012年10月,摩洛哥法官判处阿迪尔·奥斯曼尼死刑,其他8名嫌疑人在监狱服刑。

究竟发生了什么事,谁应该对此负责,我不会妄加猜测。但我们知道爆炸发生在哪里。而且有理由追问为什么爆炸发生在杰玛·埃尔夫纳而非其他地方,比如马拉喀什老城之外的市政厅、外交部、大使馆、酒店或阿尔马萨购物中心。有很多方式可以回答这个问题——毫无疑问,安全级别的不同与此有关,但其中一个解释肯定是,炸杰玛·埃尔夫纳会以其他地方无法比拟的方式吸引国际关注。我看到的几乎每一篇有关这次爆炸的国际新闻报道,都特意提到联合国教科文组织承认杰玛·埃尔夫纳为人类非物质遗产。

可以将其与阿富汗中部巴米扬山谷悬崖上公元4世纪和5世纪的巴米扬大佛作一比较,塔利班在2001年摧毁这个世界遗产,就是看中了它作为传播工具的力量。据报道,塔利班至少收到了联合国教科文组织36封信，恳求他们放过这些巨大的砂岩雕像，还收到了世界各国政府数以百计的官方或半官方的交涉信息。在巴基斯坦的支持下，纽约大都会艺术博物馆提出派遣一个小组到阿富汗拆卸佛像（CNN 2001），斯里兰卡和日本的外交使团也提出要拆卸佛像，并在本国重新组装，日本还提出了另一种解决方案，即"将佛像从头到脚盖起来，用这种方式让人无法认出它们在哪里，将它们藏起来加以保护"（Zaeef 2010：127）。塔利班拒绝了这些和其他的建议，用坦克和炮弹将雕像炸碎，然后让囚犯在雕像上放置炸药，一点一点地将它们炸毁。无论我们对此有什么其他看法，塔利班都有效地利用了《世界遗产名录》（见Elias 2007，2013，Gamboni 2001，Holtorf 2006，Meskell 2002）。

更具戏剧性的是，伊斯兰国拍摄并传播它在叙利亚、伊拉克和利比亚破坏文化遗产的宣传视频，包括帕尔米拉城（一个世界遗

图3-3　两位妇女在巴米扬大佛留下的巨大洞窟前走过。来源：维基媒体

产地）的古庙、古墓、古塔和雕像，以及古代的清真寺、教堂和图书馆。2015年和2016年，在伊拉克的伊斯兰国武装分子将亚述古城尼姆鲁德化为一片废墟，他们有计划地砸毁带有翅膀的公牛和狮子雕像，用大锤摧毁亚述国王的浮雕壁画和陵墓，炸毁寺庙，用推土机推倒一座巨大而壮观的金字塔（McKernan 2016a，2016b；Flood 2016）。

这种激进的破坏偶像行为在全世界和联合国内部引起了强烈的反应。联合国教科文组织总干事伊琳娜·博科娃（Irina Bokova）以最强烈的措辞谴责了"破坏人类文化遗产"的行为，称这是一种战争罪（UNESCO World Heritage Center 2015）。联合国大会一致通过了一项决议，谴责这种野蛮行为，表达愤怒，并提出破坏古迹"可能构成战争罪"（United Nations General Assembly 2015）。社会学学者蒂姆·温特在一份关于遗产外交兴起的研究中指出，"对叙利亚和伊拉克文化遗产的蓄意破坏"说明"投入遗产中的政治工作会不断增加"（2015：1011）。与塔利班破坏巴米扬大佛和炸弹袭击杰玛·埃尔夫纳相似，伊斯兰国也将联合国教科文组织的遗产名录作为传播技术来达到自己的目的，只不过是在更大的范围内，并充分利用视听技术、媒体和互联网（Smith et al. 2016；Harmanşah 2015；De Cesari 2015；Rico 2017；Gamboni 1997）。

另一个例子是，伊斯兰激进组织"伊斯兰卫士"（信仰捍卫者）2012年控制马里北部时，在廷巴克图（1988年被列为世界遗产）发动的长达10个多月的破坏行动。"伊斯兰卫士"以其特殊的伊斯兰教清规戒律为由，袭击清真寺、拆毁陵墓，并用镐头和铁锹将苏菲派圣徒的陵墓变成一堆瓦砾，同时邀请记者拍摄这些破坏偶像的暴力行为（Apotsos 2017）。

世界遗产委员会于当年6月25日至7月5日在圣彼得堡举行会

议。应马里政府的请求，委员会于6月28日（星期四）一致同意将廷巴克图列入《濒危世界遗产名录》，这是一个象征性的举措，将国际社会的注意力集中在紧急情况上。直接针对这次列入名录，"伊斯兰卫士"在周末发动了一场新的暴乱，袭击了廷巴克图的多个陵墓。他们对国际报道者宣称，打算"无一例外地摧毁这座城市的每一座陵墓"，并轻蔑地问道，"联合国教科文组织算什么？"（Morgan 2013：127—142；Brumann 2016；Joy 2016；Viejo-Rose and Sørensen 2015：285—286）。

此举令委员会大为震惊。在表示忧虑的同时，委员会向伊斯兰激进组织求情，同时拒绝接受委员会在圣彼得堡将廷巴克图列入濒危名录的决定与"伊斯兰卫士"随后对被列入名录的遗址进行破坏之间存在联系。联合国秘书长潘基文和联合国教科文组织总干事伊琳娜·博科娃也呼吁激进组织"停止这些可怕的和不可逆转的肆意破坏行为"（UN News Centre 2012）。作为回应，"伊斯兰卫士"发言人向法新社记者保证，"从现在开始，只要外国人一提到廷巴克图"，他们就会攻击任何被称为世界遗产的地方。"没有世界遗产，它不存在。异教徒绝不能介入我们的事务。"（Al Jazeera 2012）

海牙国际刑事法院首席检察官法图·本苏达（Fatou Bensouda）与潘基文和博科娃的观点一致，要求他们"立即停止对宗教建筑的破坏"，并警告称，"这是战争罪，我的办公室有权进行全面调查"（Telegraph 2012）。这一威胁并非空话。2016年9月，国际刑事法院以战争罪判处主导破坏廷巴克图陵墓的前马里公务员艾哈迈德·马赫迪（Ahmad al-Faqi al-Mahdi）9年监禁。这是国际刑事法院第一次审理有关破坏文化遗产的案件，一年后，法院还判处马赫迪赔偿270万欧元给受害者，"主要是廷巴克图靠旅游业谋生的人们"

(Cook 2017）。

尽管国际刑事法院的判决开创了新的先例，但这种基于名录破坏偶像的行为却并非首创。仅举一例，为了对轰炸吕贝克进行报复，据说赫尔曼·戈林（Hermann Göring）曾在1942年指示纳粹德国空军摧毁"贝德克旅行指南中标有星号的每一座英国历史建筑和地标"（Boorstin 1992：106，引自Schuster 2002：15）。这些突袭行动被称为"贝德克闪电战"（Baedeker Blitz），以德国权威的英国旅行指南命名。

事实上，联合国教科文组织遗产名录的另一个有争议的用途是促进旅游业（Winter 2010）。正如玛侬·艾斯塔瑟（Manon Istasse）在谈到摩洛哥菲斯古城时所说的那样，"在大多数居民和旅游机构成员看来，列入《世界遗产名录》的具体好处是经济上的：游客来了"（2016：43）。用官方的话来说，这并不是名录的目的之一，但全世界都公认这是提名的一个重要动机（Caust and Vecco 2017）。国家提名文化和自然遗产地列入《世界遗产名录》，提名传统实践形式与表达形式列入《代表作名录》，希望吸引那些能自己使用这些名录并实现其旅行计划的有见识的游客（Tschofen，2007；Di Giovine，2009：25—68）。在这一点上，这些名录与其前身——古代著名的"世界七大奇迹"的古典遗迹名录并无不同；事实上，这些古代奇迹中仅存的吉萨大金字塔已被列入《世界遗产名录》。正如彼得·克莱顿（Peter Clayton）和马丁·普莱斯（Martin Price）所指出的，这些古典名录实际上并非对奇迹的列举，而是被视为游览名胜指南；"在希腊语中，不是thaumata（奇迹），而是被视为theamata（可以去看的东西），即充斥在现代指南书籍中的引人注目的古迹"（2013：4）。因此，"七大奇迹"是那个时代的"贝德克旅行指南"，是希腊旅行者的《孤独星球》。作为现代继承者，联合国教科文组织的遗产名录，通常也会变成同样的目的。增长的旅游业远非列入名录的偶然结果，而是希望繁荣当地的经济，同时确保那些已经失去其原有经济存在的理由的地方和实践形式能够生存下去，并且重新拥有经济活力。

这些目的无可厚非，它们与国家在促进经济增长中的作用的自由主义的概念完全一致。游客的文化消费往往是保护的主要动力，有助于产生必要的资源。即使如此，列入名录看上去也是有问题的，尤其是作为对联合国教科文组织设想的"民俗学化"威胁的回应，在出版物、演讲和内部文件中，"民俗学化"这个词被用来描述传统实践形式的物化和商品化，以满足外部受众的需求（详见第五章）。在某种意义上，民俗学化与旅游业给世界遗产地带来的危险相类似，有可能导致因磨损、撕裂和侵蚀而使遗产遭到破坏（Caust and Vecco 2017；Gamboni 2001）。

摩洛哥在2013年向《非物质遗产公约》执行委员会提交的一份定期报告中指出，"媒体对提名的大量报道大大提高了知名度"。在枚举列入名录的积极影响——"它提高了人们（本地和海外游客）对文化和历史重要性的认识"——的同时，报告也警告称，"提名也可能产生负面后果"，援引的例子是，"对杰玛·埃尔夫纳来说，这个广场的'民俗学化'、旅游业的负面影响（本真性的逐渐丢失）、年轻人态度的改变、商业活动的扩张等，引起了关注"（"Periodic reporting…Morocco" 2013）。

抛开良好的意愿不谈，传统实践形式与表达形式列入名录，会引起游客的注意，并将其转化为当地经济复苏的工具。这或许并不特别令人惊讶。正如芭芭拉·克申布莱特-吉姆布雷特所表明的那样，遗产和旅游业是互相协作的产业，"遗产将地点转化为目的地，而旅游业则使其在展示自身时具有了经济上的可行性"（1998：151）。

遗产制度

经过所有的外交斡旋和审议，2003年6月的政府间专家会议最终达成了妥协。尽管日本及其盟国成功地拒绝了建立一个《非物质文化遗产国际登记册》的加勒比提案，但他们未能为珍宝或杰作名录争取到足够的支持。取而代之的是，与会代表最终选定了一项名为"人类非物质文化遗产代表作名录"的机制。这一折中方案仍然使编制名录成为公约核心的国际机制，并坚持了选择原则；但是，"珍宝和杰作"这一高度敏感的词不再使用了。

联合国教科文组织的遗产名录是一种有威望的展示形式，在有影响力的行动者中广泛传播。与博物馆的展墙一样，它们是可以展陈遗产的平台，因此"它的影响——不管它们可能如何被建构，将会深入世界，对它的行动也得以展开"（Bennett 2000：1424，论艺术博物馆）。将非物质遗产列入这样的名录中，是为了引发国家和社群的实践，将资源用于保护和振兴，同时也改变人们与其实践形式和表达形式之间的关系。

联合国教科文组织的名录会带来改变，主要是因为它激励各国政府"宣扬其文化遗产的丰富性"（Early and Seitel 2002：13, 转引自 Kirshenblatt-Gimblett 2006），换句话说，是为了夸耀。因此，2002年非物质文化遗产领域的《总干事关于呼吁标准制定的情况和标准制定的可能范围的初步报告》，强调了建立这样一份与拟议公约有关的名录的重要性，因为"1972年公约的经验证明，这对缔约国具有推动力"（UNESCO 2003b：第7段）。

从这个角度来看，联合国教科文组织的遗产名录是作为一种论证形式而出现的，但其说服力取决于吹捧。恰如《宣布杰作》，这些名录与其他国际盛典一样，使一个民族通过在与其他民族的对比中衡量自己的美德而关注自身。名录把自豪和遗产保护捆绑在一起，或者正如澳大利亚环境和遗产部对《世界遗产名录》秉持的态度那样，"列入名录还能提高地方和民族对财产的自豪感，并培养进行保护的民族责任感"（Australian Department of Environment and Heritage, n.d）。

前面我介绍了起草《非物质遗产公约》的政府间专家会议上关于使用名录作为公约的一个机制的关键争论。我认为，这个争论涉及总是以选择为前提的遗产实践形式的核心问题。打着遗产的旗号来保护某些遗址或实践形式，消耗了有限的资源，并将同样的资源从其他遗址和实践形式中转移出来。因此，选择和（不可避免的）排他是遗产制度的结构性要素，包括认定、保护、振兴、促进、展示等等。资源的分配是一种政治操作，稍作调整后也适用于对非物质遗产或其他遗产的认定。遗产认定所依据的具体标准是重要与否，但它们从来没有充分说明具体的选择：哪种具体的实践形式、表达形式、物品或遗址最卓越、最突出、最真实，或者确实最有代表性，绝非不言而喻，因为这些术语本身就是模糊的，是可以争论的。

作为范畴的遗产和作为机制的名录在很多方面是相同的。两者都取决于选择。它们都使其对象脱离了以前的情境，使它们在某些方面与周围环境脱节。二者也都使它们与其他同样被选中的对象再情境化，赋予它们以普遍性和价值，这种普遍性和价值来自批准选择的个人或机构的权威。《代表作名录》是希望制定《杰作或珍宝名录》和不希望制定任何名录或建议制定一个不加选择的综合登记册的代表们之间妥协的结果。《代表作名录》接受作为结构性要素的选择，但拒绝将卓越作为选择的标准，试图摆脱等级化和国家间的竞争。然而，作为选择标准的代表性更加模糊。它提出了一个问题，即名录及其认定的遗产究竟代表什么。负责将非物质遗产列入《代表作名录》的政府间委员会有很大的自主权（关于内部人士对委员会如何行使这种自主权的批评性评价，见Jacobs 2013, 2014；Kuutma 2012；Smeets and Deacon 2017）。

　　按照联合国教科文组织的公约及其在这一领域的活动，非物质文化遗产是一个名录。非物质遗产是一种选择和展示的机制。它是将注意力和资源引向某些文化实践形式，而非其他文化实践形式的工具。非物质遗产既是一所医院，也是一个伴舞乐队，既是关注传统与社群生死存亡的严肃事业，也是服装多彩、灯光闪耀、旋律优美的筹款晚宴舞会。联合国教科文组织的专职人员对前者最为关注，大多数国家代表关心的则是后者。联合国教科文组织秘书处的"医院工作人员"和政府间委员会的"乐队指挥"们一起，使非物质遗产在与全球各地无数行动者（断断续续的）的对话之中得以形成。

第四章

制造社群
——保护作为剥夺

资产阶级最近的野心是在这里建一个商场，比清真寺还高。

资产阶级靠广场及其带来的旅游业维生；但他们没有意识到，游客来这里不是为了商场。我们正在尝试改变马拉喀什居民看待广场的方式，联合国教科文组织的决定将在这方面帮助我们。因此，他们有理由感到自豪。（Goytisolo 2002；作者译）

"正当的自豪感"

这个广场是摩洛哥的杰玛·埃尔夫纳。这些话是持不同政见者、长期居住在马拉喀什的西班牙作家胡安·戈伊蒂索洛（Juan Goytisolo）说的。他描述的正是这个广场列入联合国教科文组织的非物质遗产名录的预期效果。在20世纪90年代中期，戈伊蒂索洛带领一批摩洛哥知识分子共同努力，保护马拉喀什麦地那或老城（1985年列入《世界遗产名录》）入口处的这个繁忙的集市。

杰玛·埃尔夫纳是各种各样表演的场所——讲故事、耍蛇、算命、吃玻璃、布道、杂技、舞蹈和音乐表演，不一而足。这些街头表演者被称为"海勒奇亚"，他们吸引了外国的和摩洛哥的人群来到杰玛·埃尔夫纳，观众们聚集成一圈，形成一个被称为"哈尔恰"的表演空间（Kapchan 1996）。广场还提供各种服务和产品：从水果摊和新鲜肉类到最好的烤肉和烤串，从牙科保健到草药，从塔罗牌解读到海娜文身。晚上，露天餐厅占据了很大一部分空间（Beardslee 2016；Schmitt 2005）。

正如戈伊蒂索洛所言，在20世纪90年代，市政当局、商人和承包商计划拆除广场周围的几栋建筑，以便为一个玻璃幕墙的高层购物中心和一个为购物者服务的地下停车场让路。戈伊蒂索洛认为杰玛·埃尔夫纳的文化空间不可能在这一发展中幸存。

你会在这里看到一个熟悉的故事，在世界各地都有不同版本。

图4-1 摩洛哥马拉喀什的杰玛·埃尔夫纳集市。版权：Zharov Pavel, Shutterstock

这是一个关于失去和毁灭的故事。如今，它讲述了全球化力量对遗产的破坏。150年前，同样的故事讲述了现代力量对传统的破坏。它是我的学科——民俗学的创作叙事，它推动了故事、歌曲和工具的收集，也推动了对风俗、仪式和民俗的描述，直到现代化的推土机将它们的每一个痕迹都清除殆尽。

文化评论家沃尔特·本杰明（Walter Benjamin）在描述保罗·克利（Paul Klee）的画作《新天使》时，用寓言的形式讲述了这个故事。"人们就是这样描绘历史天使的。他的脸转向过去"，但他的翅膀却被强大的进步风暴所困，"这场风暴无可抗拒地将他推向他背对着的未来，而他面前的残垣断壁却越堆越高，直逼天际"（1968：258）。民俗学学者、保护专家、遗产工作者走了进来，"天使想停下来唤醒死者，把破碎的世界修补完整"。然而，这场风暴却违背了他的意愿，带着他进入未来。在他面前，瓦砾成堆。过去就像一片废墟，"这场灾难不断堆积着尸骸，将它们抛弃在他的面前"（同上：258）。换句话说，这是一个被拆毁的场地——很像设想中的杰玛·埃尔夫纳。

在马拉喀什，历史的天使以戈伊蒂索洛为向导，他和艺术家与知识分子同伴们对施工方案发出了警告。他们成立了一个名为"广场之友"的非政府组织，并向联合国教科文组织寻求帮助。时机恰到好处。20世纪90年代中期，联合国教科文组织刚刚在秘书处设立了一个非物质遗产科，并正在为后来的《非物质遗产公约》进行初步的筹备（见第三章）。

1996年，戈伊蒂索洛与联合国教科文组织总干事费德里科·马约尔（Federico Mayor）取得了联系。后者是戈伊蒂索洛的同胞，也是一个诗人、作家、学者和政治家。他们早已相识，而且事实证明，马约尔非常愿意支持戈伊蒂索洛领导的运动（Mayor Zaragoza 2010）。正如马约尔后来所说，"我永远不会忘记，作家和哲学家胡安·戈伊蒂索洛一天晚上在巴黎拜访我，表达了他的想法，我们应该采取和在文化与自然遗产方面已经取得成功一样的路数，展示这些音乐的、文学的和教育的表达方式，它们揭示了人类独特的能力，即创造力——表达、发明、想象、预见和创新的能力。如果重视和欣赏这些如此珍贵却又未被充分认识的成果，那么，人类整体将变得更加富强"（同上：232，作者译）。

在总干事的支持和"广场之友"的协助下，联合国教科文组织文化遗产处和摩洛哥联合国教科文组织全国委员会于1997年在马拉喀什组织了一次关于保护大众文化空间的国际磋商会。这次会议汇集了民族学、人类学、社会学和口述史的学者以及演员、作家和政治家，制定了一项保护非物质遗产的国际方案，并突出了杰玛·埃尔夫纳的困境和价值，通过国际承认界定了这个集市的价值（Schmitt 2008）。

换句话说，戈伊蒂索洛和马拉喀什志同道合的知识分子借助联合国教科文组织的重点关注（借用迈克尔·迪伦·福斯特的贴切说法，Michael Dylan Foster 2015：229），来拯救杰玛·埃尔夫纳。在戈伊蒂索洛的分析中，拯救这个广场的关键在于，改变当地人——尤其是那些更富裕、更有权势的人与杰玛·埃尔夫纳的关系，教会他们用另一种眼光来看待这个广场（见Gauthier 2009）。在联合国教科文组织的帮助下，戈伊蒂索洛和他的同伴们将国际社会的注意力转向了杰玛·埃尔夫纳，哪怕只是一瞬间。有影响力的外国人对杰玛·埃尔夫纳赞不绝口，认为它如此非同凡响，不仅应该被认定为摩洛哥人的遗产，而且应该被认定为人类的遗产。根据地理学学者托马斯·施密特的说法（引自戈伊蒂索洛），一旦国王加入，说服其他有影响力的摩洛哥人就变得容易了。马拉喀什的市政当局最终明白了这一点，他们没有撤空这个广场，而是将它保留下来。

落后和衰败的象征

这就是故事变得有趣的地方。摩洛哥当局与联合国教科文组织的专家一起调查了威胁杰玛·埃尔夫纳活态遗产地位的危险,他们指出,社会经济转型是"保护和繁荣这一文化空间的严重障碍",并因现代化、城市化和旅游业的发展而加剧,所有这些都威胁到"行为和表演的本真性"。不过,在接受阿卡迪·埃斯帕达(Arcadi Espada)采访时,胡安·戈伊蒂索洛本人就马拉喀什市场面临的危险,提出了一个相当不同的观点:"马拉喀什的资产阶级'社会'对这个广场不屑一顾,并在各种场合试图废除它,因为他们认为它是落后和衰败的象征。这种态度绝非罕见,往往正是异域的眼光使地方回归美丽和完整。例如,阿尔罕布拉宫是英国作家和旅行者发现的。博罗(Borrow)回忆说,当他向格拉纳达的人们询问阿尔罕布拉宫的情况时,他们称它为'这些摩尔人的小玩意儿'。在马拉喀什,类似的事情正发生。"(2002;作者译)

事实证明,对杰玛·埃尔夫纳的主要威胁不是来自外部,也不是来自幕后的现代化和城市化或上述一连串现代弊端中的其他可疑对象,更不是来自越来越多的游客。相反,主要的威胁来自掌握着政治和经济权力的当地居民。因此,将这个集市重塑为非物质遗产的目的,是为了改变马拉喀什本地居民与杰玛·埃尔夫纳的关系。

戈伊蒂索洛对列入联合国教科文组织的名录到底有助于得到什么的解释,说明了国际荣誉名单如何激励国家和地方政府保护传统文化的特定表达形式或空间。在马拉喀什,一个地方委员会实施了一项十年保护计划,其中包括一项城市规划研究、建立一个研究所、确认传统知识的持有者,以及加强与广场管理有关的习惯法的规定(UNESCO 2001a)。此外,对联合国教科文组织的承认产生的影响进行的早期分析，确定了每周故事会、设立讲故事有奖竞赛、为老的故事讲述人设立信托基金，以鼓励他们将自己的技艺传授给年轻学徒的计划（UNESCO 2002b）。然而，想法是好的，这个基金最终并未设立，联合国教科文组织为此提供的资金又退回了日本–联合国教科文组织信托基金（Beardslee 2016）。另一方面，麦地那地方长官确实采取了以下措施："拆除了两栋和广场的大众与传统不相称的建筑，撤走了照明广告牌，将通往广场的街道改造为步行街，减少了汽车交通。"（UNESCO 2002b：7）

因此，保护措施相当于协调努力，以防止变化，确保文化空间安排方式的持久性，并促进相关实践形式和表达形式的不间断地延续。地方和国家政府部门的支持为这种协调（提供必要的资源）提供了便利。通过改变马拉喀什精英阶层对这个广场的看法，通过国际承认增加它的价值，以及遗产与世袭体制的融合，吸引上层人士的兴趣，并鼓励他们积极参与保护这一遗产。

这种参与很可能是这些事业取得成功的先决条件。但这是有代价的。这种代价就是民间文化的纵向整合：它融合了官方文化的行政结构，并遵循政策和官僚体制的逻辑。杰玛·埃尔夫纳的项目和有奖竞赛提供了一个行政结构以何种方式将本土实践转变为政府行动对象的例子。麦地那地方长官采取的行动，拆除杰玛·埃尔夫纳"和大众与传统不相称"的建筑，撤走照明广告牌，演示了这种对行政逻辑的遵循如何服务于将日常风俗博物馆化、将生活环境和习惯重塑为遗产。因此，这种干预保留了戈伊蒂索洛反对的广场与落后的关联，但遗产语言将落后重塑为本真性。作为本真性的象征，这种"落后"需要维持。实际上，不仅仅是维持，因为它正在积极地被重构——在这个案例中是用推土机和炸药。

通过保护项目、地方理事会、行政人员、国家机构和国际社会试图在社会领域采取行动。他们的干预将文化空间转变为管理民众的资源，社群可以通过这种资源进行自我监督和改造，从而自己能够按照已经或将要被训练的方式来看待这个广场，即以"一种正当的自豪感"来行事。

这种"外来重视"象征性地将杰玛·埃尔夫纳从一个混乱的典型，改造成为一个具有活力和马拉喀什特色的公共剧场。恰如芭芭拉·克申布莱特-吉姆布雷特所言，现存的风俗、习惯、休闲活动和表达形式转变为"自我表现"，因为通过地方、国家和国际的专家参照官方认可的卓越标准实施的计划，它们成了保护对象（1998：151）。

培养社群意识

需要说明的是，我并不想给人一种印象，好像这些风俗、表达形式和空间以前没有受到地方和国家政府的措施和政策的影响。但是，这里的新颖之处是它们对这些风俗和表达形式的直接关注，并通过政府干预来进行保护，使其免受威胁并继续存活下去，将其作为文化遗产加以重新塑造。凭借新的社会机构（理事会、委员会、评委会、网络、组委会、协会），利用各种非物质遗产特有的展示形式（名录、手册、竞赛、展览、学校项目，尤其是节日），现有的实践形式与表达形式已经成为保护的对象，如杰玛·埃尔夫纳。

在民族音乐学者托马斯·比尔兹利（Thomas Beardslee）看来，"第一个规模较大、较正式的混合型（协会）……哈尔恰大师协会在2002年紧随着第一次音乐节而成立，这并不奇怪，部分原因是对音乐节的开销和预期收益进行集体协商的方式来自联合国教科文组织的认定"（2014：276）。此外，在这个广场获得联合国教科文组织认定的地位后，还成立了几个规模较小的协会，"专门针对特定的流派或族裔——一个柏柏尔协会、两个艾萨瓦协会、两个有各种音乐家及其他表演者的协会、四个格纳瓦协会，还有一个故事讲述人的协会。大多数海勒奇亚（即表演艺人）都声称自己是某个协会的成员"（同上：266—267；Beardslee 2016；另见Schmitt 2005：187）。因此，正如比尔兹利所承认的那样，非物质遗产已经在杰玛·埃尔夫纳被证明是一种有效的改造技术，"培养了海勒奇亚日益增长的自认为是一个社群的意识，这个社群是一个比由未群体化的个体构成的人群更容易对政府采取行动和被政府采取行动的群体"（2014：224）。

"广场还在那儿"

杰玛·埃尔夫纳如何从推土机的利刃下被救出来的故事，是联合国教科文组织讲述其努力保护非物质遗产的成功故事之一。它经常被当作起源故事来讲述——一个因原学叙事——在安第斯和日本的因原学（见第二章和第三章）之外增加了另一种非物质遗产的起源。1997年的马拉喀什磋商会无疑是个催化剂，它推进了联合国教科文组织在这一领域中的项目，并为在促成《宣布杰作》以及后来的《非物质遗产公约》的谈判中提供了帮助。

作为一个创世故事，它设置了联合国教科文组织喜欢用来描述自己在这一领域所做努力的登记表。和其他起源故事一样，杰玛·埃尔夫纳的叙事宣称，要告诉我们关于其创生对象的基本情况。故事往往以"广场还在那儿"收尾，作为这个叙事的结局。它确实还在那里，代替了购物中心和停车场，故事讲述人和吃玻璃的人仍然在杰玛·埃尔夫纳为群众表演，占星师和卖水的人仍然在兜售他

图 4-2 摩洛哥马拉喀什杰玛·埃尔夫纳售卖橙汁的标准化推车。版权：Salvador Aznar，Shutterstock

们的服务。这里有很多声音，而非一种声音，不是同一性，而是差异性。地理学家托马斯·施密特将杰玛·埃尔夫纳的故事描述为"一个地方–全球取得成功的故事，结局圆满（至少目前如此）"，他补充说，尽管并不是每个人都会接受这种叙事。"因为禁止在马拉喀什老城建造高楼很重要，"施密特写道，"所以一个保护世界各地濒临消亡的地方文化传统的国际公约诞生了。"（2005：180）

"广场还在那儿。"然而，一切都不像以前那样了。一些事情发生了。重要的是要明白保护是一种变革的工具。它改变了人们与其地方和实践形式的关系，而这种转变也影响了地方和实践形式本身。广场还在那儿，但现在食品摊贩必须使用带有传统外观和感觉的标准化的四轮车，这是马拉喀什市政局在2005年推出的怀旧设计（Schmitt 2005：188—189；Bessmann and Rota 2008：125）。此外，市政府的专门机构还命令广场周围的商店统一店面，使用统一的大型绿色遮阳伞（Choplin and Gatin 2010：26—28）。通过十年计划、地方委员会、每周故事会、比赛、基金和表演者清单，马拉喀什当局不遗余力地协调差异，将杰玛·埃尔夫纳管理成一个健全的文化空间，这个空间的特点是和谐以及色彩、声音、产品和服务的宜人分布。一个行政网格已经被叠加在广场上。看不见，摸不着，但效果却真真切切。城市当局和资产阶级社会终于在以前失败的地方取得了成功，为杰玛·埃尔夫纳带来了秩序。

说狐狸看守鸡舍，也许有点过头了，但方向并没错。在保护这个广场的同时，他们也改变了它。当然，杰玛·埃尔夫纳仍然充满忙碌，仍然充斥着售卖、购买、表演、观看、聆听、参与或路过的人（Tebbaa 2010）。但是，吞火者和乐师、食品摊位和传教士现在越来越多地各就其位。随着表演和服务的分区，混乱让位于秩序。

1994年，远在联合国教科文组织举行国际磋商会之前，在戈伊蒂索洛和其他艺术家及知识分子成立"广场之友"协会之前，民俗学学者黛博拉·卡普尚（Deborah Kapchan）就开始在这个广场上展开民族志工作。20年后，她回忆起杰玛·埃尔夫纳被宣布为人类非物质文化遗产所带来的变化："在为改造这个广场做准备期间，摩洛哥当局将所有的草药师迁到了广场的另一个单独区域。更有甚者，他们被告知要停止其口头表演。显然，清理和'保护'马拉喀什的杰玛·埃尔夫纳需要对广场上的角色进行编码，由于草药师不在联合国教科文组织的'故事讲述人、杂技演员或乐师'类别中，他们自己的口头艺术类型没有得到承认，最终被压制。"（2014：187）

不只如此。如上所述，为了保护杰玛·埃尔夫纳，麦地那地方长官减少了汽车交通，并在通往广场的街道上设立了步行街。这些措施听起来可能对广场上的表演艺人海勒奇亚有帮助，消除了噪声、气味和机动车交通的干扰。正相反，事实证明它们是毁灭性的，尤其是对故事讲述人来说。早在1985年马拉喀什的麦地那被列入《世界遗产名录》时，杰玛·埃尔夫纳广场上的公交车站就搬走了。广场上仍有出租车候车区，但作为地方长官措施的一部分，随着杰玛·埃尔夫纳广场几乎封闭了机动车交通，出租车候车区也都搬走了。这改变了广场的文化空间，但并不像保护计划所希望的那样。托马斯·比尔兹利在采访杰玛·埃尔夫纳的故事讲述人时发现，他们将他们行业的衰落归咎于公共汽车站和出租车站的清除：

> 这些故事讲述人甚至比音乐家、魔术师或杂技演员更依赖行人的流量，特别是那些摩洛哥的说阿拉伯语的观众，他们有一点空闲时间可以打发。这些交通枢纽的存在意味着，故事讲述人有非常固定的观众来源，他们来自等待公共汽车和出租车的人群。一旦它们被清除，这种来源就急剧减少：没有了下午离开制革厂的工人潮，没有了白天从城际公交站出发的人流和候车人群，也没有了早晚高峰乘坐出租车到城市其他地方的工人。2014年的广场在一天中的大部分时间里，都是炎热而空旷的（只有几个耍蛇人和海娜文身女技师），除了看起来对杰玛·埃尔夫纳为何如此有名感到纳闷的闲逛的外国人，几乎没有游人。（2014：96）

表面是霸权，下面是统治

2013年，海勒奇亚罢工了。一位美国游客在猫途鹰网上评论他当年3月参观摩洛哥时写道："这个广场很迷人。我第一次来的时候,有非常多的人和表演者。能和他们互动,真是太好了。不幸的是,在这次旅行中,表演者正在罢工,所以没看到他们。"(猫途鹰用户评论 2013)同一年,在芬兰航空公司的机上杂志中,一位记者写道:"今晚,这个联合国教科文组织的世界遗产地很安静。在市镇广场的中央,男人们背诵古代故事的地方现在被宽大的横幅所占据。标语是用柏柏尔语和阿拉伯语写的,一个用英语写的纸板标语概括了抗议者的担忧:'杰玛·埃尔夫纳艺人的权利在哪里?'"(Palonen 2013:19)艺人们有两个主要诉求:首先,成立一个委员会,调查日本-联合国教科文组织信托基金提供的资金的去向,这些资金本应部分用来帮助支持他们,并确保他们的艺术在广场上的未来;其次,他们重新获得对广场某种程度的控制。他们说,他们现在被限制在5%的地面上,而在市政当局的支持下,食品车和商人则占据了95%的地面。几天后,在很多游客失望之后,市政府承诺为表演者制订一个福利计划(见Beardslee 2016:95—99)。

  还有一个关于这个广场的故事值得在此讲述。它可能会有助于我们读懂官员、代表、外交官和专家们在联合国互相讲述的关于《非物质遗产公约》的马拉喀什起源的因原叙事:戈伊蒂索洛的灵感和联合国教科文组织拯救杰玛·埃尔夫纳的成功故事。这个故事将我们带到表面之下,真的就是在集市下面。这是伊尔哈姆·哈斯努尼(Ilham Hasnouni)的故事,她是2008年参加卡迪·阿雅德大学抗议集会的年轻学生积极分子。大约在2010年阿拉伯之春抗议活动开始在北非蔓延时,哈斯努尼被摩洛哥安全警察逮捕,成为摩洛哥最年轻的政治犯。蒙着眼睛,戴着手铐,她被转移到了马拉喀什麦地那,墙内的老城,"我被带到一个黑暗、潮湿的地下室,在那里过夜"(El Rhazoui 2011)。一开始她还不知道自己在哪里,但后来她慢慢明白了。透过地下牢房的天花板,她听见了头顶广场上庆祝活动的喧闹声、鼓声和舞蹈的节奏。

就在哈斯努尼被捕前不久，另一名学生布德库尔·扎赫拉（Boudkour Zahra）在杰玛·埃尔夫纳下面臭名昭著的警察监狱里被剥光衣服三天，当着同学的面羞辱，脸部和生殖器被铁棍殴打。广场上听不到她的尖叫声，那里充斥着长笛、圣歌、嬉闹和鼓的声音。扎赫拉也因政治抗议而被捕，在哈斯努尼加入她的行列之前，她是摩洛哥最年轻的政治犯。在杰玛·埃尔夫纳下面的地下室里，不同的审讯者轮流着不断殴打哈斯努尼。她告诉我们："我到那里几个小时后，门打开了，新的狱卒出现了。再次开始讯问。但这一次他们甚至懒得等到我拒不回答。他们打我，直到我昏过去。"当她恢复知觉时，首先听到的是沉闷的击打落在身上的声音。她补充道："回到牢房，我急需睡觉。我累得浑身发抖。但是，因为牢房潮湿和杰玛·埃尔夫纳鼓声不断，我根本无法入睡。"（El Rhazoui 2011）

那么，这是什么？把非物质遗产当作酷刑的工具？情境就是一切，不是吗？被墨索里尼法西斯政权囚禁的意大利政治理论家和活动家安东尼奥·葛兰西让我们区分霸权和统治。在他的监狱日记中，他把霸权描述为权力的一种软性形式，包括道德领导和同意统治，部分是通过现代的文化、教育和媒体机构来实现。相反，统治利用武力和武力威胁，部分通过警察和法院等机构。在现代社会中，两者相辅相成。在拒绝同意的地方，就会使用武力（1999）。杰玛·埃尔夫纳证明了现代权力的这两种形式：表面的霸权，下面的统治。

拯救杰玛·埃尔夫纳的故事是以一种在民俗学分类法中被称为"因原传说"的叙事类型来讲述的，"因原传说"就是一个发生在我们或多或少知道的世界中的故事，它声称讲述了真相，并描述了仍然可以看到的事物或风俗习惯的起源。通常情况下，因原叙事旨在告诉我们一些关于事物或风俗习惯的本质性的东西,其起源是理解它的关键。拯救杰玛·埃尔夫纳的故事通常就是这样来讲的。这是一个在联合国教科文组织的圈子里讲述的关于这个组织保护非物质遗产的成功故事,它展示了当地有远见的人和国际专家如何共同努力拯救一个丰富的文化空间和传统实践形式,使它免于被商业驱动的全球化和现代化湮没,这里全球化和现代化以购物中心和停车场的形式出现(想想琼妮·米切尔[Joni Mitchell]的《大黄出租车》,他们铲平了乐土/造了个停车场/还有情侣酒店精品店/甚至还有热舞厅)。本书第二章叙述的《山鹰之歌》的故事是另一种因原叙事,也是通过叙述它的起源来说明联合国教科文组织在非物质遗产领域所做的努力,为反对剥削地方文化的国际准则辩护。这些故事不仅让我们(故事讲述活动的参与者)了解联合国教科文组织保护非物质遗产计划的起源,而且还为我们提供了一个理由、一个解释和一个证明,它们传达了一个关于什么是文化遗产、它的好处是什么以及如何去保护它的观点。

  有人可能会问:这里的论点是什么?把一个起源于联合国教科文组织大厅的故事,回置到它的叙事背景中,一个平淡的结局紧随最初的解决方案而至,"广场还在那儿"。我们消解了这一权威性描述的结尾,否定了它的最后论断。我们揭示了叙事空间。这是一种强有力的批评形式。正如皮埃尔·布尔迪厄(Pierre Bourdieu)在一篇关于官僚场域的起源和结构的文章中所认为的:"没有比起源的重构更有力的撕裂工具了,通过重思最初的冲突与对抗和所有被抛弃的可能性,它找回了事情本来(而且仍然可能)并非如此的可能性。"(1994:4)

  可以说,我们已经强烈建议哈尔恰用故事来反驳故事。除了在联合国的会议室、走廊和出版物中流传最广的故事之外,还有其他故事。这些故事相互之间有关联。毕竟学术批评的核心任务是：增加情境，讲述其他故事，用复杂反对简化，用差异、可能性和替代性来充盈同质性和秩序。本章其余部分将杰玛·埃尔夫纳的教训置于更广泛的理论和比较情境中，将非物质遗产作为变革的工具进行研究，并思考那些被认定为非物质遗产的实践形式和被认定为社群（遗产的对象和主体）的社会集体之间的关系。

衰退、消亡和毁灭

早在1997年的马拉喀什会议之前，早在1992年日本加入《世界遗产公约》之前，甚至早在1973年玻利维亚写信之前，就有人试图在国际层面上保护民俗，这与联合国讲述起源故事的叙事传统背道而驰。最初相互配合为民俗提供国际法律保护的尝试，是在1967年斯德哥尔摩和1971年巴黎修订《伯尔尼保护文学和艺术作品公约》的外交会议上。此外，早在1971年——在收到玻利维亚的信前两年，联合国教科文组织的行政人员就编写了一份题为"建立保护民俗的国际机制的可能性"的研究报告（UNESCO 1971）。这个报告没有提出具体的政策建议，但强调民俗的状况正在"急剧恶化"，并坚持认为进一步努力保护民俗是"最紧迫的"（Sherkin 2001：44）。

这种紧迫感推动了半个世纪的国际谈判，但它有更久远的历史，可以追溯到欧洲启蒙运动和地理大发现这两个时代。自从医生和牧师开始在欧洲乡村记录"粗俗的错误"并试图消灭它们，自从传教士和殖民官员记录他们用文明加以教化的殖民地民众濒临灭绝的风俗，大众传统的急剧衰退就已经成为这个概念的重要组成部分。无论是好是坏，民俗及其同义词从来没有完全摆脱衰落和瓦解的隐含意义，而这种危急时刻的警报总是在研究和政策争论中起到推波助澜的作用（Anttonen 2005；Bauman and Briggs 2003；Kirshenblatt-Gimblett 1996；Dundes 1969）。

除了联合国教科文组织的文件很少提及的1967年和1971年提出的倡议，更广为人知的1973年玻利维亚政府提出的要求（见第二章），似乎是将民俗列入国际议程的主要催化剂。经过几十年的商讨之后，参阅1973年的信件，我惊奇地发现，尽管有数百次专家会议、研讨会、圆桌会议、磋商会和团队实地调查，工作仍非常紧密地按照信中的构想展开，问题也几乎没有什么改变。"商业主导的文化互化过程"仍然被认为是一个需要国际社会立即关注的重大威胁，尽管如今是在全球化的背景下谈论这个问题。因此，《非物质遗产公约》得以成立的部分理由是其前言提到的："在为社群之间开展新的对话创造条件的同时，全球化和社会变革的进程也与不容异己的现象一样，导致非物质文化遗产面临衰退、消亡和毁灭的严重威胁，在缺乏保护资源的情况下，这种威胁尤为严重。"（Convention for the Safeguarding of the Intangible Cultural Heritage 2003）尽管在其限定条件中存在明显的妥协，这段话描绘了一幅衰退、消亡和毁灭的不祥图景。过去的几十年里，这些威胁在联合国教科文组织的所有工作中十分突出，正是通过这些工作，非物质文化遗产的概念得以形成。一般来说，联合国教科文组织内部任何关于非物质遗产的文件、争论或介绍，都会一次或多次提到全球化及其破坏性影响。

这种危机感给联合国教科文组织话语中的非物质遗产观念蒙上了阴影。事实上，全球化的威胁始终与非物质遗产联系在一起，以至于它似乎是这个概念固有的。在这一点上，这个与紧迫的含义相伴的概念总是与民俗和大众传统联系在一起，但增加了明显的全球色彩。事实上，非物质遗产似乎永远处于毁灭的边缘。

迫在眉睫的威胁为干预提供了理由。正如联合国教科文组织成员的文化官员们在2002年伊斯坦布尔举行的一次高层会议结束时所宣称的,"非物质遗产的极度脆弱性……要求各成员政府采取果断行动"(Istanbul Declaration–Final Communiqué 2002)。

文化和治理术

2003年6月,作为冰岛驻联合国教科文组织代表团成员,我观察了起草《非物质遗产公约》政府间专家会议的第三次会议。在下文中,我使用了这次会议上的争论,以及访谈与档案资料。我将它们与遗产和治理术的理论并置,认为通过社群来协调分歧和进行治理是这个公约的核心目标。

当然,重要的是记住,尽管被选中的传统实践形式和表达形式得到加封,人们继续以"与得到加封的文化宝库关系不大",有时甚至是以"颠覆它们"的方式,重新加工其余的表现形式,并创造新的文化表征。正如民俗学学者巴布罗·克莱因所指出的,"民俗通过日常生活中源源不断的创造性重塑而存在,同时它也被用于很多政治及相关的目的"(2006:69)。然而,扩大的遗产范围,延伸到非物质和大众的领域,将这种边缘性的实践形式(即相对于主流文化的边缘)重新定义为文化政策和管理的对象。虽然这种扩大的范围可能更民主,但这种"边缘化的美学"(Kirshenblatt-Gimblett,1988:149)也重新规划了治理的领地,将治理进一步延伸到民众的习性和生境(Collins 2011)。

20世纪70年代和80年代联合国教科文组织在这一领域的工作的历史,在其他地方也有记载(例如Blake 2001;Bortolotto 2008;Sherkin 2001)。在20世纪90年代,这些努力从欧洲谱系的档案范式中转移出来。建档和研究工作提上议程，代际传承成为新的优先事项——试图确保传统的连续性。日本和韩国的"活态国家珍宝"与"非物质遗产"的法律保护计划（日本1950年以来和韩国1962年以来有关的书中）为联合国教科文组织在这一领域的活动提供了新的蓝图（见第三章）。从这一范式的转变开始，1993年出现了所谓"活态人类珍宝"计划，1997年通过了《宣布杰作》（Nas 2002），最终于2003年通过了《非物质遗产公约》（Bortolotto 2008）。

20世纪90年代的范式转变意义重大。联合国教科文组织的目标不再是保护表演的文本或音像记录，而是保护表演的有利条件——社会肌体和生境，并激励代代相传。确保人们明天还能继续唱他们的歌，与把他们今天唱的歌归档，这是非常不同的任务。

政府巧妙地介入本土实践形式——以前只是行政人员偶然感兴趣的实践形式，导致对公共生活的更大监管。实际上，干预非物质遗产所做的，是创造对民众采取行动的机制——与其说是自上而下地直接形塑他们的行为，不如说是影响民众，使其主动改变自己的行为。在这一点上，遗产与以往在自由主义的治理中对艺术和美学的使用相似。从历史上看，它们是让个人成为其改造和自我管理过程中的积极行为者的机制（Bennett 2000：1415）。同样，非物质遗产为政府提供了一种既干预社会生活管理，又与其保持一定距离的手段。

我在这里的论点得益于20世纪90年代以来出版的大量著作，这些著作围绕"治理术"的概念构成了一个研究领域。借鉴米歇尔·福柯（Michel Foucault）1978年的《论治理术》（On Governmentality）一文，本书关注用福柯所说的"行为引导"来进行治理的理由和技艺。这种"远距离治理"（Rose 1999：49）是18世纪和19世纪出现的自由主义政治形态的特征。与其他支配形式相比，自由主义并不谋求瓦解其统治对象的行动能力,而是承认这种能力并对它采取行动(同上:3—4)。行为引导发生在成千上万的分散的点,需要大量的技术和程序来将政治中心的议程与那些分散地点联系起来,在这些分散地点,权力的运转与民众及其风俗、信仰、健康、卫生、安全和繁荣相联系(同上:18)。

福柯把这种程序和技术的增加称为国家的治理化(governmentalization)。它鼓励同时增加独立当局和专家(人口学、社会学、民俗学、人类学、心理学学者和医生、经理、社会工作者等)以及与民众有关的知识领域和专门技能。它还取决于使政治目标和专家策略保持一致的方法,以及在当局的筹划和自由公民的愿望之间建立沟通渠道(Rose 1999:49)。

20世纪90年代,治理化的观点被引入民俗学、人类学和文化研究中,并在文化政策的批评性分析中取得了特别丰硕的成果。事实上,很多行为引导的技术,都属于通常所说的"文化"。托尼·班尼特(Tony Bennett)认为,得益于治理理论,我们有能力超越美学的和人类学的这两种文化概念,将文化理解为一套服务于特定社会目标的独特机制。从这个角度看,作为一个概念和范畴,文化是伴随着政府支配形式而产生的一种历史形态。它建构了一个以前被认为不相关的实践形式之间的关系复合体,由此形成了一个新的有效的实在(Bennett 2003:58)。恰如"社会"和"经济"已经逐渐被视为从以民众为对象的政府支配形式中产生的历史形态,班尼特展示了"文化如何也可以被看作是由一系列特殊形式的专业知识组成的,这些专业知识产生于独特的真理体制,这种体制通过管理'行为引导'的各种方案,表现为一系列实践和技术形式"(同上:56)。

人们习惯于根据文化概念的民主宣传,来解释"人类学"意义上作为一种整体生活方式的文化的盛行，而不是之前被表述为"世界上已被思考和认识的最好的东西"的文化（Arnold 1998：8）。然而，班尼特认为，当文化被从其历史上理解为作用于社会的机制时，"这种发展呈现出不同的面貌，即作为生活方式与治理范围相融合和由此产生文化与社会之间的结合点的结果"（2003：59）。民俗也可以以同样的方式理解为作用于特定人群（农民、俗民、"人民"、庶民）的习性和生境的一套子集或类似机制，或者反过来说，"任何一个至少有一个共同因素的人群"，可以围绕着这个共同因素组织起一种认同感（Dundes 1965：2；另见Dundes 1977）。

遗产和社群

按照芭芭拉·克申布莱特-吉姆布雷特的说法，将"遗址、建筑、物品、技术或生活方式"作为遗产加以再利用，就是赋予这些东西新的生命，并非作为它们曾经所是，而是作为自己的表现形式（1998：151）。因此，给一种实践形式或一个遗址贴上遗产的标签，与其说是一种描述，不如说是一种干预。我们必须认识到文化遗产是一个治理领域，正如蒂姆·温特所强调的那样，"它出现在现代时期，涉及对空间、民众、文化和自然、物质世界以及时间的治理"（2015：998）。事实上，遗产重新安排了人与物、人与人之间的关系，参照其他被认定为遗产的遗址和实践形式，将它们客观化和再情境化。遗产将以前互不相关的建筑、仪式、绘画和歌曲集合在一起，并将它们作为需要保护的东西来对待，也就是说，按照专家执行和评估的程序、计划和策略来采取行动，将当局的筹划与公民的愿望和雄心联系在一起。

在接受《世界遗产通讯》采访时，国际文化财产保护与修复研究中心的约瑟夫·金（Joseph King）指出，"遗产保护可以成为非洲大陆发展的一个非常重要的方面"。即使在"那些面临更严重问题的地方，"他接着说，"文化遗产的保护也可以在改善这种状况方面发挥作用（即使很小）。"（World Heritage Newsletter 2001）金和国际文化财产保护与修复研究中心建筑保护项目负责人尤卡·约基莱托在他们就非洲语境下本真性与保护合撰的《对当前理解状态的反思》一文中，更详细地解释了这一点。他们在文中澄清说，不可能"总是强调把传统的生境作为'冷藏的实体'延续下去"，因为"如果民众对此不理解，强调保护传统的生活方式有时可能会被认为是一种傲慢"。他们接着说，因而问题是"如何控制和指引生活方式的这种改变"。对此，他们竭力主张"应该给现在的社群以一切机会来理解和尊重从前几代人那里继承下来的东西"。他们解释说，"这是一个学习的过程，可能需要激励和榜样，尤其需要建立在民众和当局密切合作的基础上"。他们得出结论，这样做的目标是"确定如何产生一种渴望这种遗产并因此关心其保护的文化进程"（Jokilehto and King 2001：38）。

这些趋势是一个很好的例子，说明作为一种机制的遗产制造和保护如何在社会领域发挥作用，"控制和指引生活模式的改变"，并"产生一种文化过程"。它们还强调，遗产既是一个教学工程，也是一个变革的过程。它改变了民众与其实践形式之间的关系，并因此改变了他们彼此之间的关系（以这些实践形式为媒介）。通过呼吁他们的公民义务和道德责任，保持过去和现在之间的一种特殊的一致，在这种一致中投入强烈的情感和认同来实现这一点。正如威廉姆·马扎瑞拉（William Mazzarella）所言，"任何不只是靠武力强加的社会工程，都必须是情感的，才能达到预期效果"（2012：299）。在这个意义上，遗产是一种作用于社会、引起行为改变的技术。

2008年，联合国教科文组织总干事松浦晃一郎在介绍第一批《宣布杰作》时宣称，他相信"随着时间的推移，这份旨在提高我们活态遗产的知名度的名录，将有助于提高对其重要性的认识，并使作为守护者的社群产生自豪感和归属感"（UN News Centre 2008）。比较一下本章开头胡安·戈伊蒂索洛的话："我们正在尝试（联合国教科文组织的决定将帮助我们）改变许多马拉喀什自己的居民看待广场的方式，使他们有理由感到自豪。"因此，列入名录所带来的国际承认的威望，旨在引起作为其自身遗产继承者和守护者的社群的自我承认。应该使民众产生拥有遗产和关心遗产的愿望，管理他们自己的或当地其他民众的实践形式。

过去与现在的结合是产生"渴望这种遗产"的文化进程的核心。再次引用克申布莱特－吉姆布雷特的话，"拥有遗产——相对于遗产保护的生活方式，是现代化的机制和现代性的标志"（2006：183）。通过将特定地方和实践形式圈定为与一个文化的传统或一个历史的过去保持连续性的场所，其他一切实际上就都与该传统或历史割裂开来。继承标志着遗产客观化的社会关系的消亡，它预示着过去和现在的彻底决裂。因此，拥有遗产就是现代的，这是一种与过去联系的现代方式。这个过去在遗产地中被赋予物质形式，并在非物质遗产中表现出来，不可避免地成为指定、管理和代表它的现在的产物（见 Bendix 2009；Klein 2006；Rastrick 2007；Smith 2006；Thompson 2006；Tornatore 2011）。

从历史上看，遗产在现代民族－国家的创建中发挥了重要作用。作为共同拥有的遗产，古迹、景观和民俗被赋予民族象征，将政治想象力集中在民族共同体的特定表现形式上（见 Anttonen 2005；Anderson 1991；Abrahams 1993；Bendix and Hafstein 2009；Hansen and Martins Holmberg 2016；Klein 2006；Löfgren 1989；

Mathisen 2009；Ó Giolláin 2000；Palumbo 2003, 2011；Smith 2006；Thompson 2006）。文化和自然珍宝的指定传达了一种共同责任感，即把它们传递给植根于特定领土上的集体的未来。这种共同责任催生了一系列国家机构，包括公园、档案馆和各种各样的博物馆。这些新的机构需要有自己的专职人员和自己的专业知识形式；它们是根据一个跨国传播的模板建立起来的，承担的任务是改造公民，为他们提供指导，并培养他们对民族共同体的责任和忠诚意识（Bennett 1995；2001a）。

遗产仍然是代表国家、围绕着共同身份认同和归属感来凝聚公民的重要机制。出于这种目的而对民俗加以利用，已在广泛的语境中得到记载（见Abrahams 1993；Anttonen 2005, 2012；Baycroft and Hopkin 2012；Christiansen 2005, 2007；Dundes 1985；Gunnell 2010, 2012；Herzfeld 1982；Hobsbawm and Ranger 1983；Hopkin 2012；Leersen 2007, 2012；Ó Giolláin 2000等）。然而，因为离散和跨界社群的激增，以及区域认同和本土民众的复兴，现在比以往任何时候都更难想象国家的单一文化。现代国家的主体付出了代价：它掩盖了差异性，要求通过有选择的遗忘、以牺牲其他忠诚为代价，来忠于统一的民族文化和历史。

在移民剧增、差异明显的情况下，文化遗产一下子无处不在，这绝非偶然（见Rodenberg and Wagenaar 2016；Rana, Willemsen and Dibbits 2017；Harrison 2010；Klein 1997；Coombe and Weiss 2015；Logan 2012；Ashworth, Graham, and Tunbridge 2007；Littler and Naidoo 2005，尤其是Hall 2005 and Khan 2005）。文化遗产创造了一个可以讨论社会变迁的漫谈空间，并为讨论它们提供了一种特殊的语言（见Klein 2006；Rastrick 2007）。它使人们能够表现自己对其历史和认同的理解。但同时，遗产的术语也是一种权力机制，它通

过界定什么样的东西是有意义的，来限制表达。

也许具有讽刺意味的是，在我们这个时代的重要政治变革中，民俗（现在打着非物质遗产的幌子）再次被工具化，就像19世纪和20世纪民族主义兴起时那样。在这种情况下，许多政府开始承认甚至提倡将"社群"作为文化和行政单位。虽然这样的社群意味着民族–国家工程的滑坡效应，但一种新的治理理性形式正在出现，它侧重于"组织自我调节和自我管理的社群，这些社群在某些方面与国家定义的社会的更大整体相脱节，或者在离散社群的情况下，跨越它们"（Bennett 2000：1421）。

社会学学者尼古拉斯·罗斯（Nikolas Rose）认为，通过社群进行治理是自由政府的一个重要转变（1999）。它意味着重点从社会中的个人转向社群，将社群作为个人效忠的中介实体，并通过社群进行自我改造和自我管理。这种转变在一定程度上回应了从平民运动和人权运动中出现的新形式的认同政治，以及离散的移民和新发现的本土群体的声音。然而，这也与经济、文化全球化进程以及新自由主义政策的推广密切相关，这种政策的推广是通过诸如国际货币基金组织、世界银行和世界贸易组织等机构执行的贸易协定和援助计划而实现的。

这种进程和政策使谈论新兴的全球治理或国际关系的治理成为可能，在这种治理中，国家的作用越来越小，而跨国的组织、公司、联盟和移民组织则不断承担更大的责任。把责任委托给公民是新自由主义政治工程的一个方面，将个人融入他们自己的治理，赋予他们在社群中独自或相互对行为进行引导的责任（Árnason and Hafsteinsson 2018）。这个转变还以各种形式体现了"第三条道路"政治的特点，从英国到中国台湾，第三条道路的政治家们将社群确定为国家与个人之间的"第三空间"，将这个空间视为一个解决方案，以解决国家过度干涉公民生活以及过度个人主义带来的失范和不安全感的问题。

在从地方到国际的各个层面的治理中，我们看到这种对社群的新的强调，社群被视为使集体存在具有意义并使它变得可筹划、可管理的一种创新方式。在过去的25年到50年里（始于不同的时间和地点），特别是最近的10年里，"一系列小装置和小技术已经被发明出来，使社群成为现实"（Rose 1999：189）。在相当短的时期内，一种新类型的专门知识迅速涌现，通过这些专门知识，"社群"（最初作为一种抵抗的语言）已转变为"专家话语和专门职业"（同上：175）。正如罗斯指出的："社群现在是由社群发展方案来规划的，由社群发展官员来发展的，由社群警察来管理的，由社群安全方案来保护的，由从事'社群研究'的社会学学者使其变得为人所知的。"（同上）

我们可以在这个名单上加上很多社群遗产的机构和项目：社群博物馆、社群档案馆、社群遗产节、社群遗产登记表、社群遗产中心、社群遗产委员会和社群遗产拨款。同时还有大量的专家和专职人员，如社群策展人、社群遗产专员、社群历史学和社群民俗学学者、社群展览设计师和社群遗产发展官员。这种趋势不仅限于公共部门，过去几十年来，这一领域的公私合作种类繁多，随之而来的是跨学科咨询公司的大量涌现，比如宾夕法尼亚州的社群遗产合作伙伴，他们帮助"业主、地方政府和社群组织制定切实可行的解决方案，以保护和更新其建筑遗产，加强其社群特色，提高其生活质量"。他们不满足于仅仅提供保护方面的技术支持，还"制定社群参与和私人倡议的策略，以提高认识和改变态度"（Community Heritage Partners, n.d.）。

社群的任何主张都是指已经存在的、我们应该效忠的东西。然而，对社群的忠诚是我们需要意识到的东西，需要"教育者、运动者、活动家、（以及）符号、叙事和认同的操纵者的工作"（Rose 1999：177）。正如托尼·班尼特所言，因为在治理概念中的核心作用，"社群不断地从其即将消失的状态中被拯救，或者，因为对社群的认知需要往往先于社群的存在，社群不断地被组织起来"（2000：1422—1423）。

在很大程度上，就像一个共同遗产被用来建立民族共同体一样，共同遗产也是地方的、原住民的和离散的社群的核心。遗产和文化政策的社群化有助于形成和改造民众群体，并协调国家内部的差异。这是一种应对差异的策略。从这个角度看，非物质文化遗产作为一种机制出现在社群成员产生强烈的（但不是排他的）归属感的过程中。民众群体将自己主体化为"社群"，并将自己的实践形式与表达形式对象化为"非物质遗产"。如此一来，政府就可以通过社群并利用非物质遗产政策等手段在社会领域采取行动。

这与环境保护的发展相类似。在环境保护中，社群受到普遍关注，大量的方案将落实环境政策的责任交给社群。政治学者阿伦·阿格拉瓦尔（Arun Agrawal）创造了"环保术"一词来描述这种治理理性，在这种理性中，社群被询唤（interpellated）为"环境主体"（2005）。人们学会将他们的生境视为"环境"，认识到保护环境的必要性，并通过专业知识的注入和与国家、非政府和政府间组织的合作，负责管理他们自己和他们的环境实践（例如，Agrawal and Gibson 2001；Li 2001；McDermott 2001）。遗产保护的当代方法也可以用类似的词语来描述，我们可以说是一种世袭的治理术，或者"世袭术"，它将个人和民众询唤为"世袭的主体"，教导他们从遗产的角度来想象他们的一些实践形式和物质文化，认识到保护它们的必要性，并且通过与国家、非政府和政府间组织及专家的合作，将它们引入一种世袭体制中。

谁的遗产？

与名录的热点问题（见第三章）很像，在起草《非物质遗产公约》的专家会议上，对社群、社群在国际公约中的适当地位以及社群与国家和政府间组织的关系等问题，进行了激烈的争论。当然，各成员在是否以及在多大程度上通过社群来进行管理的问题上存在分歧，官方文化和少数群体文化之间的关系在不同的国家、地区也有不同的结构。事实上，在2003年6月于巴黎芳德诺广场联合国教科文组织总部举行的第三次会议上，除了创建名录外，社群也是最富有争议的问题。匈牙利代表比任何人都更主张公约中社群的权利，主张需要和社群与非政府组织进行最大限度的磋商。他利用一切机会这样做，而在本次会议上起草并通过的几个条款特别是关于国家一级保护的各项规定（最终文本的第11—15条）时，机会也就来了。而且，他的立场一点也不孤立，瓦努阿图、巴布亚新几内亚、津巴布韦、秘鲁和芬兰的代表也表达了类似的观点。

这个问题在以前的会议上争论过，在6月会议的第一天又很快提了出来。分发给各代表团的公约草案初稿（第4条）指出，"各缔约国承认有义务保护它的非物质文化遗产"。会议伊始，匈牙利代表就举起牌子，说道："'它的'非物质文化遗产和'存在于它的领土上的'非物质文化遗产是有区别的。不是国家的非物质文化遗产。它不是由国家创造的，而是由社群和群体创造的。这是原则问题！"

这里的重点是关于想象社群和定位文化的不同方式，匈牙利的原则认为，这些方式与国家并非同构关系，尽管国家对其境内的社群负有责任。对此，南非代表警告说，"'存在于它的领土上的'一语会引起许多问题"，并请求委员会保留"它的"一词。

巴布亚新几内亚代表紧随其后，反对国家的遗产这种观念假定的同质性："我们不是谈论'我们国家的遗产'，而是谈论我们领土内的不同文化。我们反对国家的文化遗产这种观念。因此，我们支持使用'存在于它的领土上的'一语。"

其他几个代表团表示倾向于这两种说法中的一种，然后被智利代表打断，他提出了同时使用两种说法的荒谬建议，"保护它的存在于它的领土上的非物质文化遗产"。也许最好把这一建议理解为故意误读的例子——这并非一个罕见的外交手段，因为它清楚地保留了国家自身的遗产的观念，并使"存在于它的领土上的"这一限定词多少有些多余（或者说将它从包含的意义改为限制的意义）。

关于物主代词的这一争论，是联合国各组织跨国建立共识过程中经常出现的典型现象。我在日内瓦的世界知识产权组织中观察到了同样的曲折过程。此外，人类学学者萨莉·恩格尔·梅里描述了纽约联合国妇女地位委员会中类似的争论，正如她指出的，"虽然关于措辞的争论看起来微不足道，但它们以微妙的方式揭示了政治分歧"（2006：40）。谈判术语——争论代词的使用，是联合国规避不可调和的分歧、以迂回的方式达成共识的方法。很容易同意梅里的观点，即令人印象深刻地看到"尽管来自世界各国的人存在分歧，但仍试图拼凑出每个人都能接受的一些词语"（同上：47）。

可想而知，对强调与社群协商提出最强烈批评的，是那些引人注目的族裔和少数文化群体对国家垄断社群道德资源构成严重挑战的国家，如俄罗斯、土耳其、印度和西班牙。虽然它们没有说出具体的关切，但这些国家明显不愿意在一个公约中做出国际承诺，因为可以想象，这可能会被诸如高加索地区的车臣人和印古什人、库尔德斯坦的库尔德人、印度东北部的阿萨姆人和哈西人，或加泰罗尼亚的加泰罗尼亚人和欧斯卡迪的巴斯克人等，用作分裂主义、煽动叛乱或少数文化群体权利斗争的工具。

在回答联合国教科文组织2000年的一份调查问卷（关于1989年《保护民俗和传统文化的建议》的适用情况）时，西班牙的联合国教科文组织委员会强调，西班牙的立法"不允许在'传统社群'和'文化少数群体'两词之间有任何概念上的混淆"，根据西班牙法律，少数文化群体不受特别保护，但它对培育和促进传统社群的实践形式做了规定（Blake 2001：43）。这种法律敏感性是分类学在政治上应用的一个发人深省的例子，它不支持保护国家领土内所有社群的文化遗产以及让社群积极参与决策和保护的国际义务。

相反，在某些情况下，同样明显的情况是强调与社群的协商及其在公约中的作用。例如，最直言不讳地捍卫社群权利的匈牙利，也有自己的小算盘。匈牙利在两次世界大战中战败，随之而来的欧洲地图的变化，使匈牙利族裔分散在九个邻国：罗马尼亚、斯洛伐克、塞尔维亚、乌克兰、俄罗斯、奥地利、克罗地亚、捷克共和国和斯洛文尼亚（按重要性排序）。毫无疑问，这些匈牙利的少数文化群体的地位是匈牙利当局非常关注的。因此，150万匈牙利后裔占特兰西瓦尼亚人口的三分之一，特兰西瓦尼亚是奥匈帝国的一个省份，在第一次世界大战结束时归罗马尼亚所有。在20世纪的大部分时间里，罗马尼亚当局将他们视为难以驾驭的少数族裔，并试图通过所谓的罗马尼亚化政策来同化他们（包括强迫搬迁、重新分配工作与合并学校等）。关于这一少数族裔的争议，是匈牙利和罗马尼亚政府之间长期敌对的根源。

本着妥协的精神，6月的会议向与会者分发的公约草案初稿第5条规定，"各缔约国应努力尽可能以在整体国家生活的情境中丰富文化多样性的方式"，在国家层面上采取若干保护措施（UNESCO 2003a：Appendix 2, 7）。这段冗长难解的话不仅两次消除了"应"（用"努力"和"尽可能"）的义务，还规定了履行这一义务的方式应符合国家多样性统一的观点。这一规定最终被删除，但并非没有经过激烈的争论。正如会议主席穆罕默德·贝贾维大使（2005年出任阿尔及利亚外交部部长）在会议第一天所解释的那样："今天没有出席会议的印度大使在前几次会议上一再坚持并争取使用'以在整体的国家生活的情境中丰富文化多样性的方式'一语，当然，印度是一个文化非常多元的国家，有很多东西需要平衡。"

当然，很多保护、传承、振兴和促进传统实践形式与表达形式的方式，并没有将它们置于"整体的国家生活的情境中"。仅举印度东北部各邦的一个例子——这里是一个族裔社群纷争的大熔炉，有许多反对新德里政府统治的叛乱运动，民俗学学者戴斯蒙德·卡玛弗朗（Desmond Kharmawphlang）在《印度民俗生活》（*Indian Folklife*，印度国家民俗支持中心的通讯）中讲述了叛乱分子如何从他家中劫持了一位亲密的同事，并将他带到一个由卡西族叛乱团体控制的秘密训练营。"他们让他在那里待了两个星期，"卡玛弗朗讲道，"谈卡西族的民俗，以便在骨干中激发某种团结。"（Kharmawphlang et al. 2004：19）

反过来说，民俗培训在很多情况下也有助于提高对国家统一的忠诚并激励其军队。举例来说，1999年颁布的《立陶宛国家保护民族文化原则法》（2006年修订）规定"国防部与教育和科学部应将民族文化纳入军事人员培训和爱国主义教育的方案"（WIPO Lex

2010: art. 9, para.8）[1]。国家保护民族（或传统、民间）文化，包括其军事方面和爱国主义教育的内容，在一个拥有大量波兰、俄罗斯和白俄罗斯少数群体的小国，不容小视，在这个国家，立陶宛族裔仅占包括首都维尔纽斯在内的维尔纽斯自治区人口的32.5%左右——但占维尔纽斯市人口的63%，占全国人口的83%（Statistics Lithuania 2013）。事实上，该法的前言认为，它的必要性是基于"这个事实，即民族文化是民族存在、生存和壮大的本质，而立陶宛各种形式的民族文化，特别是其活态传统显然有消亡的危险"（同上：前言）。

回到芳德诺广场的会议室，贝贾维竭力主张会议保留"以在整体的国家生活的情境中丰富文化多样性的方式"这句话，而不是"利用印度缺席的机会，一举删除它"。不过，韩国和法国建议删除这句话，使文本更简短、更清晰，因为正如法国代表所说，"这是一份法律文件，几代年轻律师都将对其进行解释"。他紧接着补充说，"没有人会怀疑法国不支持文化多样性"，但"整个公约都是关于文化多样性的，为什么要在一个条款中而不是在另一个条款中说呢？"。智利代表表示同意，并建议在公约的前言中插入关于文化多样性的说明。然而，洪都拉斯代表说，他支持目前的条款，特别是相关措辞。此外，土耳其代表坚持认为，"应该保留我们正在讨论的这句话"，因为"它会在社群内部提高对其他社群和群体的非物质文化遗产的宽容"（而且"我们也应该对印度表示一些尊重，即使他们没来"）。

有人对"整体的国家生活"与国家在该条款中所承担的义务之

1　该法将这种文化定义为："整个民族创造的、代代相传并不断更新的文化财产的总和，它使保护民族认同和意识以及民族地区的独特性成为可能。"（WIPO Lex 2010：第2条第4款）

间的相关性提出疑问，一些代表显然对这一说法感到非常不适。对此，多米尼加共和国代表坦率地建议委员会不要再用含糊的措辞回避问题，而应公开使用"民族–国家"一词，因为这显然就是"作为一个整体的国家生活"的意思。"哦不，"贝贾维主席连忙反驳道，"'民族国家'是一个爆炸性的词！""如果我们说'民族–国家'，"他接着说道，"政治学学者会干掉我们的！"

在公约的最终文本中，缔约成员承担的（有条件的）义务是，在国家层面保护活动的框架下，"努力确保创造、延续和传承这种遗产的社群、群体，有时是个人最大限度的参与""并吸收他们积极地参与相关管理"（第十五条）。

主权、领土、社群

乍一看，这场争论似乎与非物质遗产的主题相去甚远。然而，尽管表面如此，实际上却直接道出了由遗产及其保护所构成的各种干预——它在社会行动中发挥重要作用的方式。无论是社群参与这种干预的程度和方式，还是强加给表达形式的条件，都与文化社群的传统实践形式作为非物质文化遗产被选择、促进和保护的方式没有直接关系。这些都是影响遗产如何被用来想象社群、构建忠诚、引导或压制不同意见、协调分歧，以便在政治统一中组织同质性或文化多样性的关键因素。因此，联合国教科文组织起草委员会的争论和谈判，为了解遗产的国际政治及其如何与国家政治、全球治理和人权相联系，提供了重要的见解。

在全球治理中，一个反复出现的问题是国家主权与国际组织的授权之间的紧张关系。主权不断得到维护和"拯救"，使它不受超国家权力的支配，即便是政府间组织，它们的合法性也取决于组成政府的主权权力。几乎在每一项国际文书的创立过程中，这种关系都需要重新谈判。

《非物质遗产公约》也不例外。在关于社群参与和执行公约中市民社会代表机制（例如，通过非政府组织磋商）的争论中，哥伦比亚代表提醒起草委员会，"这是国家之间的一项公约，并由国家负责"。赞比亚代表警告说，"委员会可能侵犯了国家主权"。尽管他们的反对意见没有得到批准，但委员会中仍充斥着对潜在的侵犯主权行为的担忧。

在2003年6月的会议中，德国外交官以积极捍卫国家主权、抵御超国家入侵的姿态出现。他们得到了来自土耳其、奥地利、日本、格林纳达和捷克共和国的同事的大力支持。我承认，我很难理解一些外交同盟，这是其中之一。然而，重要的是牢记，大量的讨价还价是会议室外进行的。讨论和谈判发生在茶歇和午餐休息期间，在亚麻布和瓷器装点的巴黎餐桌上。喝咖啡、饮料或吃牛排薯条时，在事关公约成败的重大问题上，联盟时而形成时而破裂，但在许多情况下，这种联盟还涉及与非物质遗产完全无关的事务。正如林恩·梅斯克尔和她的合著者在对联合国教科文组织的多边主义进行分析时指出的那样，"由非正式的横向点对点互动（包括选票交易）组成的跨政府网络已成为常态"，"不管是个体还是公司或非政府组织的私利带来的压力，也越来越普遍，特别是在世界遗产方面"（2015：430；另见Meskell 2014）[1]。

在6月会议上，漫长的主权争论围绕着将特定的非物质遗产项目列入通过公约建立的遗产名录的权力而展开（参见第三章）。公

---

1 另见林恩·梅斯克尔对世界遗产委员会的政治和约、投票集团和题名政治的深刻分析（2014）。关于世界遗产委员会幕后的游说和交易，见布鲁曼的一个特别微妙的描述（2013：41）。

约的执行委员会能自行做到这一点，还是主动权在所有情况下都来自相关缔约国？意大利人公开表示支持前一种立场："我们赞成允许委员会自己主动将非物质文化遗产列入名录这种解决方案。因此，我们赞成删除'应有关缔约国的要求'这句话，意大利认为非物质文化遗产是人类的遗产。"匈牙利代表表示赞同，并同样强调，"我们在这里关心的是普遍的人类的遗产"。

在回应被认为是以整个人类的名义威胁国家主权这种观点时，德国强调，至关重要的是，未经有关缔约国的同意，不要赋予委员会行动的权力："我们是想邀请缔约国批准一个可能导致因其领土上的非物质文化遗产而被施加政治压力这种后果的公约吗？……这是很危险的。"德国并不是唯一一个嗅到危险的国家。中国代表接着发言，并强调中国同意德国的观点，"对中国来说，保留'应有关缔约国的要求'一语非常重要"。印度代表也坚持保留这个条件，并警告说，删除它"将是非常危险的"（想想劫持民俗学学者以激励骨干的卡西叛乱分子）。

德国及其盟友在捍卫国家主权方面赢得了胜利。公约的最终文本认为遗产名录的编制取决于有关缔约国的提议。尽管德国代表援引的领土主权原则是大多数国际文书谈判中的主导主题，但它对于遗产的考虑尤其显著，并阐明了这个公约的新内容。

1972年的《世界遗产公约》从空间的角度将遗产界定为古迹、建筑群和遗址以及自然保护区和公园。与最近的"环保术"的保护模式相反，这个公约的"自然遗产"概念备受批评，因为它太过空间化，缺乏对人类群体的关注，这些群体生活在被认定为公园和保护区的区域中，或生活在他们赖以维持生计的区域中，远离没有驱逐他们的行政部门（见第三章）。因此，根据定义，世界遗产被表述为领土，可以"划定、测量、绘制"的领土（Pressouyre 1997：

57；Brumann and Berliner 2016：3）。

在无数同时属于治国之道、旅游业和全球治理的遗产地图和地理区域中，都可以清楚地看到遗产的这种空间化。在《想象的共同体》中，历史学者本尼迪克特·安德森（Benedict Anderson）评论道，地图在殖民地被用于进行分类和创建空间，并通过抽象划界标记出领土，以对空间进行监视。旧的神圣遗址被纳入殖民地地图，为建立新的领土统一增加了时间深度。通过这种方式，制图者们将自己包裹在古老的威望之中，安德森指出，"如果这种声望像过去经常发生的那样消失了，国家将试图恢复它"（1991：181—182）。

因此，遗产一直是领土概念的核心：它使目前的领土主权主张与过去的权威保持一致，它使自己加入易于辨认的领土及其统一的表现形式中，它为这种领土主张和表现形式注入了声望与合法性。相反，领土是遗产的一个决定性特征。事实上，它是如此重要，以至于可以说，在某些方面，遗产是领土。此外它还是别的东西，但不管它是什么，遗产就是领土。

当然，这主要适用于《世界遗产公约》的文化和自然遗产。一方面，需要区分古迹、建筑群和遗址，另一方面，也需要将它们与非物质文化遗产区分开来。非物质文化遗产不再局限于领土。非物质遗产与人群的关系不是以土地或领土为中介的。相反，非物质遗产客体化了人类社群的实践形式和表达形式。它是用民族志而非地形学来定义的。非物质文化遗产源于对社群实践形式的干预，这种干预界定并划分了社群。如果说物质遗产在某种意义上就是领土，同理，很显然，非物质遗产就是社群。

保护社群

　　保护非物质文化遗产体现了政府理性的微妙创新，通过将风俗、实践形式和表达形式转化为遗产来规训民众（其受到威胁的性质使干预成为道德上的当务之急）。最终，这种转变使社群本身在面对据称他们在现代世界中持续衰落时，也受到保护。因此，社群是联合国教科文组织2003年的公约着手保护的最基本的非物质遗产。在这个意义上，即使许多国家都小心翼翼地界定这种授权的条款，建立其成员认同的社群也是这个公约的重要目标。公约对非物质遗产的定义清楚地表明了赋予社群以权力的愿望："'非物质文化遗产'是指被社群、团体，有时是个人视为其文化遗产组成部分的各种实践形式、表现形式、表达形式、知识、技能以及相关的工具、实物、手工艺品和文化空间"（第二条第一款）。

　　这也许更应该被视为是一个不确定的词；将界定非物质文化遗产的权力交给社群本身（或群体，有时是个人）。这样，公约"努力确保"社群参与所有保护措施，或至少在未经社群批准的情况下不采取这些措施——它将责任委托给作为集体主体的社群（Blake 2009；Bortolotto 2009；另见Tolia-Kelly, Waterton, and Watson 2017）。

　　公约的循环公式——"非物质文化遗产"是指社群承认的作为其文化遗产一部分的实践形式，提出了"社群"一词意指什么的问题。事实上，它要求对国家行为者与之协商和合作的社群进行定义。为了让社群参与保护，首先必须对社群进行界定，确定他们的成员资格，并指定一个协商或合作的机构（一个"主管部门"）。

　　社群的政治吸引力部分在于他们明显的自然性（Noyes 2003）。然而，尽管外表如此，就像他们面前的国家一样，社群也需要"被制作"出来。界限和区隔必须落实到位。社群必须被可视化、调查和动员。非物质文化遗产正是这样做的：它将文化实践形式转化为管理民众的资源。如此一来，授权就取决于服从。这就是经典的主体化悖论，正如福柯所言，主体的形成发生在权力（在法语 *pouvoir* 的双重意义上，名词"权力"和动词"能够"）的要素中。我们获得主体（我们思想、言语和行为的主体和处于我们自己与他人的关系中的主体）地位的时刻，也是服从的时刻，我们受制于一套规则和行为规范，受制于已经强加给我们从中获得主体地位的话语的定义、界限和排斥。

因此，联合国教科文组织非物质遗产概念本身所指的社群，都被明确定位成在国家内部并服从于国家的集体主体。尽管赋权放松了社群与中央政府之间的文化纽带，但却强化二者的行政纽带。通过定义社群，向他们提供外部的专业知识，并赋予他们边缘化的实践形式与表达形式以官方威望，这一过程展示了残留的和夹缝间的文化表现形式——技艺、口头传统、仪式、表演艺术——是如何融入表现形式的霸权秩序中的。

编排差异

在一个对联合国教科文组织的《宣布杰作》（公约及其名录的前身）的评论中，亨利·J.M.克莱森（Henri J.M. Claessen）表达了对引导行将灭亡的文化实践形式生存下来的担忧："政府将支付酬劳给那些跳没人再看的舞蹈、唱早已失去其意义而无法理解的歌曲、表演现在没人相信的神秘戏剧的人。"克莱森问道："为什么要这样做？为什么要花费大量的金钱和精力，来制作一个濒临灭绝的杰作的名录呢？"（2002：144）

到底为什么呢？一个答案可能是，在很多情况下，社群很想看到他们的传统出现在这种名录上，这会给他们带来荣誉，并吸引关注，尤其是来自地方和国家政府部门的关注。如果这些社群觉得它有意义，如果他们看到了其中的好处，并且相信它是值得的，那么他们保护某些实践形式的愿望，就部分地回答了克莱森"为什么要这样做"的问题。我认为，另一个答案是保护和加强社群的愿望。第三个答案是保护和促进文化多样性的意愿。这三个答案是完全一致的，它们分别在微观、中观和宏观的层面回答了这个问题。那些主张振兴濒危语言的人也经常被问到同样的问题，多里安（Dorian）回答过这样的问题（1987）。

2002年联合国教科文组织的文化部长们发布的《伊斯坦布尔宣言》强调"非物质文化遗产的多种表达形式构成了人们和社群文化认同的一些基本资源"，并坚持认为它们是"保护文化多样性必不可少的一个因素"（Istanbul Declaration-Final Communiqué 2002）。文化认同与文化多样性之间的这种互惠关系，一直是联合国教科文组织在非物质遗产领域开展活动，特别是创建2003年公约的基本原则的支柱。事实上，伊斯坦布尔圆桌会议是在"非物质遗产：文化多样性的一面镜子"的旗号下举行的。

然而，理解多样性的方法不止一种，在政策上体现多样性的方式也不止一种。很多国家至少在口头上重视这种多样性，并在国家层面实施促进文化多样性的政策，尽管这些政策对理想的多样性类型和如何管理多样性有不同的设想（Bennett 2001b；Bonet and Négrier 2011；Zapata-Barrero 2016；参见 Stenou 2003）。这样的政策依赖于一系列的实践和技术，来控制主体在新的认同与忠诚的多重领域的形成。将社群组织为情感关系的和具有强烈而非排他性的认同感的空间，是这些实践的一个子集。通过社群来治理和编排差异应被视为一个事业的不同方面。

不同社群之间的差异被安排、颂扬，并经常在媒体上被过度强调和夸大，这些媒体是按照节日和展览的全球语法精心组织的。这些通常将社群融入一些在多样性中求统一的方案中。通过这样的遗产政治，差异被编排成文化多样性，一个国家内的群体被赋予一种声音，同时也被赋予一个和谐的乐谱。正如阿尔君·阿帕杜莱（Arjun Appadurai）解释的那样，这些政治以非常统一的方式在全球范围内展开，"典型的是，当代民族-国家通过对差异进行分类控制、创造各种国际盛典，使差异本土化以及用在某种全球的或世界性的舞台上自我展示的幻想引诱小群体，来做到这一点"（1996：39）。

非物质遗产公约保护搭建的就是这样一个世界性的舞台。如第三章所述，它的名录进行强调和促进，使选定的地方实践形式与表达形式引起注意，并为保护这些实践形式与表达形式筹集资源。虽然是以《世界遗产名录》为蓝本，但这些名录的不同之处在于，列入其中的遗产是由社群中有生命的人体现的，而且在这些社群之外并不存在。实际上，联合国教科文组织的非物质遗产名录展示社群的方式，与《世界遗产名录》一样，都是以多元文化节日的全球语法为基础。事实上，节日本身就是非物质遗产保护的主要展示类型之一（见第五章）。联合国教科文组织的非物质遗产在名录、手册、纪录片、网页和演出中对差异的美学标记进行组织，积极展示文化的多样性，并在多样性中求统一的人类招牌下进行协调。

同质与霸权（或"丹麦性"的转移）

联合国教科文组织总干事松浦晃一郎不失时机地强调非物质遗产对促进世界文化多样性的重要性。2004年6月，在哥本哈根的一次演讲中，松浦提出了这样一个问题："为什么近年来保护非物质文化遗产已经成为当务之急？"（UNESCO 2004b：1）他自问自答："我认为，答案在很大程度上来自于人们越来越认识到，加速的全球化正在给文化多样性带来新的巨大压力。这些压力已引起人们的恐惧，害怕进一步的文化同质化及其带来的对世界文化多样性的威胁，特别是在地方的、本土的和生活形式的方面。这些普遍存在的担忧，激发了必须在为时已晚之前采取行动的需要。公约是这一进程中紧急处理全球化的文化挑战的一个重要部分。"（同上）

对全球的文化同质化的恐惧，可能会对联合国教科文组织支持下的国际政策制定产生独特的影响。松浦随后在哥本哈根演讲的评论中阐述了这种独特性："这次会议本身就是丹麦就非物质文化遗产问题进行民族自我反思的过程的一部分。这样的反思既令人兴奋又令人不安。它可能会引发一些棘手的问题。例如，丹麦认同和文化的核心是什么？哪些东西是你无论如何也不想失去的？……能否对这一显著特征进行界定和标示？你想保护它吗？你能想象没有它的丹麦和'丹麦性'吗？这各种各样的问题转移到世界各国，正在形塑非物质文化遗产议程。"（同上）

暂且不谈"文化作为差异的基本表达形式"这一有问题的观念，目前困扰我的主要是这一观念的民族内涵。令人感到不安的是，在总干事看来，"民族自我反思"的过程应该处于"非物质文化遗产议程"的中心，这种反思旨在界定"丹麦性"和标示"丹麦认同和文化的核心"。虽然它的目的是为了应对世界文化多样性所受到的威胁，并减轻对同质化的担忧，但这样一个过程——"转移到世界各国"，将不可避免地违背其目的。

在巴黎联合国教科文组织总部的一次访谈中，联合国教科文组织秘书处的一名成员表达了与总干事类似的观点。当我问他为什么认为保护非物质遗产很重要时,他断言这种遗产是保持世界文化多样性必需的,因为"这就是哥伦比亚与玻利维亚等国不同的地方!"(私下交流,2003年11月25日)。在一篇关于遗产政治的重要文章中,瑞吉娜·本迪克斯评论了遗产"隐藏历史和政治的复杂性"的这种弹性能力(2000:38)。正如我的访谈对象所说的那样,非物质遗产可以突出某些差异,同时掩盖其他差异——例如,哥伦比亚和玻利维亚的民兵政治和选举政治之间的差异,在访谈时,这些差异确实有效地将哥伦比亚和玻利维亚区分开来,就像它们各自的大众传统一样。

为了公平起见,我应该补充一下,在同一次访谈的后面,我的信息提供者承认,非物质遗产"也会对国家认同造成问题,尤其是在跨境社群中"(私下交流,2003年11月25日)。这种观察指向一个显而易见的事实:一个文化差异被表达为一系列共存的民族性——"丹麦性""日本性""印度性""赞比亚性""哥伦比亚性"等的世界,与我们所居住的世界相比,它们的多样性不是更多,而是更少。把这样一个世界想象成其目标的国际政策,如果要产生任何效果的话,对全球文化多样性的危害可能比引起它的"全球化的文化挑战"更大。

我们有充分的理由对此表示怀疑。正如阿帕杜莱指出的,对同质化的恐惧可能"被民族-国家利用来对付自己的少数群体,通过将全球商品化(或资本主义,或其他这样的外部敌人)说成是比其自身霸权策略更真实的威胁"(1996:32)。为了说明这一点,我们只需回顾一下联合国教科文组织对它如何关注民俗所作的一个因原叙述:在面对"商业主导的跨文化过程对传统文化的破坏"以及同时发生的玻利维亚对本土认同的压制和对本土文化的盗用时,玻利维亚的部长发出的警告(见第二章)。

教科文组织认可的以国际多样性前景和以国家内部文化差异为背景的文化多样性的必要性，能够、将会而且肯定已经被用来作为压制少数群体的理由。因此，总干事对文化政策的独特解读也许最好理解为对人权多样性论述的套用。它在国家之间而不是在国家内部分配差异，使以定义、分类的名义来消除差异得以合法化，并最终形成一个内部一致的国家认同的和文化的有序集合。

总干事坚信非物质文化遗产及其保护公约可以成为应对"全球化的文化挑战"的有用机制，这一点没有错。他是对的，但理由是错误的。它们的重要性不在于它们触及国家认同的核心，也不在于它们有助于给民族性格的鲜明特征贴上标签。重要的是，这个概念和公约如何促成对遗产的重新想象，并鼓励文化在社群中重新配置。2003年的公约所定义并工具化的非物质遗产，赋予社群自治权和投资能力；它有助于社群组织成为部分自我管理的行政实体。

尼古拉斯·罗斯所分析的社群化模式，无疑最适用于以先进自由主义为特征的国家——无论是新自由主义、社会民主主义，还是"第三条道路"。然而，重要的是应该注意到，即使是在"发达世界"，这种模式也并非平等或一致地适用于所有自由主义国家。与其将社群化设想为单一的治理模式，不如承认一系列不同程度、不同模式和不同方法的通过社群进行的治理。这对"发展中"国家来说更为重要，因为全球化和自由化并不是在所有地方都产生相同的结果。当然有许多自由主义，公民也在不同程度上与治理相融合（见Grossberg, Miller, and Packer 2003：34；Ong 2006）。

使社群发声

如果治理的社群化把很多社会治理的任务委托给社群，那么，主权领土内所有社群相互之间及其与国家之间就始终保持着松散的从属关系，这种从属关系是围绕不同社群个体成员的共同公民身份，而非他们的文化纽带组织起来的。正如联合国教科文组织构想的，非物质文化遗产部分由社群或经过与社群协商来指定、汇集与解释，社群的认同与非物质文化遗产的代表性交织在一起。只要社群成员融入代表工作并为之负责，非物质文化遗产就能赋予社群自治权，使他们发出自己的声音。然而，这样做的目的是要把特定的关系和权威组织成相对稳定的单元（社群），使他们能够用一个声音说话。

这种目的不可避免地会引发基层权力的角逐（见Berliner 2010；Bortolotto 2009；Kuutma 2009；Lowthorp 2007；Noyes 2006；Tauschek 2009；Tornatore 2011等）。在对加泰罗尼亚贝尔加的帕图姆（Patum）节被列入联合国教科文组织的《宣布杰作》的一些早期后果所进行的敏锐辨析中，民俗学学者多萝西·诺伊斯（Dorothy Noyes）叙述了组织社群的尝试是如何在当地展开的。作为一个历史悠久、广受欢迎的街头节日和集体表演，帕图姆一直是贝尔加人激烈争论的手段，但它也通过其多义性和间接性促进了一种微妙的社会平衡。此外，这个节日还帮助新居民成为贝尔加社会生活的正式成员，在过去的几十年里，随着新的移民潮涌入城市，它在这方面的重要性也在增加（Noyes 2006）。

诺伊斯解释道，"在20世纪90年代初，一群与市政厅关系密切的节日参与者创建了一个基金会来出资保护帕图姆，一个拥有成千上万热情追随者的节日，不可能有灭亡或失去其形式完整性的危险"（同上：38）。这个基金会控制着节日的一些物质元素——乐器、神像、服装，但它的董事会不是直接选举产生的，没有明确的轮值结构，而且它包括一些节日参与者群体的成员，但不包括其他有不

图4-3 西班牙加泰罗尼亚贝尔加的帕图姆节。来源：维基媒体

同意见的人。然而，如果没有进一步观察，局外人没有理由怀疑这个赞助机构代表了社群。实际上，联合国教科文组织和加泰罗尼亚文化部似乎都将它视为管理帕图姆节的"主管部门"（同上）。

贝尔加人对这种状况看法不一。有些人质疑这个赞助机构的权威，而另一些人则选择罢工、放弃参与。在这个拥有16,000名居民的小镇上，需要所有人的努力来保持当地的活力，"一些最有才华的演员把控制权拱手让给了官僚"（Noyes 2006：39）。与节日制度化相伴的是退出和排他，它们带来的后果对贝尔加的社群组织和社会生活管理非常重要，正如多萝西·诺伊斯表明的：

> 赞助机构的成员来自帕图姆舆论"受人尊敬的"的一派，

在多年来的许多事件中，这一派一直试图控制参与者，控制帕图姆社会变革的潜力。有迹象表明，这种控制……是赞助机构议程的一部分。例如，最近建立了一个"积分"制度，用于认定节日管理人员，这是一个每年给予四对新婚夫妇的荣誉职位。除此之外，出生在贝尔加并在教堂结婚的人也会得到积分。在一个移民人口众多、工人阶级历来反对牧师的城市里，这些标准是极具分裂性的。（2006：40）

从马拉喀什到贝尔加以及其他地方，很明显，非物质遗产的语言——它的维护、保护、建档、研究、促进、教育和振兴的计划及其专业知识和专业技能，提供了工具和技术，社群可以将它作为认同空间用来组织自己，用这些工具和技术引导其成员的行为，并在当代多元社会的复调中找到自己的声音。危险的是，在寻找自己的声音的过程中，这些社群在管理者和专家的配合下，会压制自己的多义性，会放大一种声音，淹没不同意见。在这种情况下，公约保护的不仅是文化遗产，而且也是一种服从的政治遗产。原则上，联合国教科文组织"多样性中求统一"的口号代表了和谐与理解。在实践中，它承担着在认定的不同社群内强制推行一致性的风险。

第五章

制造节日
——再观民俗学化

> 科学家问：为什么它会起作用？
> 工程师问：它是怎么工作的？
> 经济学学者问：它值多少钱？
> 民俗学学者问：你想配点薯条吗？

节日是非物质遗产吗？你可以问问日本政府。2016年，联合国教科文组织将不少于33个"社群每年举行的向神明祈求平安和免受自然灾害"的日本花车节，以单项形式增列入《代表作名录》（UNESCO Intangible Cultural Heritage Lists 2016）。我对此没有异议，但要补充一下细微的差别：称一个节日为"非物质遗产"，不是描述它，而是干预它，是将一种特殊的关系强加给节日，并使特定类型的专业知识和一套工具对它产生影响。这些都被称为"保护"，它们改变自己的对象。

在联合国教科文组织保护文化实践形式与表达形式的工具箱中，一个主要的工具正是节日。节日是非物质遗产制度的一个标志，后者促进了从治疗仪式到饮食方式等各种节日的发展。因此，我提议颠倒过来说。与其把节日视为非物质遗产，不如把非物质遗产视为节日。在这一章中，我打算梳理出这个提议的意义和逻辑后果，并根据民俗学学者研究和参与其中的三个相互关联的过程（节日化、遗产化和民俗学化）对之加以考察。

利用被提名的和（或）在联合国教科文组织《代表作名录》中展陈的习俗的例子，在下文中我会说明从本真性话语中挽救"民俗学化"这个术语的理由。我认为，当前社会实践形式的遗产化是民俗学观点、知识和概念长期注入公共领域的最新阶段，是社会反思性现代化的一部分。这种注入恰如其分地被命名为民俗学化，标志着（广义上的）民俗学学科在它一直以来的终极目标上取得了成功。这个终极目标是，改变人们如何看待自己的文化、如何定义和实践自己的文化，改造被研究的日常生活和表达文化。

保护作为反思现代化

遗产和保护的搭配就像茶和饼干一样，或者更准确地说，就像主语和谓语一样。一旦一种文化实践形式被解释为遗产，它的保护就有了基础。保护非物质遗产意味着建立新的社会机构（如非物质遗产的理事会、委员会、专家委员会、网络、基金会等），并策划特定的表达类型（节日，也包括名录、工作坊、竞赛、评奖、纪录片、宣传资料等）。社会机构通过被称为"保护"的做法来管理这些表达形式。

理解保护的一种有效方法是将它视为社会学学者乌尔里希·贝克（Ulrich Beck）所称的"风险社会"的文化变形，风险社会被定义为："处理由现代化本身引起、引入的危险和不安全的系统方法"（1992：21）。正是在这个意义上，贝克、安东尼·吉登斯（Anthony Giddens）和斯科特·拉什（Scott Lash）谈到了一个因处理现代性后果的现代技术激增而出现的反思现代化的时代。如果遗产的激增是现代性的后果（想想受到重建威胁时，建筑如何变成遗产，或者社会变迁使其变得脆弱时，实践形式如何变成非物质遗产），那么，保护就是处理这些后果的现代技术，一个"处理危险和不安全"的系统方法，这种危险和不安全是现代化自身引入文化领域的。

如果保护（1）改造主体与他们自己的实践形式之间的关系（通过诸如"自豪"的情感），（2）改造实践形式（通过各种传统的遗产类型展示它们的导向），最终（3）改造实践主体与他们自身的关系（通过将非正式关系正式化、将分散的责任集中化的遗产社会制度），那么，保护就被认为是成功的。

从最后一点开始，传统习俗的遗产化造就了新的社会机构，并把以前由很多社会行动者承担的责任集中于这些机构。例如，印度喀拉拉邦首府2007年成立了一个国家级鸠提耶耽戏剧中心，在梵语戏剧传统被列入联合国教科文组织《代表作名录》之后，该中心负责管理一项旨在保护它的国家"行动计划"（Lowthorp 2013：2015）。在中国，洪洞县非物质文化遗产保护中心负责保护洪洞走亲习俗（即洪洞县的拜访神圣亲属的实践形式），这个新的中心接管了很多以前分散在地方民众中的权限（You 2015）。在东非的马拉维，随着维布扎治疗舞蹈被列入联合国教科文组织的名录，文化部"召集成立了官方机构国家非物质文化遗产委员会，成员包括文化工作者、学者和别的民族协会成员"。还成立了一个专门的"马拉维维布扎治疗师和舞者协会"，并为其成员制定了一套行为准则，宣称其目的是消除"不当行为造成的维布扎的负面形象"（Gilman 2015：206）。

我从一本颇具启发性的比较研究著作《民众眼中的联合国教科文组织：非物质文化遗产国际政策的地方视角》中选取了这三

个例子，这本书由迈克尔·迪伦·福斯特和丽莎·吉尔曼（Lisa Gilman）主编（2015），如果从《代表作名录》中随机挑选，这样的例子会成倍增加。因此，在马达加斯加，成立了一个协调委员会来监督扎菲曼尼里木雕工艺的保护，同时，成立了一个扎菲曼尼里工匠协会，保护、推广和传承他们的手艺（"Periodic reporting…Madagascar" 2012）。在越南，根据政府向联合国教科文组织提交的保护活动报告，文化主管部门对已有的歌筹俱乐部的管理能力进行了投资，以保护传统的歌筹诗歌演唱，结果，"定期进行排练和其他活动而且成员不断增多的歌筹俱乐部的数量，从20个增加到60个"（"Periodic reporting…Vietnam" 2013）。在所有这些案例中（还有无数其他案例），我们见证了社会关系的制度化和新的社会行动者的出现：中心、理事会、协会、俱乐部、委员会、专家委员会、评委会、网络。

对非物质遗产主体的改造与对非物质文化遗产客体的改造是同步进行的，非物质遗产的客体，即2003年公约在它的定义中提到的实践形式、表现形式、表达形式、知识和技能。翻译成非物质遗产的语言需要遵循与我们所说的非物质遗产类型相关的一般惯例。这些类型推广了传统的实践形式，并在这个过程中把它们导向展示。因此，除了建立协会和制定行为准则外，马拉维维布扎治疗舞蹈的保护计划还包括一本关于维布扎的新书、一个展览维布扎的博物馆、一份维布扎实践者名单，最后但并非不重要的是，定期组织维布扎舞蹈节。

维布扎：作为现代化的遗产化

更详细的背景是，维布扎是在马拉维北部塔姆布卡人中流行的一种治疗仪式。在联合国教科文组织的《代表作名录》中，它是非洲整个班图语系舞蹈和鼓乐治疗传统的一部分。维布扎是《代表作名录》中一个奇怪的候选者；首先，它是唯一出现在名录中的疾病——维布扎既是一种疾病的名字，也是一种治疗方法的名字。通过传统的仪式，维布扎治疗师诊断和治疗与精神有关的、由神灵附体引起的疾病。治疗舞是它主要的治疗仪式之一。它由鼓和铃伴奏，活跃的观众主要由参加治疗的妇女组成。她们以越来越强烈的歌唱和拍手来支持与配合被附身的舞者，舞蹈变得越来越狂热，直到达到顶峰，神灵放开对病人的控制（Gilman 2015：201—202）。

在其非物质遗产的网页和小册子中，联合国教科文组织用如下文字描述了维布扎：

> 大多数病人是患有各种形式的精神疾病的妇女。她们由著名的治疗师进行为期数周或数月的治疗，治疗师经营着坦姆费瑞，一种收容病人的村舍。在被诊断后，病人要接受仪式治疗。为此，村里的妇女和儿童围着病人转圈，病人慢慢进入恍惚状态，并唱歌呼唤帮助她的神灵。参加的男性仅有那些敲打灵异鼓点的人，有时还有一位男性治疗师。唱歌和打鼓结合在一起，形成一种强大的体验，为患者提供了一个"舞动疾病"的空间。不断扩展的歌曲曲目和复杂的鼓声，以及技艺精湛的舞蹈，都是塔姆布卡人丰富的文化遗产的一部分。维布扎治疗仪式可以追溯到19世纪中期，当时它是作为一种克服受压迫的痛苦经历的手段而发展起来的。在英国占领下，它作为一种治疗舞蹈进一步发展，尽管基督教传教士禁止它……维布扎还在塔姆布卡人居住的农村地区实行，但它仍然面临基督教教会和现代医学的压迫。（UNESCO Intangible Cultural Heritage 2008b）

民俗学学者丽莎·吉尔曼根据在马拉维的实地考察,对维布扎列入名录进行了分析(Lisa Gilman 2015)。她发现它提名的主要动机似乎是权宜之计:编纂提名材料是一项艰巨的任务,但几个民族志研究已经详细地记录维布扎。这使得马拉维文化部负责将某一项目推向联合国教科文组织《代表作名录》的官员们的生活变得更加轻松,最好马上申请提名。然而,吉尔曼发现,总的来说,当地的维布扎实践者根本不把它当作遗产。对他们来说,这是一种治疗方法。吉尔曼访谈的几位医师表示,如果政府对维布扎感兴趣,应该通过卫生部,而不是文化部。

然而,正如教科文组织的描述承认的那样,马拉维的医疗机构

图 5-1　马拉维伦比区的维布扎。版权:丽莎·吉尔曼

对维布扎作为一种治疗方法持批评态度。在一个带有很强五旬节教派成分、以基督教为主的国家，宗教机构也对维布扎持反对态度。有人称它为撒旦（Gilman 2015；Soko 2014）。在这种情况下，相当值得注意的是，吉尔曼发现一些最支持维布扎被承认为非物质遗产的人，其实是激进主义的基督徒和医生。他们很高兴看到维布扎被承认和展现为马拉维的遗产——作为一种舞蹈和文化认同的表达形式，如果这意味着它脱离了仪式环境。就此，维布扎被塑造为遗产而非实践形式（Gilman 2015）。

援引芭芭拉·克申布莱特-吉姆布雷特关于文化遗产的理论，将"遗址、建筑物、物品、技术或生活方式"作为遗产加以再利用，并非作为它们曾经所是，而是作为"它们自己的表现形式"（1998：151）。作为一种超文化习俗，文化遗产超越了自身，指向它声称代表的文化。对于维布扎，这种超文化关系（通过维布扎与马拉维文化相连）的出现，显然是以牺牲与这种实践形式既有的医学上或精神上的关系为代价的。因此，合乎情理的是，那些恨不得根除维布扎的马拉维人，似乎比很多维布扎的实践者更愿意它成为非物质遗产。

因此，在马拉维，一种流行的医疗实践形式已经成为保护的对象，而它自己没有这种要求。作为保护维布扎行动计划的一部分，马拉维现在组织了一个疾病及其治疗的年度节日，在这个节日里，舞蹈脱离仪式的目的，变成了纯粹的、超文化的展示——在那里它作为自己的表现形式而存在（Gilman 2015）。不难理解为什么吉尔曼访谈的治疗师们会觉得遗产概念歪曲了他们的治疗实践形式。将仪式转化为非物质遗产，起到了反仪式的作用，抽走了它的力量和实质，让舞蹈成为展示品，仪式专家们在节日舞台上走过场，就像在为观众表演一样，观众不是在寻求治愈，只是在观看。事实上，保护已经成为对维布扎延续生命力的最大威胁。正是在维布扎被作为遗产对待时，它才变得岌岌可危，它的遗产化似乎预示着它的消亡，也许还加速了它的消亡。

民俗学化

联合国教科文组织将非物质遗产分为五个不同的领域，其中一个领域被称为"社会实践形式、仪式和节日活动"。《代表作名录》中有三分之一的内容属于这一领域，包括十几个嘉年华会和各种各样的其他节日、宴会、节庆、庆典和庆祝活动。

许多这种节日活动都很受欢迎，得到广泛的参与和经济上的成功。具有讽刺意味的是，在教科文组织非物质遗产计划的早期阶段，它们的成功带来一些挑战，为当时的《宣布杰作》（见第三章）准备的候选材料，实际上包括一个部分，必须详细说明拟议的遗产要素所面临的威胁，并提出应对这些威胁的保护措施。编写材料的管理人员有时不得不创造性地想象即将发生的危险，并提出适当阻止它们的干预措施。事实上，他们仍经常在进行这种创造性的颠倒，尽管这已不再是严格的要求。

有时，其他节日也会造成所谓的威胁，并以非法复制的形式出现——这是成功的危险的另一个例子。例如，据多萝西·诺伊斯所说，在加泰罗尼亚的贝尔加镇，"许多当地人长期以来坚持认为，加泰罗尼亚其他城镇的火节是他们的节日帕图姆的'复制品'"（2006：36）。这种关于本真性和抄袭的论调被联合国教科文组织的承认所加强，并通过诸如将帕图姆节的名称、符号和形象及其"最独特的元素"注册为商标等知识产权策略得以实现。

另一种情况是，因为这些节日的流行，候选材料变戏法般很快威胁到它们的本真性。在这种情况下，外来者的过度关注被认为对非物质遗产构成危险，不管他们是怎么想的。联合国教科文组织将其简称为"民俗学化"，这是一个以本真性概念为基础的观念，它把实践形式与表达形式和社群、身份认同与归属感联系起来了。2003年，联合国教科文组织第二批《宣布杰作》承认至少三种不同的传统节日（后来被合并到《代表作名录》中）已经以这种方式衰落，或处于衰落的危险中，成为它们自身成功的牺牲品。例如，官方公告手册警告说，即使墨西哥的穆尔托斯节"现在没有面临重大威胁，但它对实践者的意义很容易会丧失"。因此，候选材料承诺干预保护这一非常流行的节日，"节日的形而上和审美方面将受到保护，以免遭受越来越多的非本土商业和娱乐活动的影响，因为这些活动往往会掩盖其精神特征。正因为如此，行动计划建议加强对这一传统的法律保护"（UNESCO 2004a：29；作者译）。

与此大致相同的是，《宣布杰作》将比利时的班什狂欢节描述为因过度关注而面临危险："班什的狂欢节如今广受欢迎。然而，多年来工业化和媒体报道增加带来的压力，导致狂欢节某些传统方面的丧失。此外，媒体和其他商业利益集团热衷于利用狂欢节引人注目的徽标，在一定程度上扭曲了吉尔人的形象。"（同上：11；作者译）这种所有权被侵犯的感觉导致班什镇议会为这个节日及其独有的特征寻求知识产权保护，抑制抄袭并阻止歪曲、伤害和篡改（Tauschek 2010）。

哥伦比亚的巴兰基利亚狂欢节会出现，是因为巴兰基利亚是一个繁忙的贸易中心。正如《宣布杰作》文本所述，这座城市的商业特征"使其居民对新的趋势和观念非常开放，而且由于它没有真正属于自己的文化传统，导致很容易采纳移民带来的文化传统，这使它成为名副其实的本土的、非洲的和欧洲的文化遗产的大熔炉"

图 5-2　比利时班什狂欢节上的吉尔人。版权：马库斯·陶舍克（Markus Tauschek）

（UNESCO 2004a：17；作者译）。

尽管将这个狂欢节理解为处于商业十字路口的节日，但联合国教科文组织认为过度商业化是威胁狂欢节传统性的主要危险："随着在20世纪的日益成功，巴兰基利亚的狂欢节披上了专业活动的外衣，受到媒体的广泛报道。这一发展为许多低收入家庭带来经济利益，但日益增长的商业化同时也对许多传统表达形式构成潜在的威胁"（UNESCO Intangible Cultural Heritage 2008a）。作为巴兰基利亚候选资格的一部分，哥伦比亚政府制订了一项保护"这个历史悠久的庆祝活动"的行动计划，包括立法保护"狂欢节中受到商业化有害影响的大众和传统方面"（同上；作者译）。

联合国教科文组织2003年的《非物质遗产公约》是以联合国

教科文组织大会1972年通过的《世界遗产公约》为蓝本的。同样，2003年公约的《代表作名录》也是以1972年公约的《世界遗产名录》为蓝本的（见第三章）。但是，尽管联合国教科文组织（即它的成员国和秘书处）一直热衷于复制1972年公约和名录的成功（这个组织因此在世界许多地方为人熟知），但它也努力避免复制它的某些失败之处，尽管这种努力并非总是成功的。因此，本真性问题从一开始就困扰着《世界遗产公约》。在对提名列入《世界遗产名录》的古迹、建筑物或遗址进行评估时，公约所谓的"本真性检验"主要是以"材料的本真性"为基础，以是否有原始材料、是否有新材料来判断遗产的价值。这个检验标准是20世纪60年代由欧洲专业的保护人员制定的，它反映了一种永恒的理想，这种理想从字面上看一成不变，是在拥有石质古迹和历史石建筑的文明中形成的。因此，不足为奇的是，《世界遗产公约》的本真性观念被证明并不太适用于设想过去与现在关系的其他方式，包括那些在易腐烂的有机材料中构建这种关系或在实践形式、表达形式以及在技术诀窍中体现和执行这种关系的方式（Bortolotto 2010；Brumann 2014；Gfeller 2017；Labadi 2013）。

在联合国教科文组织内再创建一个遗产公约的政治动机之一是，以另一种文化遗产概念来消解《世界遗产公约》以欧洲为中心的、纪念碑主义和物质主义的偏见，为过去与现在的其他联系方式规定价值。因此，《非物质遗产公约》避免直接提及本真性（Bortolotto 2013）。然而，要摆脱本真性并非易事，民俗学者理查德·鲍曼（Richard Bauman）和查尔斯·布里格斯（Charles Briggs）恰如其分地将本真性描述为"现代性的关键修辞之一"（2003：16）。实话实说，民俗学与对本真性的坚持有很大关系，恰如瑞吉娜·本迪克斯在她对德国和美国民俗研究的比较研究《追寻本真性：民俗研究的形成》一书中所展示的（1997）；从18世纪的"裴相之争"到20世纪对伪民俗的谴责和对民俗主义的批评，从学科的创始时刻起，民俗学学者就积极参与到本真性的政治中。直到今天（见Dundes 1989：40—56），本真性的幽灵仍在公约的实施中出没，并以民俗学化的鬼怪形式回归。我们已经看到它出没于西班牙、墨西哥、比利时和哥伦比亚的节日中，但归根结底，可以说，这个幽灵就在机构里，它潜伏在非物质遗产本身的制度中。

正如围绕公约的讨论所设想的，民俗学化以客体化和商品化的方式威胁着非物质遗产，一旦客体化，就会商品化，后者使遗产异域情调化，以供外来者消费，并使其与实践它的社群疏远，或至少改变了社群与其实践形式的关系。这种威胁是相关实践形式与表达形式的传播领域不断变化的一个因素，传播影响正在传播的文化本身，改变其表现的风格形式，以适应不断变化的受众的品位和期望。换句话说，如第二章引用的玻利维亚教育和文化部长的话，就是"商业主导的文化交流与融合破坏传统文化的过程"带来的危险。

这种民俗学化观念的要点是，这样的实践形式与表达形式的急剧传播是弄巧成拙。这表明，它们在社群内外结合处的表现形式，削弱了它们在社群内的传播并使其传播面临终止的危险，至少对同一个实践形式与表达形式来说是这样的。例如，回想一下，"广泛的媒体报道"和"日益增长的商业化"对巴兰基利亚狂欢节中的"许多传统表达形式构成了威胁"；穆尔托斯节相关活动的流行和扩散意味着"对实践者的意义很容易会丧失"；多年来媒体报道的增加"导致班什狂欢节某些传统方面的丧失"（UNESCO 2004a：17, 29, 11；作者译）。然而，值得注意的是，比利时2012年向教科文组织提交的关于公约执行情况的报告承认，"自列入名录以来，随着更多的游客到来（包括来自海外的）和更多的媒体报道，班什狂欢节的关注度也提高了"("Periodic reporting...Belgium" 2012)。如果说这可能是预料之中的事,那就太轻描淡写了,而且忽略了这一点——一直都是这样。

从这个角度来看,实践形式和表达形式的客体化使它们可以转移,并且是它们与原生社群疏远的第一步。因此,抵御民俗学化威胁的第一道防线是限制相关实践形式和表达形式的传播。这里的悖论在于,将这些节日(以及其他被挑选出来编制名录的实践形式)列入国家和国际遗产名录的主要动机恰恰是为了宣传它们,吸引更多的游客,加强而不是限制它们的传播。许多用于保护非物质遗产的工具都是为了这些目的而设计的,包括最引人注目的节日。

浓　缩

宣传和提高认识对被承认为非物质遗产的实践形式具有各种影响。例如,我们可以看到它们的浓缩,这有助于它们在社群边界之外进行输送,无论是地理上通过旅行表演、虚拟技术上通过它们的媒介化,还是社会层面上通过将游客作为观众融入。例如,在马其顿的加利奇尼克,过去长达八天的传统村落婚礼仪式,现在以周末两天浓缩版的形式作为舞台娱乐上演,有成千上万的人参加,这一活动"得到了旅游部的大力宣传",并被媒体打着"非物质遗产"的旗号大肆报道。

正如瑞典民俗学学者奥弗·罗恩斯道姆(Owe Ronström)指出的,浓缩是节日化过程中不可或缺的一部分,可以理解为经济和文化的合理化,以及"为全球输出而加工本地的有效手段"(2016:75—79)。因此,根据与韩国济州岛人民长达十年的接触,民俗学学者尹乔恩(Kyoim Yun)报告说,2009年灵登礼(一种韩国萨满仪式）被列入联合国教科文组织《代表作名录》后，济州岛的萨满们都被动员起来，在首尔的一个非物质遗产节上为世界各地的观众表演这个仪式。这一活动的媒体简介甚至强调了"不用实际去那里就能看到岛上仪式的优势"。在另一个场合，一位萨满抱怨说，组织者"一直要求缩短仪式，以适应整个活动的时限"，最后他们"被迫总共表演了20分钟，这种情况被萨满比作，将莎士比亚的戏剧《罗密欧与朱丽叶》缩减为四个词，'哦，罗密欧！''噢，朱丽叶！'"（2015：190）。

类似的事情也发生在维布扎那里。正如吉尔曼指出的，在传统的仪式情境中，舞蹈可能会持续2个到12个小时或更多的时间，所有这些都取决于所涉神灵的数量以及每个神灵通过的时间长短（2015）。但在节日的框架下，由于没有人被附体，也没有人被治愈，维布扎舞蹈很容易被浓缩，并在一个标准化的时间框架内表演。

如前所述，杰玛·埃尔夫纳广场是首批列入教科文组织的非物质遗产名录的项目之一（见第四章）。为了便于输送，杰玛·埃尔夫纳的文化空间已经被浓缩，从马拉喀什老城的广场转移到欧洲的各个城市。这个古老集市目前的遗产化始于1997年，当时联合国教科文组织在马拉喀什组织了一次研讨会，为《宣布杰作》和后来的《非物质遗产公约》铺平了道路（Schmitt 2008；Tebbaa and Skounti 2011）。两年后的1999年，随着联合国教科文组织的《宣布杰作》计划的开展以及杰玛·埃尔夫纳成为其典范，"杰玛·埃尔夫纳广场"在杜乐丽花园被重新打造，几位表演者获得了签证，在巴黎创造了一个介于节日和露天博物馆之间的混合体，进行异国情调的表演，这种展示方式讲述的更多的是非物质遗产，而非市场本身。由于语言上的原因，杜乐丽花园中的很多观众主要是与表演产生了视觉上的联系，由于税收上的原因，草药师们不能出售他们随身带来

图 5-3　输送到法国巴黎杜乐丽花园的杰玛·埃尔夫纳。版权：黛博拉·卡普尚

的商品，而只能表演出他们想把这些商品卖给观众的样子，而观众本身也并不想买，只是想看（Kapchan：2014）。

2001 年，杰玛·埃尔夫纳的艺人们又来到了巴黎，这次是受联合国教科文组织总干事的邀请，在联合国教科文组织总部上演杰玛·埃尔夫纳广场的文化空间。这是联合国教科文组织策划的在芳德诺广场连续三晚的节日活动的一部分。这次活动展示了六种恰好在当时被宣布为人类非物质文化遗产的文化实践形式。作为一个颂扬世界遗产的节日，除了杰玛·埃尔夫纳集市的文化空间外，活动还将印度的鸠提耶耽剧、中国的昆曲、日本的能剧、贝宁的热莱德仪式、几内亚的曼丁格音乐和史诗的浓缩版本运到了巴黎。所有这一切都是为受邀参加巴黎第七区盛大宴会的外交官和政要们上演的。错过了这次演出的人可能会在参观荷兰的杰玛·埃尔夫纳美食节中得到安慰，它被称为"杰玛·埃尔夫纳美食广场"（Eetplein Djemaa el Fna），每年9月在鹿特丹的博物馆公园举行（Proef de Cultuur Djemaa el Fna Rotterdam 2017）。

节日化

对《非物质遗产公约》的实施进行批评性、比较性的研究，就会发现某些表达类型在所谓的保护活动中的主导地位：名录、竞赛、奖励、纪录片，尤其是对我们这里的讨论最为重要的节日。不仅是传统节日被遗产化——尽管这发生在广泛的范围内——而且我们可以补充说，民俗学、民族学和人类学学者在这一过程中发挥了积极的作用（Leal：2016）。对于我这里的论点来说，更重要的是，作为保护的一部分，那些被框定为非物质遗产的实践形式和表达形式被节日化了。事实上，作为一种展示类型，节日与非物质遗产的保护密切相关，以至于在马拉维，一种疾病和治疗它的医疗行为也被节日化了。丽莎·吉尔曼援引马拉维治疗师勒斯蒂娜·马卡瓦（Lestina Makwakwa）的话，和许多同事一样，她"尤其对维布扎节的想法……或者是在其他场合脱离仪式情境的维布扎表演持批评态度，因为这些展示剥除了它的意义"（2015：208）。

对拿锤子的人来说，一切看起来都像钉子。从马拉维的维布扎疾病和治愈仪式，到韩国济州岛的萨满仪式，再到杰玛·埃尔夫纳的文化空间，保护作为非物质遗产的传统实践形式，包含创建专门的节日——即使这毫无意义。一般来说，凡是有非物质遗产的地方，都会有节日。换句话说，非物质遗产就是一个节日。它的确还是别的东西，但不管它是什么，它都是一个节日。

除了马拉维、韩国、马其顿和摩洛哥，这样的例子还有很多。当然，人们总是可以提供反例，因为当然会有例外。尽管如此，我认为这种模式是明确而显著的。因此，我认为近年来的遗产化过程可以在同一时期的节日化过程的情境中加以理解。一个经常被评论的事实是，世界各地的节日数量成倍增长（Laville 2014；Négrier 2015；Boissevain 1992：1—19）。特别是20世纪80年代和90年代以来，文化节超越了艺术范畴，将各种表达形式、实践形式和身份认同节日化，从油酥糕点到法式滚球、从服装到手工艺、从捕鱼到仪式、从民族性到地方性——从制度化的艺术中走出来，进入如今越来越多的以非物质遗产而闻名的领域（Laville 2014；Négrier 2015；Boissevain 1992：1—19；另见Ronström 2016）。

在新节日出现的同时，已有的节日也被推销给游客，事实上，节日一直吸引着旅行者的注意力。正如民俗学学者罗杰·D.亚伯拉罕（Roger D. Abrahams）所言，节日是社群炫耀的场合："令人瞩目的时间和精心设计的地方，用于兴奋的交流，用于展示、传递，用于给予和接受最重要的文化标志，毫不含蓄地展示产品，展示社群可以夸耀的富足，正是为了让社群夸耀。"（1982：161）节日"旨在故意展示"（Picard and Robinson 2006：2），为当地人和游客提供了一个"自夸的"的社群映像。正如大卫·皮卡德（David Picard）和迈克·罗宾逊（Mike Robinson）观察到的，节日"吸引我们作为参与者、游客和学者的注意力，正是因为它们提供了时间和空间，让我们反思自己在这个世界上的存在，以及集体意义和归属感的问题"（2006：26）。

节庆活动总体上的激增和非物质遗产的节日化，可以在反思现代化的情境中来理解（Beck, Giddens, and Lash 1994），反思现代化是处理现代性后果的现代技术：经济的（在节日中为那些已经失去其原有经济基础的艺术、手工艺和活动提供经济上的激励）、社会的（在社群的解体受到普遍谴责的时候强化社群意识）和政治的（对参与者的忠诚提出要求，并向邻近的城市、城镇、村庄炫耀）。

就像遗产本身一样，节日的任务是把一个地方变成有意义的地点，并定义其作为目的地的独特性(Kirshenblatt-Gimblett 1998)——对居民和游客来说都是如此。用理查德·鲍曼的话说，"它们是关于文化的文化形式，是关于社会的社会形式，在这些形式中，一个群体的核心意义和价值被体现、表演，并以象征性的形式由该群体的成员和民族志学者来研究和解释"（1986：133）。因此，现在的节日有助于现代社会对自身的反思性认识，同时改革人们与自身的文化和作为一个社会集体的自身之间的关系。当节日打着非物质遗产的幌子时，它们就太适合保护工程了。因此，遗产化和节日化的过程可以相互配合、相互协助、相互促进。

适合消费

然而，大众文化的节日化有更长的历史，民俗学学者长期以来一直参与其中。米歇尔·德·塞托（Michel de Certeau）概述了这种参与在法国的一段引人入胜的历史，尤其是被称为"民俗研究"、"民族学"或"大众艺术与传统"的研究领域发展的两个关键时期：18世纪末和19世纪最后几十年（1986：119—136）。通过指出"18世纪末的自由、开明的贵族对'大众'产生了热情"（同上：121），德·塞托将学科的早期形成与"乡土情结"联系起来，这种情结导致了乡村节日的发展，在节日中，一位圣女因其贞洁而被

图 5-4　1799 年法国国王路易十八在米托为"圣女"加冕。来源：维基媒体

加冕。"始于18世纪70年代的'圣女'庆典的流行，代表了一种向话语已经被压制的民众的回归，更彻底地驯服他们，"德·塞托写道，"如果采取独白的形式，那么'大众'的理想化就更容易了。民众可以不说话，但他们可以唱歌。"（同上：122；另见Abrahams 1993）

　　1789年，法国民众开口说话了，向自由主义贵族总是暗地里理想化民众的威胁发出声音。革命政府文化计划的一个核心是，研究法国各地的土话和方言，其明确目的是把它们都消灭，它们被认为掩盖了各省封建秩序的持续残留。但是，在法国第三共和国时期（1870—1940），民俗或大众文化、民间文化再次成为焦点，各种节日被组织起来，民俗和民歌的收集与整理大量涌现，并形成了一门

专门研究它们的科学。在这个时期,欧洲和美洲的大部分地区也是如此。这是民俗的全盛时期;从音乐厅到大学,来自新中产阶级的作曲家、艺术家和学者改编"俗民"的文化表达形式,让它们在社会各阶层之间传递,从农村无产阶级传递到有文化的资产阶级或小资产阶级的读者和听众中。

在第二次世界大战后西方社会的经济繁荣和大规模的社会工程中,以前的阶级结构发生了深刻的变化。中产阶级空前壮大,以新的眼光看待民俗,新的观众在新的媒体中欣赏它。因此,根据皮埃尔·布尔迪厄在其基于20世纪60年代法国的大众调查而成的巨著《区隔》中对品位的分析,民间舞蹈是"最具中产阶级文化特征的表演之一(与马戏团、轻歌剧和斗牛一样)"(1984:52)。布尔迪厄认为,"'民众'自己制造的景观,就像在民间舞蹈中一样,是一个体验远近关系的机会,其形式是审美现实主义和民粹主义怀旧所宣扬的理想化视觉,这是小资产阶级与工人或农民阶级之间的关系及其传统的一个基本要素"(同上:58)。

大众文化怀旧式的理想化,强化了作为现代、进步和有文化的观众的身份认同。它的研究和它的景观化,都在演绎着现代社会自说自话的故事。它们的影响并不单纯。德·塞托认为,通过一种对比性的异国情调,"正是'大众'的光环……形成了精英主义文化观念的基础"(1986:122)。这种对比体现在民俗学或民族学的起源上:将学者及其读者、大众艺术的观众和实践者分离开来,一种居高临下的符号暴力,在"对民众的阉割性崇拜"(同上:123)中展示表达形式和风俗并将它们节日化。德·塞托总结道,民俗学学者是在"一种文化失去自卫手段的时候"(同上)到来的。作为主流体制的一部分,这门学科的任务是将底层的表达形式纳入主流文化中,这样它就可以作为自己的翻译、自己的表现形式加以展示,在通用的展示惯例之下，使它变得迷人、刺激、无害和（或）异国情调但不具威胁性，可以安全消费。将大众与对应物之间的区别去政治化（这毕竟是一种政治上的区别），科学著作、收藏品、景观和节日都可以作为拔掉尖齿的钳子，把大众的脸上挂着的纯真笑容固定住。

借鉴德·塞托的书，我认为，20世纪80年代以来节日的增多和遗产的增多，并不是有着不同解释的完全不同的趋势。相反，它们是同一个社会、经济和文化条件的相互联系的表现，是同一种力量作用的两个重叠的结果（见Ronström 2016：72）。我们可以援引这个情境中所有常见的简洁概念或时髦术语，来描述当代社会的宏观趋势和力量：从全球化到新自由主义化，或者从服务、旅游和盛典的后工业社会到治理术、责任化和认同的政治。我认为引用其中任何一个都不会错，尽管不可否认，它不会非常具体。但作为一个民俗学学者，我建议我们再从另一个方向来看看：我们自己的方向。

再次审视民俗学化

我穿的牛仔裤里面有一块大大的印了字的布，在左前口袋的背面，阐明了蓝色牛仔裤的历史和文化意义："140多年来，我们著名的高品质丹宁布铆钉牛仔裤已经出现在公众面前。这就是其中的一条！由李维·斯特劳斯于1877年创造并已成为美国的传统，向全世界人民展示着西部活力的象征。"穿上这条牛仔裤意味着什么，制造它的公司希望我知道：我已经步入美国的传统，穿了具有丰富象征意义的衣服，免得我忘记，我在西方文化史上的地位就包裹在我的大腿上。

这只是一个众所周知的例子，至于其他例子，只要看看你周围的情况就知道了。你会在标签和菜单上读到它,或者你会从广告和入户宣传册中了解到它——从李维斯到万宝路,从慢食到连锁酒店,消费品现在呈现出对它们的起源和文化意义的分析说明。"在我们的社会中,未被解释的东西越来越少,而更多的东西似乎只有通过解释才能获得意义,"奥地利民俗学学者康拉德·科斯特林(Konrad Köstlin)写道,"我们的行为和我们周围的物品都带有自我辩白、说明和解释的可供参考的历史。"(1997:261)

正如科斯特林教导我们的,民族学或民俗学研究的特殊职责、视角和语言已经被普及,以至于学科本身几乎无关紧要,现在我们都是民俗学学者。在当代社会,对日常生活的民族学理解是日常生活本身的组成部分,由媒体、市场部门和口头传统扩散开来。

科斯特林沉思道:"如果听起来不那么浮夸,我们可以称之为世界的大众化的'文化科学化'(Verkulturwissenschaftlichung)。"(同上:261)我有另一个想法,让我们称之为"民俗学化"。毕竟,科斯特林所提到的文化科学在美国被称为民俗学(在许多其他国家被称为民族学)。联合国教科文组织经常挪用"民俗学化"的概念来描述所谓的对非物质遗产的威胁,我建议将它扩大到指这种把俗民(folk)变成民俗学学者的现代性反思能力。

容我慢慢道来。

当然,联合国教科文组织并不是凭空创造出民俗学化的概念。我们可以通过对20世纪最后几十年拉丁美洲和东欧国家赞助的民俗节日、剧团和乐团,以及对文化传统的霸权主义改编和商业改造的分析和批评中,追溯它的历史渊源(见Bendix 1997; Feldman 2006; Habinc 2012; Hagedorn 2001; Kaneff 2004; Klekot 2010; McDowell 2010; Turino 2003)。根据约翰·麦克道维尔(John McDowell)对这些批评的解读,"'民俗学化'意味着将传统的表达文化从原生地移置于遥远的消费环境中"（2010：182），是"为外部消费而对当地传统的加工"（同上：183）。波兰民族学学者埃瓦·科勒考特（Ewa Klekot）指出，在这个意义上说，民俗学化是现代国家广泛使用的一种工具，用来处理暗藏危险的差异，"民俗学化和支配似乎是大英帝国和苏联都默认的箴言，它们用民俗学化的游行来颂扬'100多个民族的团结'"（2010：80，注5）。正如民族学学者马特加·海宾克（Mateja Habinc）在斯洛文尼亚的后社会主义背景下所写的那样，"民俗学化并不是社会主义时代独有的特征，它是更普遍的现代化工程的一部分"（2012：193）。

民俗学化概念的谱系可以追溯到1962年的一篇文章，在这篇文章中，德国民俗学学者汉斯·莫泽（Hans Moser）创造了"*Folklorismus*"一词，即民俗主义，用来描述"民间文化的二手中介"（1962；作者译）或二手民俗。也就是说，指的是表演、风俗和表达形式传播的流动领域。在莫泽的作品中，与*Folklorismus*相伴而生的概念是*Rücklauf*（反馈或回流），用来描述将学术上的对大众表达形式和物质文化的解释，再利用到这些表达形式和物质形式本身。因此，民俗学学者对特定节日或服饰传统的解释成为节日或传统本身的一部分，下一代来研究节日或服装的田野工作者仍然可能在访谈和观察中认出他们的前辈的理论——不管他们解释的是节日或服装的起源、功能、结构，还是其象征意义。对于莫泽来说，这提出了一个难题：文化的合成层，需要民俗学学者的警惕，民俗学学者必须把小麦从谷壳中分离出来，把民俗文化从*Folklorismus*中分离出来（Moser 1964）。

早在1966年，德国民俗学新一代领袖赫尔曼·鲍辛格（Hermann Bausinger）就对这种区分提出了质疑。在一篇精彩的文章中，鲍辛格指出，一手传统和二手传统是相互交织的，这意味着分析上的分离是对社会事实的歪曲。鲍辛格认为，对民俗主义的批评实际上针对的是过去排他态度的民主化（1986）。皮埃尔·布尔迪厄认为这种态度是由于社会区隔而产生的，它们的民主化反映了如下转变：从一种贵族感情（德·塞托所说的18世纪末自由、开明的贵族"对大众的热情"）到布尔迪厄在对20世纪60年代法国大众调查所做分析中提及的中产阶级"民粹主义的怀旧"（Bourdieu 1984：58—60）。换句话说，民俗和 *Folklorismus* 的概念都产生于通常简略表达为现代性的社会和文化过程——来自社会结构的转变及这种转变在书籍、奇观和节日中的文化表演（Bendix 1997）。

事实上，鲍辛格认为，仔细想来，所谓"民俗主义"的显著特征实际上是任何传统文化表现形式的一部分，"装模作样，为古老的形式创造出新的表达形式，在退化形式中打上传统的印记、人为做旧，以及对整体性和原创性的推定"（1986：121）。鲍辛格指出，这些也是民俗主义批评的特点，尤其是"对整体性和原创性的推定"，因此，民俗主义的批评似乎与它所批评的东西建立在同一个前提上。他的结论是，"民俗主义和对民俗主义的批评归根结底是一样的"（同上：122）。

两者都是反思现代性的一个组成部分，通过对比突出其进步和创新，同时也对一连串的现代弊端进行批评，如社群的瓦解、家庭的解体，或者实际上是全球化的力量均衡。正如康拉德·科斯特林所言，"现代性的主要特征是……历史上非同步的东西的同步存在"（1999：290）。因此，民俗学化是现代社会不可或缺的一个过程（见Anttonen 2005）。换句话说，专门研究大众表达形式和日常文化的学术领域是作为现代社会反思机制的一部分发展起来的，"作为一门关注毋庸置疑和理所当然的领域的学科，民俗学（*Volkskunde*）一直想用自己的语言告知自己的人民关于他们自己的习惯……作为对自己文化的研究，民俗学总是希望'反馈'（*Rücklauf*），即移植它描述的东西。已被收集的东西要归还给俗民，已被记录的民歌要被再次传唱，并被承认为'典型的'民间产物"（*Köstlin* 1999：292）。

在这方面，学科的名称可以提供线索。英文的folklore和德文的*Volkskunde*这两个词都是同时指这门学科和它的对象：folk或*das Volk* 的lore（即知识或科学）或*Kunde*和关于folk或*das Volk*的lore或*Kunde*。在英语语境中，这一直是民俗学学者忧虑的源头，尤其是这个术语的语义范围在大众用法中已经逐渐缩小到无聊和错误的东西，而它命名的学科却扩大了范围、变得多样化（见伊莲娜·哈洛[Ilana Harlow]编辑并于1998年夏天发表于《美国民俗杂志》（*Journal of American Folklore*）的专辑"民俗：名称的奥秘"；另见Kirshenblatt-Gimblett 1996；Hafstein and Margry 2014）。然而，如果科斯特林的观点是正确的，那么民俗学研究的最终目标始终是将关于俗民的科学与俗民的知识完全合并，毕竟，现代社会的反思性的要义在于，将它对自身的认识吸收到社会实践形式中。

民俗学化的新浪潮

科斯特林写道，在过去的几个世纪里，"这门学科的要务就是给人们认为正常的东西贴上'特别'的标签，表明日常的东西是特殊的东西"（1999：293），它们值得关注，需要解释，并要求被展示，无论是在书籍、期刊、目录、展览、盛典，还是在节日中：从犁、裙子和摇篮曲到香烟、蓝色牛仔裤和笑话。我们的关注改变了它的对象。我们的理论成为日常生活本身的一部分，因为正如科斯特林所指出的："阿诺德·范·根纳普（Arnold van Gennep）

的'通过仪礼'或维克多·特纳（Victor Turne）的'阈限理论'已经被解读为现代生活实践形式的争议性电影剧本"，预示着"社会的快乐的再部落化"（同上）。其实，这正是对作为社会反思能力一部分的民俗学的指控："这门学科将继续这样做。它将展现正常的、例行化的、风俗的东西——从而彻底改变其特性。它将主动破译那些迄今为止只不过是'一直在那儿'的东西。不被谈论的东西将越来越少。"（同上）

在一篇关于普罗旺斯民族学化的文章中，法国民俗学和人类学学者劳伦特-塞巴斯蒂安·富尼耶（Laurent-Sébastien Fournier）将我所说的民俗学化过程描述为"民俗学知识的缓慢沉淀，最终既影响了当地民众如何看待自己的文化，也影响了他们如何向那些发现它的人（临时和永久居民）来定义它"（2016：2；作者译）。富尼耶认为，"20世纪70年代标志着新一波民族学化（或民俗学化）浪潮的开始"，在这一浪潮中，民族学、民俗学、人类学学者和他们的学生"越来越多地参与管理当地的文化项目，继而为这一学科注入新的活力和意义"（同上：10—11；作者译）。

当然，富尼耶的洞见远不止于普罗旺斯。在美国，正如罗伯特·巴伦（Robert Baron）和尼克·斯皮策（Nick Spitzer）巧妙展示的那样，在20世纪70年代和80年代，"一套全国性的公共民俗学和民俗生活项目的基础设施逐渐成形"，并"迅速发展成为一个由联邦、州和地方项目组成的完善的网络"（2010：vii；Baron 2016）。公共民俗学学者的工作除了涉及"民俗节日的举办、展览的策展、纪录片和电影的制作、教育项目中民俗生活的协调"（Hansen 1999：35），还包括广播制作、网络策划，以及协调民间艺人的奖项、奖学金和学徒项目。正如巴伦和斯皮策所定义的，公共民俗"是指民间传统在其发源地社群内外新的轮廓和情境中的表现和应用，往往是通过传统持有者和民俗学学者或其他文化专家的共同努力"（2010：1）。民俗学学者大卫·维斯南特（David Whisnant）将公共民俗学学者的工作描述为"系统的文化干预"（1983：13），目的是带来文化变迁（见Whisnant 1988；Hansen 1999）。

但是，这种公共领域的民俗学化远远超出受过民俗学、民族学或人类学训练的人的工作范围。在过去的几十年里，我们见证了一个令人难以置信的成功：我们的学科知识（广义上的）在塑造当代社会对自身的反思性理解方面的成功。然而，这是一种不均衡的成功，民俗学和民族学学者的观点、技艺和术语充斥社会，但往往没有批评性的优势，反思性更多地被聚集到颂扬和营销的事业中，而不是用于加强批评性意识和促进变革（见Köstlin 1999；Mugnaini 2016）。

我想说的是，遗产无处不在，是公共空间和日常生活民俗学化的一个伴生物。遗产主体与她承认为其遗产的物品和实践形式有一种反思性的关系。作为对物质文化和社会实践形式的反思性理解的一部分，我们学会了拥有遗产，拥有遗产就是要与遗产不同，就是要成为现代的。

通过想象一种自我之外的景象，遗产关系创造了一种距离感，人们可以从那里用异域的眼光观察自己的风俗和表达形式。回想一下在第四章拯救杰玛·埃尔夫纳的内容中胡安·戈伊蒂索洛所作的评论，"往往正是异域的眼光使地方回归美丽和完整"。迈克尔·迪伦·福斯特将遗产关系的这一部分称为"陌生化"，最能说明问题的例子，恰恰是联合国教科文组织对遗产地或实践形式的承认如何改变了当地的观点，促使当地的民众和当局"用他人的眼光看待自己的传统"，并以此为荣，这是福斯特所说的"联合国教科文组织影响"的重要组成部分（2011：66）。

就我们的目的而言，最近几年或几十年的遗产化可以视为过去两个世纪民俗学化的一个方面或一个阶段。将实践形式与表达形式作为文化遗产加以保护，通常会涉及将它们转化为可展示的遗产类型，如名录、有奖竞赛，特别是节日，节日促进了浓缩、可运输性和奇观化，吸引了游客，培养了民众与其实践形式之间的反思性关系，并赋予了后者"第二生命……作为自己的表现形式"（Kirshenblatt-Gimblett 1998：151）。这或多或少就是联合国教科文组织话语中使用的民俗学化的意义（它本身也受到民俗学学者和民俗学的广泛影响）。具有讽刺意味的是，当在这种话语中提到民俗学化时，它被说成是问题，而保护则是解决方案；相反，我认为这二者是相辅相成的。

此外，从我提出的这个术语的第二种意义上来看，遗产化是民俗学化的一个方面，即把民俗学的知识、观点和概念注入公共领域，在这里，它们形塑公众对表达文化和社会实践形式的理解，实际上也改造了这些表达形式和实践形式，使它们成为社会的反思现代化的一部分。在非物质遗产的情境中，这种改造被称为保护。作为非物质遗产特有的一种展示类型，节日为这种反思现代性提供了一个表演的舞台。

结语：你想配点薯条吗？

本章的整个论点与开篇笑话中的双关语背道而驰，以防无法引起注意。然而，作为现代文化的象征，薯条本身也不能避免民俗学化。因此，我以另一个例子作为结尾，补充本章开篇的"维布扎仪式"：比利时薯条。2014年，比利时全国薯条业联盟发起了一场宣传活动，提出将薯条作为文化遗产。它征集了5万多个签名，请求将薯条屋文化——比利时"薯条屋"——列入国家非物质遗产清单（RTBF 2016）。具有讽刺意味的是，很多讲英语的人称这些薯条是法国的，而在一个被划分为语言社群和地区的、有强烈分离主义运动的小联邦国家，薯条在跨越语言和政治差异、表现泛比利时认同的统合能力方面是非同寻常的。据全国薯条业联盟统计，95%的比利时人每年至少去一次薯条屋。土豆薯条与红魔（国家足球队）和王室一起，被视为把比利时人团结成一个民族的神秘三位一体。

加上比利时啤酒，就成了四位一体。2016年，"比利时啤酒文化"列入联合国教科文组织《代表作名录》，这是继此前三次列入比利时非物质遗产清单之后，又一次难得的展示民族文化团结的机会。这三次分别是：弗拉芒社群（2011年）、法语社群（2012年）和德语社群（2013年）的比利时啤酒文化。同样，在成功的活动和请愿的浪潮中，2014年弗拉芒大区的非物质遗产清单中正式增加薯条屋文化。在政府的联邦结构下，文化事务被委托给弗拉芒大区、法语（瓦龙语）和德语社群，因此，每个社群都有自己的清单。2016年，薯条也出现在另外两个社群的非物质遗产清单中，这也是其多样性统一的另一个重要标志。

在提名材料中，比利时全国薯条业联盟认为，"薯条的可口香味、独特的社会氛围以及我们油炸工的技术诀窍，使得薯条不仅是一种无法抗拒的美食，也是一种独特的文化财富"。材料解释说，薯条制作实际上是一种手工行业，而薯条本身就是文化多样性的证明。我们知道，薯条屋是社会的缩影，也是公众的集会，这里聚集了公交车司机、学生和银行业者，来享用他们最喜欢的薯条。材料是这样写的：

麦当劳的薯条在赫尔辛基、马德里、芝加哥都是一样的味道，与此不同，每一种比利时薯条都有自己的味道。比利时有5000多家薯条店，而薯条屋文化的一个重要特征是，同一个村子里的两家薯条店做出来的薯条也会风味各异，而且每一个薯条店都有自己的顾客，他们喜欢吃自己"薯条屋部落"的薯条。重要的是，继续珍惜这种多样性，培养与薯条屋紧密相关的社会经验。很多家庭都有薯条日，即一周的某一天，全家人都会去薯条屋。从电影院、足球场、音乐厅出来，或者下班后，人们一起去那里，在相互交流的同时，手里都拿着一包薯条。(Semaine de la frite 2016；作者译)

我不知道民俗学、民族学或人类学学者是否参与了准备这份材料。如果是，我也不会感到惊讶。上面的引文证明，比利时的薯条业成功地采用了这些学科特有的知识生产模式。他们会说我的语言。他们把薯条和炸薯条的技艺民俗学化了。不仅如此，他们还知道如何油炸民俗学知识。他们将它放入温度恰到好处的油锅中，然后趁热端上来，呈完美的金黄色：外脆里软。

在我看来，这是民俗学化的一个典型例子，阐明了学术界对物质文化和表达文化的解释如何被再利用，成为解释对象的一部分。正如康拉德·科斯特林所言，现代社会中未被解释的东西越来越少，而越来越多的普通事物被装点上文化史和民族学的参考框架。对日常生活的民族学化的理解已经融入日常生活的实践。吃当地薯条屋的薯条不仅是对你的"薯条屋部落"效忠的仪式性宣誓，而且还培养了一种具有悠久历史的独特的社会体验，维持了家庭价值观，颂扬了多样性，维护了比利时人的社群。通过媒体的大肆报道和宣传，薯条的民俗学形塑了对薯条屋的公共认知，并在一定程度上形

图 5-5　"现在我们必须确保它们继续存在！"2017 年 4 月，比利时布鲁塞尔朱丹广场的 Maison Antoine 薯条屋被拆除。版权：mlopez /Shutterstock

塑民众与他们的饮食方式的关系，甚至可能是味道。由于这一过程是在非物质遗产的标签下发生的，因此，它为保护薯条屋和薯条提供了一整套工具，包括常见的策划它们的表达类型和社会机构——处理现代性后果的现代技术。

比利时不仅有全国薯条业联盟，还在布鲁塞尔和布鲁日开设了两个专门介绍薯条的博物馆，并举办了关于薯条文化和历史的展览。一本用三种语言写成的出版物向公众宣扬薯条文化并宣传其"比利时性"。薯条周（*Week van de Friet* 或 *La semaine de la frite*）通过媒体宣传和一系列现场活动，向"薯条，比利时的文化和美食遗产"致敬（Semaine de la frite 2016）。而且在比利时，不仅每个节日都会有薯条屋，为了完善非物质遗产的"食谱"，布鲁塞尔还专门举办了"薯条屋节"，对城市最佳薯条屋进行大众评选和加冕，后者是以18世纪传统的圣女街头节日为模板的有奖竞赛。

在介绍薯条屋文化申请列入国家非物质遗产清单时，比利时全国薯条业联盟主席伯纳德·列斐伏尔（Bernard Lefèvre）向记者解释道："长期以来，薯条是如此普通，以至于没有人关注它们。"比利时人必须用另一种眼光看待自己的传统，以便表明日常的特殊，需要解释、重视和保护。列斐伏尔说，"多亏了外国游客的兴趣，我们才学会珍惜它们"，然后补充了一个必不可少的结论："现在我们必须确保它们继续存在！"（RTBF 2014；作者译）

尾 声

非物质遗产作为诊断，保护作为治疗

医生的办公室

病人："怎么了，医生？"

医生："一言难尽，你得了遗产。"

病人："遗产？真可怜。哪一种？"

医生："非物质的。我很抱歉。"

病人："天哪！有多糟？"

医生："急需保护。已经是超文化的。"

病人："预后如何？"

医生："非物质遗产恐怕是慢性的。往往是绝症，但就你的情况而言，我们有理由乐观。只要我们立即采取措施保护它，你也许可以和你的遗产一起生活很长时间。"

病人："会痛苦吗？"

医生："坦白讲。治疗并不令人愉快。从现在开始，你必须学会以不同的方式对待自己和自己的遗产。它会改变你的。"

病人："我们是否应该再听听别的意见？"

医生:"我建议联系联合国教科文组织。如果他们同意诊断结果,我们甚至可以把你列入他们的名录。"

病人:"那有什么用?"

医生:"嗯,如果你被列入名录,我们可能会得到自愿捐款,从日本请来专家,并得到联合国教科文组织的帮助,制订一个五年保护计划。"

病人:"从日本请?真的有这个必要吗?"

医生:"没有人比日本人更了解非物质遗产。他们处理这个问题已经很久了。"

病人:"好吧,但需要五年?真的吗?"

医生:"听我说,如果不进行适当的治疗,你可能会失去你剩下的本真性。最坏的情况是,我们可能会看到一个全面爆发的伪民俗案。"

病人:"等一下,医生!当我们的祖父母在60年代罹患传统时,他们就是这么说的。"

医生:"是吗?"

病人:"是的,但是他们痊愈了!"

医生:"确实痊愈了,他们用了很多药物。那时候,药物对传统有疗效。"

诊　断

还记得第五章提到的维布扎治疗舞蹈以及丽莎·吉尔曼对它列入《代表作名录》进行的研究吗?我读了好几篇材料才想起来。如果说"非物质遗产"这个词所包含的一切并不能恰当地描述马拉维的维布扎,那么,另一方面,维布扎却相当好地描述了非物质遗产是什么以及它的作用。如果说维布扎指的是一种与精神有关的导致各种病痛的疾病，那么，非物质遗产同样可以被视作社会、经济、人口变化导致的一种文化疾病的专业术语。如果维布扎指的是"用于诊断和治疗这些与精神相关的疾病的仪式"（Gilman 2014），那么，非物质遗产也可以视作一种诊断，对它进行的保护则可以视作一种治疗方式。如果说维布扎医师诊断和治疗与精神相关的疾病，那么，管理非物质遗产的专家也同样如此。从这个角度分析，展演维布扎的人和保护维布扎的人做的是同一件事，具有讽刺意味的是，这也是为什么他们的行为是相互矛盾的。

根据这个案例重新审视全球其他案例，可以清楚地看到，非物质遗产在每一个案例中都能对问题所在进行广泛的诊断。无论是经济发展、移民、人口减少，还是社会动荡，非物质遗产都指明了一种需要专家进行超文化干预的文化状况。因此，非物质遗产首先是一种诊断。它为一种在经济、政治、技术和人口变化情况下的工业社会和后工业社会中越来越常见的状况命名——这种状况通常被简称为全球化。在非物质遗产的症状中，有一种疏离感和危机感。如果不加以治疗，预后通常是疏远、濒危和即将丧失。

治 疗

这种治疗被称为保护，是一种长期的、密集的干预，需要高明的专业知识才能获得预期的效果。在联合国教科文组织的主持下，由遗产专业人员仿照20世纪日本和韩国的文化疗法实验形式发展而来，对非物质遗产的问题，一般采用社会机构（非物质遗产理事会、委员会、专家委员会、网络、基金会等）和展示类型（非物质遗产名录、节日、研讨会、竞赛、评奖、纪录片等）相结合的方式

图尾–1 马拉维伦比区的维布扎。版权：丽莎·吉尔曼

进行处理，前者对后者进行管理，这种做法合称为"保护"。

除了展示，补偿也是保护非物质遗产所采取的关键措施。为了确保文化实践形式持续的生命力，保护试图对社会和经济环境的变化进行补偿，正是这些变化造成非物质遗产被诊断出来的状况。例如，保护可以用国家的资助来取代以前的管理模式，如喀拉拉邦的鸠提耶耽剧和洪洞的走亲习俗。它以游客和其他观众代替当地的参与者，正如济州岛灵登礼中萨满跳水女的例子（Yun 2015）。马其顿的加利奇尼克及其邻近村庄的村民也是如此，被来自城市的外国游客和观众所取代（即使在这种情况下，当地对非物质遗产的诊断没有得到联合国教科文组织"别的意见"的支持；Silverman 2015）。马拉维的案例是普遍中的例外：维布扎仪式作为一种需求量很大的大众医疗行为，其实并不需要补偿性的补救。它既不需要国家的资助，也不需要用观众代替当地的参与者来确保它持续的生

图尾-2　印度喀拉拉邦的鸠提耶耽。版权：利亚·洛索普（Leah Lowthorp）

命力，然而，不出所料，保护把这两者都带来了。事实上，这些保护措施是对维布扎继续实践的最大威胁。

保护培养并改变了传承人和当地民众与他们的实践形式之间的关系。对世界各地的案例进行分析后发现，非物质遗产具有共同的情感主张。我们发现，联合国教科文组织和国家当局的承认往往会引起民众的反应，民众自己将这种反应描述为自豪、自信、自尊和信念。因此，在鸠提耶耽剧中，根据民俗学学者利亚·洛索普访谈的一位习艺者的说法，联合国教科文组织给予的认可最大的影响是，"习艺者觉醒了，他们找到了对自己的信念，现在我们真的为自己在鸠提耶耽而感到骄傲。它获得了价值"。同样，根据迈克尔·迪伦·福斯特的一位当地信息提供者的说法，在偏远的日本萨摩川内岛上，将来访神面具传统列入名录，并不是"为了自豪，而是为了自信……这意味着一种深深的信任，相信一个人所做的事情是有意义的"。这样的例子数不胜数。再举一个例子，在日本的"三十三个花车节"列入《代表作名录》之际，福冈会展观光局宣布："博多祇园山笠祭礼的入选，意味着福冈的文化得到了国际承认。我们真的应该为此感到骄傲，并必须把福冈的重要文化财产传承给我们的后代！"（FCVB 2016）

因此，有了承认及其引起的自我承认，就有了保护自己的实践形式的责任。福斯特对来访神的研究（2015）和尹乔恩对韩国南部海域济州岛萨满仪式传统的研究（2015）都是在社会剧烈变化的背景下进行的，一方面是人口减少，另一方面是经济的发展，二者推动了社会变迁。在这两种情况下，这种转变几乎消灭了这些仪式的传统观众及其存在的理由：在几年内，将不再有适龄儿童进行来访神仪式，而萨满仪式的"真正主人"济州跳水女失去了工作，因此不再需要萨满的服务。

在将他们的传统得到的全球承认内化之后，福斯特的信息提供者"感到有种'负担'……一种增强的对传统的未来的责任感"，甚至联合国教科文组织的承认某种程度上"迫使他们以某种形式保持传统的生命力"（Foster 2015：224），尽管岛上很快就不会再有孩子传承它。尹乔恩补充说，联合国教科文组织的承认在济州岛最重要的影响或许是，它"剥夺了萨满和他们的客户停止仪式的选择权，济州岛的许多海滨村庄已经这样做"（Yun 2016：194）。

奇怪的是，保护遗产的替代办法从来都不是不保护遗产，保护遗产的替代办法永远都是破坏遗产（Poulot 2006：157）。遗产的话语是以伦理的方式来框定保护，一旦接受了这一话语为我们设计的主体地位，就严重限制了我们对遗产采取合理行动的动词上的选择：我们只能在保护的同义词（维护、促进、传承、颂扬等）中进行选择。

副作用

如果说非物质遗产是一种诊断,保护是一种治疗,那么,它并非没有副作用。一些案例研究警告说,副作用有时可能比疾病更严重。因此,游自荧(You Ziying)在对联合国教科文组织对洪洞走亲习俗的承认带来的后果的研究中得出结论:"努力保护非物质文化遗产已经引起一系列转变,使当地社群和民众失去了权力"(2015:264)。

正如利亚·洛索普解释的那样,由于鸠提耶耽被列入联合国教科文组织的名录,大量资金投入鸠提耶耽的保护之中。此外,用洛索普在喀拉拉邦共事过的一位艺人的话来说,这意味着"鸠提耶耽成了一种有基本工资的职业……拉梅什能够结婚,因为他可以说他在这里工作。这是一个真正的社会变迁"(2015:168)。然而,这些资金是有附加条件的。它们是通过机构发放的,那些有幸赚到工资的艺人现在"需要每周在机构住六天,休假需要正式申请并会减少工资,学员和艺人都需要计考勤,并需要提交详细说明他们每月活动的书面材料"(2015:168)。与洛索普交谈的另一位艺人反映,"现在我们有了一个正常工作的人的条件。这对公职来说是好事,但对艺术来说是坏事"(2015:170)。

洛索普和游自荧不是仅有的得出这种结论的人。其他各种研究(其中一些在前几章中引用过)也记录了类似的发现:想想贝尔加的帕图姆或杰玛·埃尔夫纳的文化空间(见第四章),或者回忆一下《山鹰之歌》的故事中玻利维亚政府保护传统文化的努力(见第二章)。他们生活在世界各地很多不同的地方,但却有着同样的不满,作为非物质遗产保护的一部分,地方行动者被要求将他们的文化实践形式的控制权交给专家、理事会和行政人员。

流行病学

非物质遗产正在迅速扩散。在撰写本书时，联合国教科文组织已承认399项人类非物质遗产，很快会有更多。这个数字每年都在增加。然而，这个名录仅仅是代表性的。在国家层面，这个数字要多得多。根据国家的不同，每个国家的非物质遗产清单中都有几十个或几百个项目。例如，仅瑞士（人口800万）就有167项官方承认的非物质遗产，而秘鲁（人口3000万）约有150项，印度（人口12.1亿）有34项。

未经确认的非物质遗产可能要多得多。2003年在巴黎联合国教科文组织总部召开的起草公约文本的专家会议上，我听一位日本外交官说："据说仅在我国就有6万多项非物质文化遗产。"另一方面，2006年在阿尔及尔举行的公约执行委员会会议上，我目睹了一位来自卢森堡的外交官（绷着脸）声称，他的国家只有一项非物质遗产，因此，他接着说，将它列入名录并加以保护势在必行，以免卢森堡人民一无所有。

从这最后一对数字可以推测（正如第三章所解释的那样），非物质遗产的"流行病学"可以追溯到日本和东南亚；对于欧洲和美洲来说，非物质遗产的出现相对较晚。直到2003年，非物质遗产才得到国际社会的正式承认，但它的"传染性"很强。此后，在世界上的195个国家中，有178个国家被"诊断"出了非物质遗产。它已经普遍存在。

结　论

如果非物质遗产是解决方案，那么问题是什么？

前面的章节呈现了制造非物质遗产的积极的和令人担忧的后果，它促成的名录、激活的节日、唤醒的社群，以及它在当代社会中协调差异的方式。联合国教科文组织的《非物质遗产公约》标志着作为一个范畴和概念的遗产的变革。与此同时，它也引出了一些问题：为什么要变革，为什么是现在？人们用非物质遗产的概念和公约来解决哪些问题，产生了什么效果？

回答这些问题有几种方法，这要看从哪里开始解析概念和公约，沿着哪条线索进行阐释。非物质遗产试图弥补的一个困境是世界遗产的不平衡和偏见。虽然《世界遗产公约》在1972年开辟了一个新的领域，但事实证明，它的概念过于狭窄，跟不上遗产激增的速度。与之相关的《世界遗产名录》应该代表着具有突出价值的文化和自然遗产，保护这些遗产是全人类的责任。这个名录和标注名录的地图恰恰说明了公约的问题所在：看起来世界上一半的杰出文化遗产都在欧洲，其中大部分在欧洲中部和南部，集中在一块相对较小、人口稀少的土地上。相比之下，人类的摇篮——撒哈拉以南非洲——仅拥有6%的文化遗产，与意大利一个国家相同。即使非洲文化的中性表现形式中，也包括许多殖民时代欧洲贸易和统治的遗迹。《世界遗产公约》宣称自己具有世界性的保护伦理，结果却发现其中隐含的世界观相当狭隘。

这一公约将文化遗产定义为古迹、建筑群和遗址，在限定文化遗产的范围方面发挥了重要作用。不久以前，这个公约的《操作指南》进一步限定了它的针对性，推行了以建筑材料为重点的"本真性检验"。实际上，这些条件是以雅典卫城、凡尔赛宫和科隆大教堂等不朽的石质建筑作为世界遗产的典范。这样构思的世界遗产排除了非纪念碑主义的文明的大部分物质遗迹，排除了用木材和其他有机材料建造环境的民族的大部分遗迹，当然，也排除了所有"非物质的"文化，通过这些文化，现在与过去联系在一起。可以肯定的是，现在的世界遗产是要进行修订的，《操作指南》从2005年开始就进行了修订，对本真性的标准进行了扩大和相对化。然而，这种视野的扩大是一个缓慢而又片面的过程，它本身也受到2003年《非物质遗产公约》的影响。

只有在这种情境中，才能理解非物质文化遗产的概念。它的基础是差异——而不是非物质。保护《非物质文化遗产公约》脱胎于被《世界遗产公约》排除者的一种联盟，它试图调整他们与过去世代的关系，来适应公约的普洛克路斯式式（Procrustean）定义。在日本、韩国和非洲国家联合体的推动下，2003年的公约成为对世界遗产名录比例失衡和1972年的公约背后扭曲的、欧洲中心主义的观念加以解决的方案——它纠正、扩展和扩大了后者。

在这方面，《非物质遗产公约》表明了联合国权力的新平衡。在20世纪60年代起草《世界遗产公约》时，许多支持这个公约的国家还不是主权国家。自此以后，世界经济也发生了巨大的变化，日本成为教科文组织正常预算和遗产维护自愿捐款的最大捐助国就是证明。这些政治经济发展是制造非物质遗产的先决条件。很难想象，如果没有20世纪下半叶获得独立的国家的支持，新的公约还会产生。但是，即使这不成问题，如果日本不支付起草委员会的会议费用，不资助发展中国家参加会议，不设立信托基金支付非物质遗产部门的项目费用，如果1993年至2003年非物质遗产部门的负责人和1999年至2009年的教科文组织总干事（均为日本人）不把公约放在其议程的首位，新公约也很难产生。

日本及其在东亚、非洲和其他地区的许多盟友，以非物质遗产的概念为组织原则，在国际遗产政策上挑战西方霸权。这个联盟的领导人重新塑造了普世范畴，努力谋求自己的霸权。鉴于新公约以日本和韩国的遗产实践形式为蓝本，迄今为止，它的成功已经展现作为这个领域最佳实践形式的日本和韩国的保护方式，并使他们的非物质遗产专家的专业知识受到追捧。这就使我们对开头的问题——如果非物质遗产是解决方案，那么问题是什么？——有了另一个答案。对于日本来说，它解决了如何在文化领域赢得朋友和影响更多人的问题——它是文化外交的工具，在世界体系中开辟了新的领域，日本在其中处于领先地位（韩国紧随其后）。

对于公约，最常提到的原理是回答同一问题的第三种方式。非物质文化遗产——不是概念，而是它涵盖的东西——被认为是濒危的。与全球化的不利影响相关联，"脆弱性"实际上是非物质遗产概念的构成要素。非物质遗产几乎被定义为濒临灭绝的，人们认为它的濒临灭绝具有全球性的原因和后果。联合国教科文组织内外流传的故事都谈到了商业化、输出、城市化等带来的威胁，这些故事推动了政策的制定。非物质遗产的脆弱性是道德必须介入的基础，各国政府必须在为时以晚之前尽其所能保护这些遗产。为此，制定了各种措施来防止变化，促进传统实践形式和表达形式的延续。这类保护的共同之处是试图改变社群和地方精英与传统的关系，教会他们为自己的实践形式和表达形式感到自豪。这种转变和限定导致把不同的舞蹈、歌曲、戏剧、故事、手艺、技能和文化空间视为社群的遗产。将民间文化认定为遗产，与其说是一种描述，不如说是一种干预，非物质遗产的概念是规范性的，不是分析性的。这种认定使官方努力保护实践形式与表达形式得以合理化，通过激发那些能够有所作为的人对这些传统的兴趣，保护民间文化的努力不可避免地需要整合到官方结构中。

然而，遗产干预重构的不仅仅是实践形式与表达形式。这些干预有必要将社群确立为文化中心和行政单位。围绕着社群原则组织民众的认同和忠诚，非物质遗产应被理解为统治社群化的一个方面，在过去的几十年里，统治社群化已成为（新）自由主义治理的特色。就像国家通过操纵符号、神圣化民族文化和认定共同遗产来邀请公民将自己想象成民族共同体一样，援引非物质遗产，为地方的、本土的或离散的社群提供了象征性的东西。

《非物质遗产公约》甚至将非物质遗产的定义也延伸到社群：非物质文化遗产的概念是指社群"承认为其文化遗产一部分"的"实践形式、表现形式、表达形式、知识、技能"。它还指导政府、政策制定者、遗产专家、博物馆和其他机构，让社群作为积极的合作伙伴，参与保护他们的遗产。因此，社群成员被整合到代表工作中，非物质遗产成为赋予社群自治权和发言权的机制。但是，为了做到这一点，需要稳定社群，也就是说，需要确定一套特定的社会关系和权威，使它成为一个能够统一口径的单位。事实上，这是《非物质遗产公约》的一个主要目标。进一步来看，非物质遗产实际上等同于社群。保护非物质遗产的一个主要理由是，在全球化的世界中抵御身份认同的侵蚀，恢复对社群的情感投资。从这个意义上说，非物质遗产是一个伦理概念——它指的是人际关系、忠诚和社会组织。公约的目的不仅是保护传统实践形式与表达形式，而且同样重要的是保护社群。

通过非物质遗产的项目促进、展示、节日、维护、建档、教育和振兴来保护社群，就是要管理社群成员的行为。将行为的责任委托给社群，这种统治的社群化创造并利用国家与个人之间的第三空间，提升集体主体的地位，使个人可以在其中发言。然而，这些社群主体被严格界定为受国家管制的主体，是国家主体的补充而不是替代。事实上，通过行政关系和对专业知识、资金和技术支持的依赖，被赋权的社群巩固了与中央政府的联系。在非物质遗产的各种展示类型（名录、清单、节日、纪录片、教学资源和展览）中，围绕各种原则（地方、本土、族裔、宗教、离散等）组织起来的社群叠加在一起，国家颂扬人口多样性中的统一性：各种各样的非排他性的身份、遗产和社群在同一领土和同一政府下多姿多彩地共存。这也是理解非物质遗产的另一种方式。如果它是一种解决方案，那么它帮助解决的问题之一就是当代社会中的文化差异。非物质遗产提供了一种方式来管理可操控的多样性这种差异，而不削弱整治的统一。

《非物质遗产公约》也普及了这种技术。联合国教科文组织的名录、手册、多媒体演示文稿、网站和其他宣传项目，将全球各地的地方实践形式并置起来，创造了一个具有多重独特性的蒙太奇，邀请我们在上面推想一个想象的全球社群。《代表作名录》明确了这种地方、国家和全球之间的三角关系。它代表由社群和根据社群定义的遗产，这些遗产由公约缔约国提名列入这个名录，并归属于人类整体。非物质遗产是培养地方社群好邻居、国家社群好市民、全球社群好公民之公共美德的机制。换句话说，非物质文化遗产是用和谐一致的政治来调和差异政治的工具。

最后这个思路与联合国的基本使命有关,联合国是在第二次世界大战后为防止未来战争而成立的。正如开篇所述,作为联合国文化、教育和科学的分支,联合国教科文组织的宪章以这段著名的文字开头:"战争起源于人之思想,故务须于人之思想中筑起保卫和平之屏障",《非物质遗产公约》在根本上是实现这一目标的手段。

因此,非物质遗产的概念和保护非物质遗产的公约呼吁解决一系列问题:藐视《世界遗产公约》奉为圭臬的物质主义教条;挑战文化领域的国际霸权;重新平衡国际遗产讨论中的力量;正视全球化的挑战;保护社群,将它们确立为文化、政治和行政的单位;在国家和国际层面将差异作为文化多样性进行管理;用和谐代替纷争;追求和平。

韩国于1993年向联合国教科文组织执行局提议建立一个人类活态珍宝的国际制度——事后看来,这是一个转折时刻,使联合国教科文组织走上了十年后通过《非物质遗产公约》的轨道。韩国的提案认为,非物质遗产比受《世界遗产公约》保护的物质遗产有更多的优势。建议采用人类活态珍宝范式的一个核心论点是,非物质遗产是"意识形态证明"(UNESCO 1993:3)。根据这个提案,"物质文化财产会引起意识形态争论,而非物质文化财产则不会"。

回想起来,这种说法似乎有些牵强。无论是否涉及列入名录、卓越、突出品质,本真性与振兴,所有权、主权与社群参与,文化差异,同质性与霸权,或者人类的道德团结、围绕制造非物质遗产的争论、审议和谈判,都不能保证它是"意识形态证明"。公约在世界各地的实施也是如此。非物质遗产如果没有争议,那就什么都不是。

的确,不用看别的,就看韩国本身。2013年,韩国第15个被提名列入《代表作名录》的是泡菜制作与分享,这是一个烹饪-社会过程,也被称为"越冬泡菜"。正如《代表作名录》所述,泡菜"是韩国饮食的重要组成部分,超越了阶级和地域差异",而且"越冬泡菜的集体实践再次肯定了韩国人的身份认同,是强化家庭合作的绝佳机会"(UNESCO Intangible Cultural Heritage Lists 2013)。显然,这种对身份认同的肯定不能超越1953年朝鲜和韩国停战协定所划定的边界。联合国教科文组织承认泡菜为韩国的非物质遗产,但朝鲜并不接受。由于受到冷落和侵犯,平壤方面迅速提出了自己的泡菜遗产提名。朝鲜并非每天都能获得国际荣誉,然而,在2015年的会议上,保护非物质文化遗产政府间委员会将"朝鲜民主主义人民共和国的泡菜制作传统"也列入联合国教科文组织的《代表作名录》。

非物质遗产是"意识形态证明"而且不会引发争议的说法不过如此。怎么可能不呢?事实上,细究之下,即使是使公约合理化的传统叙事,也在讲述着不同的故事。这些起源和成功的故事在联合国内部传播,通过联合国在各国代表团的外交官、专家、律师和学者中传播,在联合国教科文组织秘书处、世界知识产权组织和其他已将民俗纳入国际议程的联合国组织中传播。这本书探讨了几个这样的故事。其中三个故事以玻利维亚、秘鲁、摩洛哥和日本为背景,讲述了国际合作对保护世界范围内的地方文化的重要性:《山鹰之歌》曲调、杰玛·埃尔夫纳集市、法隆寺和伊势神宫的故事。讲述这些故事是为了解释、教化和激励,用来作为行动的宪章。

我以不同的方式讲述它们,拒绝停留在它们"从此幸福"的结尾。这些经常讲述的故事,给我们留下了不同的经验教训,比如马拉喀什的杰玛·埃尔夫纳集市的故事。一方面,顶着非物质遗产的名头,保护广场的努力是成功的。广场还在那儿,依然是一个充满无数表演、商品、服务和人的文化空间。它并没有像计划中的那样变成建筑工地或停车场。另一方面，杰玛·埃尔夫纳概括了非物质遗产的悖论。作为其保护的一部分，这个广场划定了区域，安排了时间，进行了管理，登记了表演者，标准化了售货车，草药师安静了下来，公交站和出租车候车区被搬到了另一个地方，带走了故事讲述人的观众。在保护杰玛·埃尔夫纳的过程中，马拉喀什当局最后成功地为杰玛·埃尔夫纳带来了秩序。这就引出了一个问题，这是购物中心的替代方案吗？我们是否面临着一个选择，或者消除差异以达到同质化的目的——比如好的停车场、美体小铺、贝纳通，或者以遗产之名编排差异，以整齐有序的方式展现令人愉快的多样性。

拒绝停留在成功故事的"从此幸福"上，会让我们对之前发生的一切有一个全新的认识。然而，同样重要的是，拒绝只从"从前"开始。开头代表一个任意的截止点，掩盖了之前发生的事情。追溯到这个截止点之前，可能会从根本上改变我们对后来事情的理解。"山鹰之歌"的起源及其在20世纪世界性的流传，为联合国教科文组织经常讲述的西蒙和加芬克尔涉嫌盗用安第斯原住民曲调的故事，以及它如何促使玻利维亚政府在1973年写信请求联合国教科文组织支持保护非物质文化，提供了一个截然不同的视角。米歇尔·福柯曾这样说："知识不是为理解而生的，而是为切割而生的。"（1984：88）打破对非物质遗产如何成为联合国教科文组织重点保护对象的一般理解，切入线性的起源故事，开启了另一种看待保护的视角。知道1973年的信是由一个在拉丁美洲历史上最强硬的军事政权中的外交部部长发出的，这无疑是在邀请我们重新思考开篇的问题，如果非物质遗产是解决方案，那么问题是什么？

叙事是一种批评策略。我在本书中就是这样使用它的。这种方式拒绝封闭，而是追求原则和实践的开放，来仔细观察和想象。作为一种强有力的类型，起源故事展示了叙事的批评能力。回到起点，重新审视起源——从不同的起点出发，放大被压抑的声音，复原被抹去的痕迹——使埋藏已久的和解与分歧重见天日。同时，挖掘出未曾走过的道路、错过的机会和放弃的选择。正如布尔迪厄所言，在以不同的方式叙述起源时，我们找回了"事情本来（而且仍然）并非如此的可能性"（1994：4）。

这是民俗学在遗产领域的一项任务。作为现代性的故事讲述人（Köstlin 1997：1999），民俗学研究可以为非物质遗产增加批评的利器。但其他人也有任务。例如，档案管理员的任务是编制文化实践形式清单，策展人的任务是解释这些文化习俗，教师的任务是对人们进行文化实践形式教育，文化经纪人的任务是架设桥梁，使人们跨越差异，走到一起。

非物质遗产的造物——概念和公约最令人鼓舞的结果也许是，它把以前归属不同文化范畴的多种多样的实践形式和形形色色的人聚集在一起。没有什么比这更能体现概念的执行能力及其创造的可能性了。这个概念邀请我们去想象，是什么将多种多样的风俗习惯、文化实践形式和传统表达形式结合在一起，唱歌与编织的共同点是什么，筑造与跳舞的共同点是什么，烹饪与雕刻的共同点是什么，或者针灸与弹手风琴的共同点是什么。这里蕴藏着探索的机会和探讨者的集会。我们可以伸出双手，促进合作，加强团结。

将它们结合在一起的是，从无数特殊环境中创造出美、形式和意义的审美能力，通过重复前人的言语、声音、手势这样的表达形式和实践形式来与他们联系的能力，以及与他人分享这些东西的社会能力。这就是处于非物质遗产核心的创造性活力。虽然有缺陷、不完善、不充分，但《非物质遗产公约》就是要发挥这种活力。为了有望取得成功，需要批评的眼光、关爱的双手和民俗研究的交叉视角。

致 谢

就像一项国际公约一样，本书酝酿了很长时间，但在很短的时间内就成型了。在写作过程中，得到了很多人的帮助，同事和朋友的支持让我感激不尽。本书部分章节在过去的十年里已发表于杂志和文集中，感谢编辑和匿名评审以及我的朋友和同事，他们都先后读过本书的部分手稿，他们的批评我欣然接受。他们是：赤川夏子、瑞吉娜·本迪克斯、基亚拉·博尔托洛托、迈克尔·迪伦·福斯特、劳伦特–塞巴斯蒂安·富尼耶、丽莎·吉尔曼、西古尔洪·B.哈夫斯坦松（Sigurjón B. Hafsteinsson）、加力特·哈桑–罗克姆（Galit Hasan-Rokem）、多罗特·赫姆（Dorothee Hemme）、黛博拉·卡普尚、阿奇·G.卡尔森、芭芭拉·克申布莱特–吉姆布雷特、约翰·林多（John Lindow）、法比奥·穆格奈尼（Fabio Mugnaini）、约恩·佩图尔松（Jón Þór Pétursson）、拉富尔·拉斯特里克（Ólafur Rastrick）、马丁·赫尔吉·西古雷松（Marteinn Helgi Sigurðsson）、马丁·斯克里德斯特鲁普（Martin Skrydstrup）、劳拉简·史密斯、马库斯·陶舍克、托克·汤普森（Tok Thompson）和弗朗西斯科·瓦斯·达·席尔瓦（Francisco Vaz da Silva）。多亏他们的评论、建议和鼓励，这本书才变得好多了。

由衷感谢我在冰岛大学、加州大学伯克利分校、宾夕法尼亚大学和纽约大学的老师们，不管是在世的还是已故的，他们分别是：约恩·赫内菲尔·亚尔斯坦松（Jón Hnefill Aðalsteinsson）、格斯利·西古尔松（Gísli Sigurðsson）、特里·冈内尔（Terry Gunnell）、兰维格·特劳斯塔多蒂尔（Rannveig Traustadóttir）、阿兰·邓迪斯、约翰·林多、瑞吉娜·本迪克斯、罗杰·D.亚伯拉罕和芭芭拉·克申布莱特-吉姆布雷特。

真诚感谢哥德堡大学文物保护系的同事们，我在那里度过了一个休假年，为本书整理思路。感谢我的朋友博塞·拉格奎斯特（Bosse Lagerqvist），他作为主人邀请了我。感谢冈纳尔·阿尔梅维克（Gunnar Almevik）、英格瑞德·马丁斯-霍尔姆伯格（Ingrid Martins-Holmberg）、伊娃·莱夫格伦（Eva Löfgren）、安妮利·帕尔姆斯金德（Anneli Palmsköld）、卡塔琳娜·萨尔茨曼（Katarina Saltzman）和奥拉·韦特伯格（Ola Wetterberg）这些文物保护系的朋友，以及供职于哥德堡大学其他部门的克里斯特·阿尔贝格尔（Christer Ahlberger）、亨利克·贝内施（Henric Benesch）、克斯汀·冈内马克（Kerstin Gunnemark）、克里斯汀·汉森（Christine Hansen）、克里斯蒂安·克里斯蒂安森（Kristian Kristiansen）、迈克拉·伦达尔（Mikela Lundahl）和弗雷德里克·斯科特（Fredrik Skott）。

感谢皮特·扬·马格里（Peter Jan Margry），是他邀请我到阿姆斯特丹梅尔滕斯研究所，感谢他的友善和灵感；感谢阿姆斯特丹的民族学同事们，尤其是海斯特·迪比茨（Hester Dibbits）和苏菲·埃尔珀斯（Sophie Elpers）。此外，我要向2013年至2017年间国际民族学与民俗学会执行委员会的同事们致敬，除了皮特·扬和苏菲·埃尔珀斯，还有佩尔蒂·安托宁（Pertti Anttonen）、贾斯纳·萨波（Jasna Čapo）、蒂恩·达姆斯霍尔特（Tine Damsholt）、劳伦特-塞巴斯蒂安·富尼耶、阿尔祖·什图尔克门（Arzu Öztürkmen）、克拉拉·萨拉瓦（Clara Saraiva）、莫妮克·舍尔（Monique Scheer）和内韦纳·阿伦皮耶维奇（Nevena Škrbić Alempijević），也感谢罗汉·杰克逊（Rohan Jackson）和特里努·麦茨（Triinu Mets）的支持。我们多年的合作支撑了本书的出版。

除了以上提到的，其他同事和朋友也在交谈和写作中激发了本书中的想法，包括佩尔蒂·安托宁、罗伯特·巴伦，托尼·班尼特、查尔斯·布里格斯、乔安·康拉德（JoAnn Conrad）、克里斯顿·艾纳德斯多蒂尔（Kristín Einarsdóttir）、利泽特·格拉登（Lizette Gradén）、冈纳尔·艾尔汉森（Gunnar Ól. Hansson），埃伦·赫兹、科尼利厄斯·霍尔托夫（Cornelius Holtorf）、杰森·贝尔德·杰克逊（Jason Baird Jackson）、马克·雅各布斯（Marc Jacobs）、约恩·约恩松（Jón Jónsson）、巴布罗·克莱因、理查德·库林、克里斯丁·库特玛、汉内·皮科·拉尔森（Hanne Pico Larsen）、利亚·洛索普、斯蒂芬·米切尔（Stephen Mitchell）、多萝西·诺伊斯、艾略特·奥林（Elliott Oring）、克里斯蒂娜·桑切斯-卡雷特罗（Cristina Sánchez-Carretero）、克里斯汀·施拉姆（Kristinn Schram）、格斯利·西古尔松、温德·温德兰德（Wend Wendland）、吉伦·怀特海（Guðrún Whitehead）和雷萨·奥尔施泰因斯德蒂尔（Rósa Þorsteinsdóttir）。

特别感谢瑞克斯·斯梅兹，我在巴黎进行田野工作时，他是联合国教科文组织非物质文化遗产部的负责人。他给了我利用文件和接触工作人员的特权，并极为慷慨地和我分享自己的时间和知识。

丽莎·吉尔曼、黛博拉·卡普尚、利亚·洛索普和马库斯·陶舍克都慷慨地与我分享他们田野工作的照片，以便在本书中涉及他们的研究时用作插图。对于这些学院式的慷慨行为以及他们的研究，我感激不尽。

感谢我的朋友、同事和一辈子的会议室友托克·汤普森，感谢他的所有鼓励、热情而愉快的支持以及平和而精到的激励。感谢我的朋友艾略特·奥林，他时刻关注本书的进展。

电影制作人兼人类学学者阿斯劳格·埃纳斯多蒂尔和我一起制作了一部30分钟的纪录片，描述的是本书第二章讲过的"山鹰之歌"的故事，这个纪录片可以免费在线观看。我从她那里学到很多。

最后，我必须要感谢民俗学兼民族学学者奥乌尔·维奥斯德蒂尔（Auður Viðarsdóttir），她帮我在付梓前最后几周把手稿连为一体。如果没有她的帮助，这本书的出版日期可能会晚一年，而且内容也远没有那么连贯。

一如既往地感谢冰岛大学给我充裕的时间进行写作。也感激冰岛研究中心和欧洲区域研究人文中心的资助，帮助我推进研究，对于后者，非常感谢在HERA基金项目、版权、文化遗产研究所和知识产权系统的合作者们，他们是海勒·波尔斯达姆（Helle Porsdam）、拉凯·贝尔德（Lucky Belder）、伊娃·海蒙斯·维尔顿（Eva Hemmungs Wirtén）和菲奥娜·麦克米伦（Fiona Macmillan）。

至于其他灵感来源，后面的参考文献实际上是致谢的扩展。虽然没有提及我的妻子布林希尔杜尔（Brynhildur）和我们的孩子汉内斯（Hannes）、拉本海乌尔（Ragnheiður），但是，如果没有他们，也许仍会有这本书，但其他的一切都会很糟糕。

这本书的大约一半，之前在期刊和书籍中发表过，但在这里又做了很多的修改。在写这本书的过程中，我把内容在章节之间进行重组，把曾经属于书中不同部分的论点、主题和文本进行分配。我淘汰了过时的，更新了仍然重要的。围绕那些现在看来比以前更有趣的线索，我扩展并改变论点。我留意搜集、阅读了最近这个全新领域中激增的一些重要文献。当我开始研究文化遗产、传统知识和国际组织时，这些主题没有吸引力，如今则有了可喜的变化。在过去的十年里，我还从《非物质遗产公约》的实施中总结出很多新的例子。我设计了（在我看来）章与章之间的逻辑分工，同时（在我看来）始终保持着一个连续的故事情节。尾声用（我喜欢用的）丝带和蝴蝶结来结束。

我之前发表过的作品，在本书中进行了修改，它们曾见于以下出版物：

《非物质遗产作为诊断，保护作为治疗》，载于《民俗学研究杂志》52卷（2—3），281—298页，布卢明顿：印第安纳大学出版社，2015年。（就题为"民众眼中的联合国教科文组织：非物质遗产的地方视角"的专题进行评论及批评性的讨论，编辑是迈克尔·迪伦·福斯特和丽莎·吉尔曼。）

《保护即剥夺：政府在民间》，载于《文化遗产的传承：作为人权的无形权利》，黛博拉·卡普尚主编，25—57页。费城：宾夕法尼亚大学出版社，2014年（书中一章）。

《文化遗产》，载于《民俗学指南》，瑞吉娜·本迪克斯和加力特·哈桑-罗克姆主编，500—519页，伦敦：布莱克威尔，2012年（书中一章）。

《非物质遗产作为名录：从杰作到代表》，载于《非物质遗产》，劳拉简·史密斯和赤川夏子主编，93—111页，伦敦：劳特利奇，2009年（书中一章）。

译后记

十多年前,偶然间看到一篇博士论文,题为 The Making of Intangible Cultural Heritage(非物质文化遗产的制造),尽管当时我对"非遗"研究不感兴趣,但大概是出于自己当时正痴迷于地方营造研究的缘故,一下子就被这个题目所吸引。细读下来,顿觉这篇论文在彼时已有铺天盖地之势的"非遗"研究中清新脱俗、非同凡响,遂推荐给我的一个学生阅读,并建议她硕士论文可做类似的研究,或许还可以将这篇博士论文翻译出来。遗憾的是,虽然学生围绕一个省非物质文化遗产保护中心的运作写了篇学位论文,但翻译之事却不了了之。

五年前,我给这篇博士论文的作者瓦尔迪马·哈夫斯泰因写信,希望能获得授权翻译他的某篇论文。他很快回信答复,并说自己有一本关于"非遗"研究的专著即将出版。2018年年底,他寄来了这本书,白色字体的书名 MAKING INTANGIBLE HERITAGE(制造非遗)多少显得有点扎眼——即使处于封面图片的色彩斑斓之中。但是,书中所论于我而言却很亲切,颇有故交重来之感,盖因这本书与前述博士论文一脉相承,而且很多经验素材就是来自作者攻读博士学位期间在联合国教科文组织的田野工作。有评论者认为，这本小书"引人入胜""通俗易懂""回味无穷"，我深表赞同，这是普通读者和专业学者都可阅读并有所收获的根本原因。而书中所言"志在改变我们思考非物质文化遗产的方式"，是我决定翻译这本书更重要的原因。仰望和俯视均属不良习惯，历史时空中的穿行与回味或许有助于某种平衡。套用列维-斯特劳斯的话来说，非物质文化遗产也是用来思考的。

翻译是在两年多的时间里断断续续进行的，在这个过程中，巴莫曲布嫫老师和黄涛老师提供了很多帮助和建议，尤其是在一些关键术语的斟酌上；李翼、赵强、廖先凌也通读了译稿，找出了不少翻译和行文上的错误；马莲校对了整篇译稿。对于各位师友的无私帮助，我深表感谢！当然，文责自负，自不必说。在编辑、出版的过程中，李静韬女士及其同事做了很多贡献，在此一并致谢！

由于译者水平所限，错误与不足之处在所难免，请读者诸君谅解并不吝批评指教！

闲人
2022.4.22

参考文献

Abélès, Marc. 1992. *La vie quotidienne au Parlement europé*en. Paris: Hachette.

———. 1995. "Pour une anthropologie des institutions." *L'Homme* 35 (135): 65-85.

———. 1996. "La Communauté européenne: une perspective anthropologique." *Social Anthropology* 4 (1): 33-45.

———. 2000. *Un ethnologue à l'Assemblée*. Paris: Odile Jacob.

Abercrombie, Thomas. 1992. "La fiesta del carnaval postcolonial en Oruro: Clase, etnicidad y nacionalismo en la danza folklórica." *Revista Andina* 10 (2): 279-352.

———. 2001. "To Be Indian, to Be Bolivian. 'Ethnic' and 'National' Discourses of Difference." In *Nation-States and Indians in Latin America*, edited by Greg Urban and Joel Sherzer, 95-30. 2nd ed. Tucson: Hats Off Books.

Abeyta, Loring. 2005. "Resistance at Cerro de Pasco. Indigenous Moral Economy and the Structure of Social Movements in Peru." PhD dissertation, University of Denver.

Abrahams, Roger D. 1982. "The Language of Festivals: Celebrating the Economy." In *Celebration: Studies in Festivity and Ritual*, edited by Victor W. Turner, 161-177. Washington, DC: Smithsonian.

———. 1993. "Phantoms of Romantic Nationalism in Folkloristics." *Journal of American Folklore* 106 (419): 3-37.

Adell, Nicolas, Regina Bendix, Chiara Bortolotto, and Markus Tauschek, eds. 2015. *Between Imagined Communities and Communities of Practice. Participation, Territory, and the Making of Heritage*. Göttingen: Universitätsverlag Göttingen.

Agrawal, Arun. 2005. "Environmentality. Community, Intimate Government, and the Making of Environmental Subjects in Kumaon, India." *Current Anthropology* 46 (2): 161-190.

Agrawal, Arun, and Clark C. Gibson. 2001. The Role of Community in Natural Resource Conservation. In *Communities and the Environment. Ethnicity, Gender, and the State in Community-Based Conservation*, edited by Arun Agrawal and Clark C. Gibson, 1-31. New Brunswick: Rutgers University Press.

Akagawa, Natsuko. 2015. *Heritage Conservation and Japan's Cultural Diplomacy: Heritage, National Identity and National Interest*. London: Routledge.

Al Jazeera. 2012. "Ansar Dine Destroy More Shrines in Mali." July 10, 2012. http://www.aljazeera.com/news/africa/2012/07/201271012301347496.html.

Albro, Robert. 2005. "The Challenges of Asserting, Promoting, and Performing Cultural Heritage." *Theorizing Cultural Heritage* 1 (1): 2-8.

Alivizatou, Marilena. 2016. *Intangible Heritage and the Museum: New Perspectives on Cultural Preservation*. New York: Routledge.

Allias, L. 2012. "The Design of the Nubian Desert: Monuments, Mobility, and the Space of Global Culture." In *Governing by Design: Architecture, Economy, and Politics in the Twentieth Century*, edited by Aggregate, 179-215. Pittsburgh: University of Pittsburgh Press.

Almevik, Gunnar. 2016. "From Archive to Living Heritage. Participatory Documentation Methods in Craft." In *Crafting Cultural Heritage*, edited by Anneli Palmsköld, Johanna Rosenqvist, and Gunnar Almevik, 77-99. Gothenburg: University of Gothenburg.

Anderson, Benedict. 1991. *Imagined Communities. Reflections on the Origin and Spread of Nationalism*. 2nd ed. London: Verso.

Andina. 2009. "INC: Danza la diablada debe ser entendida como un bien común del pueblo del altiplano." August 6, 2009. http://www.andina.com.pe/agencia/noticia-inc-danza-diablada-debe-ser-entendida-como-un-bien-comun-del-pueblo-del-altiplano-247025.aspx.

Anttonen, Pertti J. 2005. *Tradition through Modernity. Postmodernism and the Nation-State in Folklore Scholarship*. Studia Fennica Folkloristica, 15. Helsinki: Finnish Literature Society.

——. 2012. "Oral Traditions and the Making of the Finnish Nation." In *Folklore and Nationalism in Europe during the Long Nineteenth Century*, edited by Timothy Baycroft and David Hopkin, 325-350. Leiden: Brill.

Apotsos, Michelle Moore. 2017. "Timbuktu in Terror: Architecture and Iconoclasm in Contemporary Africa." *International Journal of Islamic Architecture* 6 (1): 97-120.

Appadurai, Arjun. 1996. *Modernity at Large: Cultural Dimensions of Globalization*. Minneapolis: University of Minnesota Press.

Arizpe, Lourdes, and Cristina Amescua, eds. 2013. *Anthropological Perspectives on Intangible Cultural Heritage*. New York: Springer.

Árnason, Arnar, and Sigurjón Baldur Hafsteinsson. 2018. *Death and Governmentality in Iceland. Neo-Liberalism, Grief and the Nation-Form*. Reykjavík: University of Iceland Press.

Arnold, Matthew. 1998 [1869]. "Culture and Anarchy." In *Cultural Theory & Popular Culture. A Reader*, edited by John Storey. 2nd ed. Athens: University of Georgia Press.

Ashworth, Gregory J., Brian Graham, and John E. Tunbridge. 2007. *Pluralising Pasts. Heritage, Identity and Place in Multicultural Societies*. London: Pluto Press.

Australian Department of Environment and Heritage. n.d. "Implications of World Heritage Listing." Accessed October 14, 2017. http://www.environment.gov.au/heritage/about/world-heritage/implications-world-heritage-listing.

Aykan, Bahar. 2013. "How Participatory Is Participatory Heritage Management? The Politics of Safeguarding the Alevi Semah Ritual as Intangible Heritage." *International Journal of Cultural Property* 20 (4): 381-405.

——. 2015. "'Patenting' Karagöz: UNESCO, Nationalism and Multinational Intangible Heritage." *International Journal of Heritage Studies* 21 (10): 949-961.

——. 2016. "The Politics of Intangible Heritage and Food Fights in Western Asia." *International Journal of Heritage Studies* 22 (10): 799-

810.

Baird, Melissa. 2015. "Natural Heritage. Heritage Ecologies and the Rhetoric of Nature." In *Heritage Keywords. Rhetoric and Redescription in Cultural Heritage*, edited by Kathryn Lafrenz Samuels and Trinidad Rico, 207-220. Boulder: University Press of Colorado.

Baptista Gumucio, Mariano. 1978. *Cultural Policy in Bolivia*. Paris: UNESCO.

Baron, Robert. 2016. "Public Folklore Dialogism and Critical Heritage Studies." *International Journal of Heritage Studies* 22 (8): 588-606.

Baron, Robert, and Nicholas R. Spitzer, eds. 2010. *Public Folklore*. 2nd ed. Washington, DC: Smithsonian Institution Press.

Bauman, Richard. 1986. "Performance and Honor in 13th-Century Iceland." *Journal of American Folklore* 99 (392): 131-150.

Bauman, Richard, and Charles L. Briggs. 2003. *Voices of Modernity. Language Ideologies and the Politics of Inequality*. Cambridge: Cambridge University Press.

Bausinger, Hermann. 1986. "Toward a Critique of Folklorism Criticism." In *German Volkskunde: A Decade of Theoretical Confrontation, Debate, and Reorientation (1967-1977)*, edited by James Dow and Hannjost Lixfeld, 113-123. Bloomington: Indiana University Press.

Baycroft, Timothy, and David Hopkin, eds. 2012. *Folklore and Nationalism in Europe during the Long Nineteenth Century*. Leiden: Brill.

Beardslee, Thomas. 2014. "Questioning Safeguarding: Heritage and Capabilities at the Jemaa el Fnaa." PhD dissertation, Ohio State University.

———. 2016. "Whom Does Heritage Empower, and Whom Does It Silence? Intangible Cultural Heritage at the Jemaa el Fnaa, Marrakech." *International Journal of Heritage Studies* 22 (2): 89-101.

Beck, Ulrich. 1992. *Risk Society: Towards a New Modernity*. London: Sage.

Beck, Ulrich, Anthony Giddens, and Scott Lash. 1994. *Reflexive Modernization: Politics, Tradition and Aesthetics in the Modern Social Order*. Cambridge: Polity Press.

Bedjaoui, Mohammed. 2004. "The Convention for the Safeguarding of the Intangible Cultural Heritage: The Legal Framework and Universally Recognized Principles." *Museum International* 56 (1-2): 150-155.

Bedoya Garland, Eduardo. 1997. "Bonded Labor, Coercion and Capitalist Development in Peru." *Quaderns de l'Institut Català d'Antropologia* 10: 9-38.

Bellier, Irène. 2013. "'We Indigenous Peoples…' Global Activism and the Emergence of a New Collective Subject at the United Nations." In *The Gloss of Harmony: The Politics of Policy-Making in Multilateral Organizations*, edited by Birgit Müller, 177-201. London: Pluto Press.

———. 2015. "L'avenir que veulent les peuples autochtones. Stratégies institutionnelles, mobilisations collectives et force de négociation, à Rio+20." In *Regards croisés sur Rio+20. La modernisation écologique à l'épreuve*, edited by Jean Foyer, 259-279. Paris: CNRS.

Bendix, Regina. 1997. *In Search of Authenticity. The Formation of Folklore Studies*. Madison: University of Wisconsin Press.

———. 2000. "Heredity, Hybridity and Heritage from One Fin-de-Siècle to the Next." In *Folklore, Heritage Politics and Ethnic Diversity*, edited by Pertti J. Anttonen, 37-54. Botkyrka: Multicultural Centre.

———. 2009. "Heritage between Economy and Politics. An Assessment from the Perspective of Cultural Anthropology." In *Intangible Heritage*, edited by Laurajane Smith and Natsuko Akagawa, 253-269. London: Routledge.

———. 2013. "The Power of Perseverance. Exploring Negotiation Dynamics at the World Intellectual Property Organization." In *The Gloss of Harmony: The Politics of Policy-Making in Multilateral Organisations*, edited by Birgit Müller, 23-49. London: Pluto Press.

Bendix, Regina, Aditya Eggert, and Arnika Peselmann, eds. 2013. *Heritage Regimes and the State*. 2nd ed. Göttingen: Universitätsverlag Göttingen.

Bendix, Regina, and Valdimar Tr. Hafstein. 2009. "Culture and Property. An Introduction." *Ethnologia Europaea: Journal of European Ethnology* 39 (2): 5-10.

Benjamin, Walter. 1968. *Illuminations*. New York: Schocken Books.

Bennett, Tony. 1995. *The Birth of the Museum: History, Theory, Politics*. London: Routledge.

———. 1998. *Culture: A Reformer's Science*. London: Sage.

———. 2000. "Acting on the Social: Art, Culture and Government." *American Behavioral Scientist* 43 (9): 1412-1428.

——. 2001a. "Cultural Policy: Issues of Culture and Governance." In *Culture, Society, Market*, edited by Folke Snickars, 13-28. Stockholm: Bank of Sweden Tercentenary Fund/Swedish National Council for Cultural Affairs.

——. 2001b. *Differing Diversities: Cultural Policy and Cultural Diversity*. Strasbourg: Council of Europe.

——. 2003. "Culture and Governmentality." In *Foucault, Cultural Studies, and Governmentality*, edited by Jack Z. Bratich, Jeremy Packer, and Cameron McCarthy, 47-63. Albany: State University of New York Press.

Berg, Lennart. 1978. "The Salvage of the Abu Simbel Temples." *Monumentum* 17: 25-56.

Berliner, David. 2010. "Perdre l'esprit du lieu: Les politiques de l'Unesco à Luang Prabang (RDP Lao)." *Terrain* 55: 90-105.

Bernard, Rosemarie. 2000. "The Image World of Jingu: Media Representation and the Performance of Rites of Renewal at the Grand Shrines of Ise, 1869-1993." PhD dissertation, Harvard University.

Bessmann, Sandra, and Mathias Rota. 2008. "Espace public de la medina. La place 'Jemaa el Fna.'" In *Etude de terrain. La Gentrification dans la Median de Marrakech*, 113-126. Neuchâtel: Université de Neuchâtel, Institut de géographie.

Betts, Paul. 2015. "The Warden of World Heritage: UNESCO and the Rescue of the Nubian Monuments." *Past & Present* 226 (suppl_10): 100-125.

Bharne, Vinayak, and Iku Shimomura. 2003. "Wood and Transience." *Asianart. com: The Online Journal for the Study and*

Exhibition of the Arts of Asia, February 6, 2003. http://www.asianart. com/articles/wood/.

Bigenho, Michelle. 2006. "Embodied Matters: Bolivian Fantasy and Indigenismo." *Journal of Latin American Anthropology* 11 (2): 267-293.

Bigenho, Michelle, Juan Carlos Cordero, Richard Mújica, Bernardo Rozo, and Henry Stobart. 2015. "La propiedad intelectual y las ambigüedades del dominio público: Casos de la producción musical y la patrimonialización." In *Lo público en la pluralidad. Ensayos desde Bolivia y América Latina*, edited by Gonzalo Rojas Ortuste, 131-161. La Paz: Plural editores.

Bigenho, Michelle, and Henry Stobart. 2016. "Grasping Cacophony in Bolivian Heritage Otherwise." Pre-publication version (accepted for publication in *Anthropological Quarterly*). https://pure.royalholloway. ac.uk/portal/files/26545063/BigenhoStobart_Grasping_Cacophony_ AQ_pre_pub_submitted_28_May_16. pdf.

Bille, Mikkel. 2012. "Assembling Heritage: Investigating the UNESCO Proclamation of Bedouin Intangible Heritage in Jordan." *International Journal of Heritage Studies* 18(2): 107-123.

Bismarck, Otto. 1895. *Fürst Bismarck: Neue Tischgespräche und Interviews*, edited by Heinrich Ritter von Poschinger. Vol. 1. Stuttgart: Deutsche Verlags-Anstalt.

Blake, Janet. 2001. *Developing a New Standard-setting Instrument for the Safeguarding of Intangible Cultural Heritage. Elements for Consideration*. CLT-2001/WS/8. Paris: UNESCO.

———. 2006. *Commentary on the UNESCO 2003 Convention on the*

Safeguarding of the Intangible Cultural Heritage. Crickadarn: Institute of Art and Law.

———. 2009. "UNESCO's 2003 Convention on Intangible Cultural Heritage: The Implications of Community Involvement in 'Safeguarding.'" In *Intangible Heritage*, edited by Laurajane Smith and Natsuko Akagawa, 45-73. London: Routledge.

Bognar, Botond. 1997. "What Goes Up, Must Come Down: Recent Urban Architecture in Japan." *Harvard Design Magazine* 3 (Fall): 1-8.

Boissevain, Jeremy, ed. 1992. *Revitalizing European Rituals*. London: Routledge.

Bondaz, Julien, Florence Graezer Bideau, Cyril Isnart, and Anais Leblon, eds. 2017. *Les vocabulaires locaux du "patrimoine." Traductions, negociations et transformations*. Münster: LIT.

Bondy, Juan Carlos. 2008. "El cine, los libros, la muerte" (Interview with Armando Robles Godoy). *La Primera (Semana-Lima)*, July 6, 2008.

Bonet, Lluís, and Emmanuel Négrier. 2011. "The End(s) of National Cultures? Cultural Policy in the Face of Diversity." *International Journal of Cultural Property* 17 (5):574-589.

Boorstin, D. J. 1992. *The Image: A Guide to Pseudo-Events in America*. New York: Vintage.

Bortolotto, Chiara. 2008. "Il processo di definizione del concetto di 'patrimonio culturale immateriale': Elementi per una riflessione." In *Il patrimonio immateriale secondo l' Unesco. Analisi e prospettive*, edited by Chiara Bortolotto, 7-48. Rome: Istituto Poligrafico e Zecca dello Stato.

———. 2009. "The Giant Cola Cola in Gravina. Intangible Cultural Heritage, Property, and Territory between Unesco Discourse and

Local Heritage Practice." *Ethnologia Europaea: Journal of European Ethnology* 39 (2): 81-94.

——. 2010. "Globalising Intangible Cultural Heritage? Between International Arenas and Local Appropriations." In *Heritage and Globalisation*, edited by Colin Long and Sophie Labadi, 95-112. London: Routledge.

——, ed. 2011. *Le patrimoine culturel immatériel: Enjeux d'une nouvelle catégorie*. Paris: Maison des sciences de l'homme.

——. 2013. "Authenticity: A Non-Criterion for Inscription on the Lists of UNESCO's Intangible Cultural Heritage Convention." In *2013 IRCI Meeting on ICH—Evaluating the Inscription Criteria for the Two Lists of UNESCO's Intangible Cultural Heritage Convention. The 10th Anniversary of the 2003 Convention. Final Report*, 73-79. Osaka: International Research Centre for Intangible Cultural Heritage in the Asia-Pacific Region (IRCI).

——. 2015. "UNESCO and Heritage Self-Determination: Negotiating Meaning in the Intergovernmental Committee for the Safeguarding of the ICH." In *Between Imagined Communities and Communities of Practice,* edited by Nicolas Adell, Regina Bendix, Chiara Bortolotto, and Markus Tauschek, 249-272. Göttingen: Universitätsverlag Göttingen.

Bourdieu, Pierre. 1984. *Distinction: A Social Critique of the Judgement of Taste*. Cambridge, MA: Harvard University Press.

——. 1994. "Rethinking the State. Genesis and Structure of the Bureaucratic Field." *Sociological Theory* 12 (1): 1-18.

Brown, Dwayne, Laurie Cantillo, Elizabeth Landau, and Jia-Rui

Cook. 2017. "NASA's Voyager Spacecraft Still Reaching for the Stars after 40 Years." *NASA Jet Propulsion Laboratory, California Institute of Technology*, July 31, 2017.https://www.jpl.nasa.gov/voyager/news/details.php?article_id=48.

Brown, Michael. 1998. "Can Culture Be Copyrighted?" *Current Anthropology* 39 (2): 193-222.

Brumann, Christoph. 2013. "Comment le patrimoine mondial de l'Unesco devient immatériel." *Gradhiva* 18: 22-49.

———. 2014. "Shifting Tides of World-Making in the UNESCO World Heritage Convention: Cosmopolitanisms Colliding." *Ethnic and Racial Studies* 37 (12): 2176-2192.

———. 2016. "Conclusion. Imagining the Ground from Afar. Why the Sites Are So Remote in World Heritage Committee Sessions." In *World Heritage on the Ground. Ethnographic Perspectives*, edited by Christoph Brumann and David Berliner, 294-317. New York: Berghahn.

Brumann, Christoph, and David Berliner. 2016. "Introduction. UNESCO World Heritage—Grounded?" In *World Heritage on the Ground: Ethnographic Perspectives*, edited by Christoph Brumann and David Berliner, 1-34. New York: Berghahn.

Camal, Jerome. 2016. "Putting the Drum in Conundrum: Guadeloupean Gwoka, Intangible Cultural Heritage and Postnationalism." *International Journal of Heritage Studies* 22(5): 395-410.

Canclini, Néstor García. 2001. "The Dynamics of Global Cultural Industries." In *Recognising Culture: A Series of Briefing Papers on Culture and Development*, edited by François Matarasso, 11-19. London: Comedia, the Department of Canadian Heritage and UNESCO.

Carruthers, William. 2016. "Multilateral Possibilities: Decolonization, Preservation and the Case of Egypt." *Future Anterior* 13 (1): 37-48.

Casas Ballón, Leo. 2017. "José María Arguedas y la música andina." *La Mula*. January 22, 2017. https://redaccion.lamula.pe/2017/01/22/jose-maria-arguedas-y-la-musica-andina/redaccionmulera/.

Caust, Josephine, and Marilena Vecco. 2017. "Is UNESCO World Heritage Recognition a Blessing or Burden? Evidence from Developing Asian Countries." *Journal of Cultural Heritage* 27 (October): 1-9. http://www.sciencedirect.com/science/article/pii/S1296207416302394.

Cerrón Fetta, Mario. 2017. "Las grabaciones musicales de Jose Maria Arguedas." *Hawansuyo. Poeticas indigenas y originarias*, February 2, 2017. https://hawansuyo.com/2017/02/02/las-grabaciones-musicales-de-jose-maria-arguedas-mario-cerron-fetta/.

Choay, Françoise. 1995. "Sept propositions sur le concept d'authenticité et son usage dans les pratiques du patrimoine historique." In *Nara Conference on Authenticity, Japan 1994, Proceedings*, edited by Knut Einar Larsen, 101–120. Tokyo: Agency for Cultural Affairs/ UNESCO World Heritage Centre/ICCROM/ICOMOS.

Choplin, Marie-Astrid, and Vincent Gatin. 2010. "L'espace public comme vitrine de la ville marocaine: Conceptions et appropriations des places Jemaa El Fna à Marrakech, Boujloud à Fès et Al Mouahidine à Ouarzazate. *Norois. Environnement, aménagement, société* 214 (1): 23-40. http://norois.revues.org/3095.

Christiansen, Palle Ove. 2005. "Den folkelige kultur. Almuens nye betydning som dansk og national." In *Veje til danskheden. Bidrag til den moderne nationale selvforståelse*, edited by Palle Ove Christiansen, 124

153. Copenhagen: C. A. Reitzels.

———. 2007. "Folket-både fundet og opfundet. Folkets og folkekulturens rolle i dansk og europæisk nationalitet 1770–1900." In *Det ombejlede folk. Nation, følelse og social bevægelse*, edited by Palle Ove Christiansen and Jens Henrik Koudal, 18-45. Copenhagen: C.A. Reitzels.

Claessen, Henri J. M. 2002. Comment on "Masterpieces of Oral and Intangible Culture: Reflections on the UNESCO World Heritage List" by Peter J. M. Nas. *Current Anthropology* 43 (1): 144.

Clarin Notícias. 2009. "La 'danza de la Diablada,' el nuevo conflicto entre Perú y Bolivia." August 20, 2009. http://www.clarin.com/ediciones-anteriores/danza-diablada-nuevo-conflicto-peru-bolivia_0_ryxmpgKAaYx.html.

Clayton, Lawrence A. 1999. *Peru and the United States: The Condor and the Eagle*. Athens: University of Georgia Press.

Clayton, Peter A., and Martin J. Price. 2013. *The Seven Wonders of the Ancient World*. London: Routledge.

Cleere, Henry. 1995. "Discussion: Session Report." In *Nara Conference on Authenticity, Japan 1994, Proceedings*, edited by Knut Einar Larsen, 251-254. Tokyo: Agency for Cultural Affairs/UNESCO World Heritage Centre/ICCROM/ICOMOS.

———. 1998. "The Uneasy Bedfellows: Universality and Cultural Heritage." Paper presented at the World Archaeological Congress: The Destruction and Preservation of Cultural Property, Island of Brac, Croatia, May 3-7.

CNN. 2001. "World Appeals to Taleban to Stop Destroying Statues." March 3, 2001. https://web.archive.org/web/20071224155700/;

http://archives.cnn.com/2001/WORLD/asiapcf/central/03/03/afghan. buddhas. 03/index. html.

———. 2009. "Bolivia, Peru Fight over 'National Costume.'" August 26, 2009. http://edition.cnn.com/2009/WORLD/americas/08/25/bolivia.peru/index.html?_s=PM:WORLD.

Collins, Henry. 2011. "Culture, Content, and the Enclosure of Human Being. UNESCO's 'Intangible' Heritage in the New Millenium." *Radical History Review* (109): 121-135.

Community Heritage Partners. n.d. "Building New Life for Old Places." http://www.chpartners.net.

Cook, Lorne. 2017. "ICC Orders Mali Extremist to Pay $3.2 Million in Reparations." AP News, August 17, 2017. https://apnews.com/a826cb5b0bc64d7891ca2dc14f703b2c.

Coombe, Rosemary J., and Lindsay M. Weiss. 2015. "Neoliberalism, Heritage Regimes, and Cultural Rights." In *Global Heritage. A Reader*, edited by Lynn Meskell, 43-69. Hoboken: Wiley-Blackwell.

Cordova, Ximena. 2012. "Carnival in Oruro (Bolivia). The Festive and the 'Eclipse' of the Indian in the Transmission of National Memory." PhD dissertation, Newcastle University. https://theses.ncl.ac.uk/dspace/handle/10443/1496.

Coronado, Jose. 2009. *The Andes Imagined: Indigenismo, Society, and Modernity*. Pittsburgh: University of Pittsburgh Press.

Correo. 2009a. "Ahora Bolivia reclama El cóndor pasa." September 20, 2009. http://diariocorreo.pe/politica-y-economia/ahora-bolivia-reclama-el-condor-pasa-339442/.

———. 2009b. "Bolivia difunde 'El Cóndor Pasa' como suyo."

September 21, 2009. http://diariocorreo.pe/ciudad/bolivia-difunde-el-condor-pasa-como-suyo-356689/.

Crehan, Kate. 2016. *Gramsci's Common Sense: Inequality and Its Narratives*. Durham, NC: Duke University Press.

d'Harcourt, Raoul, and Margeurite d'Harcourt. 1925. *La musique des Incas et ses survivances*. Paris: Paul Geuthner.

DaCosta Holton, Kimberly. 2005. *Performing Folklore: Ranchos Folcloricos from Lisbon to Newark*. Bloomington: Indiana University Press.

de Certeau, Michel. 1986. *Heterologies: Discourse on the Other*. Minneapolis: University of Minnesota Press.

De Cesari, Chiara. 2015. "Post-Colonial Ruins: Archaeologies of political violence and IS." *Anthropology Today* 31 (6): 22-26.

de Jong, Ferdinand. 2013. "Le secret exposé. Révélation et reconnaissance d'un patrimoine immatériel au Sénégal." *Gradhiva* 18: 98-123.

——. 2016. "A Masterpiece of Masquerading: Contradictions of Conservation in Intangible Heritage." In *Reclaiming Heritage: Alternative Imaginaries of Memory in West Africa*, edited by Ferdinand de Jong and Michael Rowlands, 161-184. London: Routledge.

Deustua, José. 2000. *The Bewitchment of Silver: The Social Economy of Mining in Nineteenth-Century Peru*. Columbus: Ohio University Press.

Dewind, Adrian. 1975. "From Peasants to Miners: The Background to Strikes in the Mines of Peru." *Science & Society* 39 (1): 44-72.

Di Giovine, Michael A. 2009. *The Heritage-Scape. UNESCO,*

World Heritage, and Tourism. Lanham, MD: Lexington Books.

———. 2015. "UNESCO's World Heritage Program. The Challenges and Ethics of Community Participation." In *Between Imagined Communities and Communities of Practice. Participation, Territory, and the Making of Heritage*, edited by Nicolas Adell, Regina Bendix, Chiara Bortolotto, and Markus Tauschek, 83-108. Göttingen: Universitätsverlag Göttingen.

Dorian, Nancy C. 1987. "The Value of Language-Maintenance Efforts Which Are Unlikely to Succeed." *International Journal of the Sociology of Language* 68: 57-67.

Dorr, Kirstie A. 2007. "Mapping 'El Condor Pasa.' Sonic Translocations in the Global Era. *Journal of Latin American Cultural Studies* 16 (1): 11-25.

Droste, Bernd von, and Ulf Bertilsson. 1995. "Authenticity and World Heritage." In *Nara Conference on Authenticity, Japan 1994, Proceedings*, edited by Knut Einar Larsen, 3-15. Tokyo: Agency for Cultural Affairs/UNESCO World Heritage Centre/ICCROM/ICOMOS.

Dundes, Alan, ed. 1965. *The Study of Folklore*. Englewood Cliffs, NJ: Prentice-Hall.

———. 1969. "The Devolutionary Premise in Folklore Theory." *Journal of the Folklore Institute* 6: 5-19.

———. 1977. "Who Are the Folk?" In *Frontiers of Folklore*, edited by William Bascom, 17-35. Boulder, CO: Westview Press.

———. 1985. "Nationalistic Inferiority Complexes and the Fabrication of Fakelore: A Reconsideration of Ossian, the *Kinder-und Hausmärchen*, the *Kalevala*, and Paul Bunyan." *Journal of Folklore*

Research 22 (1): 5-18.

———, ed. 1988. *The Flood Myth*. Berkeley: University of California Press.

———. 1989. *Folklore Matters*. Knoxville: University of Tennessee Press.

Early, James, and Peter Seitel. 2002. "UNESCO Meeting in Rio: Steps toward a Convention." *Talk Story* 21:13-14.

Eastwood, Lauren E. 2013. *The Social Organization of Policy: An Institutional Ethnography of UN Forest Deliberations*. London: Routledge.

EcoDiario. 2009. "Denuncian en Perú la difusión de 'El cóndor pasa' como una cancion boliviana." September 19, 2009. http://ecodiario.eleconomista.es/flash/noticias/1552777/09/09/Denuncian-en-Peru-la-difusion-de-El-condor-pasa-como-una-cancion-boliviana.html.

El Comercio. 2009. "Evo Morales invita a Miss Perú a ver baile de 'La Diablada' en Bolivia." October 8, 2009. http://archivo.elcomercio.pe/tvmas/television/evo-morales-invita-miss-peru-ver-baile-diablada-bolivia-noticia-352391.

El Rhazoui, Zineb. 2011. "Ilham's Story: Torture to the Beat of Jamaa al Fna Drums." *Kasama Project*, July 29, 2011.https://web.archive.org/web/20150105035300/, http://kasamaproject.org/repression/3409-41ilham-039-s-story-torture-to-the-beat-of-jamaa-al-fna-drums.

Elias, Jamal J. 2007. "(Un)Making Idolatry. From Mecca to Bamiyan." *Future Anterior* 4(2): 13-29.

———. 2013. "The Taliban, Bamiyan, and Revisionist Iconoclasm."

In *Striking Images, Iconoclasms Past and Present*, edited by Stacy Boldrick, Leslie Brubaker, and Richard Clay, 145-164. London: Routledge.

Emol. Mundo. 2009a. "Bolivia rechaza que representante peruana en Miss Universo use traje de la 'Diablada,'" August 1, 2009. http://www.emol.com/noticias/internacional/2009/08/01/369781/bolivia-rechaza-que-representante-peruana-en-miss-universo-use-traje-de-la-diablada.html.

———. 2009b. "Perú y Bolivia incluyen a Chile en disputa por traje de Diablada." August 14, 2009. http://www.emol.com/noticias/internacional/detalle/detallenoticias.asp?idnoticia=371622.

———. 2009c. "Bolivia propondrá a la CAN crear mapa del patrimonio cultural de la región andina." September 13, 2009.http://www.emol.com/noticias/internacional/2009/09/13/375905/bolivia-propondra-a-la-can-crear-mapa-del-patrimonio-cultural-de-la-region-andina.html.

Eriksen, Anne. 2014. *From Antiquities to Heritage: Transformations of Cultural Memory*. New York: Berghahn Books.

Escribano, Pedro. 2004. "'El Condor Pasa' Patrimonio cultural de la nación." *La República*, April 13, 2004.

EU National Commissions for UNESCO. 2002. "Echanges de vues sur la sauvegarde du pci—Réunion des Commissions nationales pour l'UNESCO de l'Union européenne, 9 et 10 juillet 2002." Unpublished document.

Feldman, Heidi. 2006. *Black Rhythms of Peru: Reviving African Musical Heritage in the Black Pacific*. Middletown, CT: Wesleyan

University Press.

Fernandez, James, and Mary Taylor Huber, eds. 2001. *Irony in Action. Anthropology, Practice, and the Moral Imagination*. Chicago: University of Chicago Press.

Flood, Finbarr Barry. 2016. "Idol-Breaking as Image-Making in the 'Islamic State.'" *Religion and Society: Advances in Research* 7: 116-138.

Flores Galindo, Alberto. 2010. *In Search of an Inca: Identity and Utopia in the Andes*. New York: Cambridge University Press.

Foster, Michael Dylan. 2011. "The UNESCO Effect: Confidence, Defamiliarization, and a New Element in the Discourse on a Japanese Island." *Journal of Folklore Research* 48(1): 63-107.

——. 2015. "Imagined UNESCOs: Interpreting Intangible Cultural Heritage on a Japanese Island." *Journal of Folklore Research* 52 (2): 217-232.

Foster, Michael Dylan, and Lisa Gilman, eds. 2015. *UNESCO on the Ground: Local Perspectives on Intangible Cultural Heritage*. Bloomington: Indiana University Press.

Foucault, Michel. 1984. "Nietzsche, Genealogy, History." In *The Foucault Reader*, edited by Paul Rabinow, 76-100. New York: Pantheon.

Foucault, Michel. 1991 [1978]. "Governmentality." In *The Foucault Effect: Studies in Governmentality*, edited by Graham Burchell, Colin Gordon, and Peter Miller, 87-104. London: Harvester Wheatsheaf.

Fournier, Laurent Sébastien. 2011. "La Tarasque métamorphosée." In *Le patrimoine culturel immatériel. Enjeux d'une nouvelle catégorie*, edited by Chiara Bortolotto, 149-166. Paris: Maison des sciences de l'homme.

———. 2012. "The Impacts of the Intangible Cultural Heritage UNESCO Policies in France." *Traditiones* 41 (2): 193-206.

———. 2016. "Un terrain à histoire." *Espaces Temps. Revue indisciplinaire de sciences sociales*. Accessed March 18, 2017. https://www.espacestemps.net/articles/un-terrain-ahistoire/.

FCVB (Fukuoka Convention & Visitors Bureau). 2016. "Hakata Gion Yamakasa Festival Registered as UNESCO Intangible Cultural Heritage！" December 2, 2016. https://www.welcome-fukuoka.or.jp/english/2291.html.

Galla, Amareswar. 1995. "Authenticity: Rethinking Heritage Diversity in a Pluralistic Framework." In *Nara Conference on Authenticity, Japan 1994, Proceedings*, edited by Knut Einar Larsen, 315-322. Tokyo: Agency for Cultural Affairs/UNESCO World Heritage Centre/ICCROM/ICOMOS.

Gamboni, Dario. 1997. *The Destruction of Art: Iconoclasm and Vandalism since the French Revolution*. London: Reaktion Books.

———. 2001. "World Heritage: Shield or Target?" *Conservation: The Getty Institute Conservation Newsletter* 16 (2): 5-11.

Gauthier, Lionel. 2009. "Jemaa El-Fna ou l'exotisme durable." *Géographie et cultures* (72): 117-136. http://gc.revues.org/2258.

Gencarella, Stephen Olbrys. 2010. "Gramsci, Good Sense, and Critical Folklore Studies." *Journal of Folklore Research* 47 (3): 221-252.

Gfeller, Aurélie Élisa. 2015. "Anthropologizing and Indigenizing Heritage: The Origins of the UNESCO Global Strategy for a Representative, Balanced and Credible World Heritage List." *Journal of*

Social Archaeology 15 (3): 366-386.

———. 2017. "The Authenticity of Heritage: Global Norm-Making at the Crossroads of Cultures." *American Historical Review* 122 (3): 758-791.

Gfeller, Aurélie Élisa, and Jaci Eisenberg. 2016. "UNESCO and the Shaping of Global Heritage." In *A History of UNESCO: Global Actions and Impacts*, edited by Poul Duedahl, 279-299. New York: Springer.

Gilman, Lisa. 2015. "Demonic or Cultural Treasure? Local Perspectives on Vimbuza, Intangible Cultural Heritage, and UNESCO in Malawi." *Journal of Folklore Research* 52 (2-3): 199-216.

Goody, Jack. 1977. *The Domestication of the Savage Mind*. Cambridge: Cambridge University Press.

Goytisolo, Juan. 2002. "Entrevista de Arcadi Espada a Juan Goytisolo." *La Espia del Sur*. Accessed October 15, 2017. https://web.archive.org/web/20021020065811/, http://www.geocities.com/laespia/goytisolo2.html.

Graezer Bideau, Florence. 2012. Inventorier les "traditions vivantes." Approches du patrimoine culturel immatériel dans le système fédéral suisse. *ethnographiques. org* 24(July). http://www.ethnographiques.org/2012/Graezer-Bideau.

Gramsci, Antonio. 1999. *Selections from the Prison Notebooks of Antonio Gramsci*. Edited by Quintin Hoare and Geoffrey Nowell Smith. London: Electric Book.

Grossberg, Lawrence, Toby Miller, and Jeremy Packer. 2003. "Mapping the Intersection of Foucault and Cultural Studies. An Interview with Lawrence Grossberg and Toby Miller, October 2000."

In *Foucault, Cultural Studies, and Governmentality*, edited by Jack Z. Bratich, Jeremy Packer, and Cameron McCarthy, 23-46. Albany: State University of New York Press.

 Groth, Stefan. 2011. "Perspectives on Differentiation: Negotiating Traditional Knowledge on the International Level." *Journal of Ethnology and Folkloristics* 4 (1): 7-24.

 ——. 2016. *Negotiating Tradition: The Pragmatics of International Deliberations on Cultural Property*. Göttingen: Universitätsverlag Göttingen.

 Gunnell, Terry. 2010. "Daisies Rise to Become Oaks. The Politics of Early Folktale Collection in Northern Europe." *Folklore* 121 (1): 12-37.

 ——. 2012. "National Folklore, National Drama and the Creation of Visual National Identity: The Case of Jón Árnason, Sigurður Guðmundsson and Indriði Einarsson in Iceland." In *Folklore and Nationalism in Europe during the Long Nineteenth Century*, edited by Timothy Baycroft and David Hopkin, 301-324. Leiden: Brill.

 Guss, David M. 2000. *The Festive State. Race, Ethnicity, and Nationalism as Cultural Performance*. Berkeley: University of California Press.

 ——. 2006. "The Gran Poder and the Reconquest of La Paz." *Journal of Latin American Anthropology* 11 (2): 294-328.

 Habinc, Mateja. 2012. "Folklorization as Diversification or Molding: Comparing Two 'Traditional' Holidays." *Traditiones* 41 (1): 185-196.

 Hafstein, Valdımar Tr. 2012. "Cultural Heritage." In *A Companion* to *Folklore*, edited by Regina Bendix and Galit Hasan-Rokem, 500-519. Hoboken, NJ: Wiley-Blackwell.

Hafstein, Valdimar Tr., and Peter Jan Margry. 2014. "What's in a Discipline?" *Cultural Analysis* 13: 1-10.

Hagedorn, Katherine. 2001. *Divine Utterances: The Performance of Afro-Cuban Santeria*.Washington, DC: Smithsonian Institution.

Hall, Stuart. 2005. "Whose Heritage? Un-settling 'the Heritage,' Re-Imagining the Post-Nation." In *The Politics of Heritage. The Legacies of "Race,"* edited by Jo Littler and Roshi Naidoo, 23-35. London: Routledge.

Hansen, Gregory. 1999. "Theorizing Public Folklore: Folklore Work as Systemic Cultural Intervention." *Folklore Forum* 30 (1-2): 35-44.

Hansen, Christine, and Ingrid Martins Holmberg. 2016. "Motion and Flow in Heritage Institutions: Two Cases of Challenges from Within." *Nordisk Museologi* 1: 40-51.

Harlow, Ilana, ed. 1998. "Folklore: What's in a Name?" Special issue of the *Journal of American Folklore* 111 (441).

Harmanşah, Ömür. 2015. "ISIS, Heritage, and the Spectacles of Destruction in the Global Media." *Near Eastern Archaeology* 78 (3): 170-177.

Harrison, Rodney. 2010. "Multicultural and Minority Heritage." In *Understanding Heritage and Memory*, edited by Tim Benton, 164-201. Manchester: Manchester University Press.

Hassan, Fekri A. 2007. "The Aswan High Dam and the International Rescue Nubia Campaign." *African Archaeological Review*

24 (3-4): 73-94.

Hertz, Ellen. 2010. *Excessively Up at the International Labour Organisation: Notes on "Note on the Proceedings TMITI/2007/10."* Working Paper no. 9. Neuchâtel: Université de Neuchâtel.

——. 2014. "On Bureaucracy: Excessively Up at the International Labour Organisation." In *Up, Down, and Sideways: Anthropologists Trace the Pathways of Power*, edited by Rachael Stryker and Roberto González, 63–84. New York: Berghahn Books.

Herzfeld, Michael. 1982. *Ours Once More: Folklore, Ideology, and the Making of Modern Greece*. Austin: University of Texas Press.

Hobsbawm, Eric. 1989. *The Age of Empire 1875-1914*. New York: Vintage Books.

Hobsbawm, Eric, and Terence Ranger, eds. 1983. *The Invention of Tradition*. Cambridge: Cambridge University Press.

Holtorf, Cornelius. 2006. "Can Less Be More? Heritage in the Age of Terrorism." *Public Archeology* 5 (2): 101-109.

——. 2012. "The Heritage of Heritage." *Heritage & Society* 5 (2): 153-174.

Holtorf, Cornelius, and Troels Myrup Kristensen. 2015. "Heritage Erasure: Rethinking 'Protection' and 'Preservation.'" *International Journal of Heritage Studies* 21 (4): 313-317.

Honko, Lauri. 2001. "Copyright and Folklore." Paper presented at the National Seminar on Copyright Law and Matters, Mangalore University, Mangalore, Karnataka, India, on February 9, 2001. *FF Network* 21: 8-10.

Hopkin, David. 2012. "Folklore beyond Nationalism: Identity

Politics and Scientific Cultures in a New Discipline." In *Folklore and Nationalism in Europe during the Long Nineteenth Century*, edited by Timothy Baycroft and David Hopkin, 371-402. Leiden: Brill.

Hylton, Forrest, and Sinclair Thomson. 2007. *Revolutionary Horizons: Popular Struggle in Bolivia*. New York: Verso.

Hymes, Dell. 1975. "Folklore's Nature and the Sun's Myth." *Journal of American Folklore* 88 (350): 345-369.

ICOMOS (International Council on Monuments and Sites). 1994. "The Nara Document on Authenticity." http://www.icomos.org/charters/nara-e.pdf.

Imber, Mark F. 1989. *The USA, ILO, UNESCO and IAEA: Politicization and Withdrawal in the Specialized Agencies*. New York: Palgrave Macmillan.

Inaba, Nobuko. 1995. "What Is the Test of Authenticity for Intangible Properties?" In *Nara Conference on Authenticity, Japan 1994, Proceedings*, edited by Knut Einar Larsen, 329-332. Tokyo: Agency for Cultural Affairs/UNESCO World Heritage Centre/ICCROM/ICOMOS.

——. 2001. "Authenticity and Value Judgement: Cultural Diversity and Global Standards in Conservation Practice." Paper presented at the International Meeting on Preservation of Modern Architecture, Helsinki, February 2001.

Istanbul Declaration—Final Communiqué. 2002. UNESCO. Third Round Table Meeting of Ministers of Culture. September 17, 2002. http://portal.unesco.org/en/ev.php-URL_ID=6209&URL_DO=DO_TOPIC&URL_SECTION=201.html.

Istasse, Manon. 2016. "Affects and Senses in a World Heritage

Site: People–House Relations in the Medina of Fez." In *World Heritage on the Ground: Ethnographic Perspectives*, edited by Christoph Brumann and David Berliner, 37-59. New York: Berghahn Books, 2016.

Ito, Nobuo. 1995. "'Authenticity' Inherent in Cultural Heritage in Asia and Japan." In *Nara Conference on Authenticity, Japan 1994, Proceedings*, edited by Knut Einar Larsen, 35-45. Tokyo: Agency for Cultural Affairs/UNESCO World Heritage Centre/ICCROM/ICOMOS.

Jacobs, Marc. 2013. "Criteria, Apertures and Envelopes. ICH Directives and Organs in Operation." In *2013 IRCI Meeting on ICH. Evaluating the Inscription Criteria for the Two Lists of UNESCO's Intangible Cultural Heritage Convention. The 10th anniversary of the 2003 Convention. Final report*, edited by Misako Ohnuki, 129-137. Osaka: International Research Centre for Intangible Cultural Heritage in the Asia-Pacific Region (IRCI).

——. 2014. "Bruegel and Burke Were Here! Examining the Criteria Implicit in the UNESCO Paradigm of Safeguarding ICH. The First Decade." *International Journal of Intangible Heritage* 9: 99–117.

James, Luke, and Tim Winter. 2017. "Expertise and the Making of World Heritage Policy." *International Journal of Cultural Policy* 23 (1): 361-351.

Ise Jingu. 2015a. "About Ise Jingu: History." Accessed October 14, 2017. http://www.isejingu.or.jp/en/about/index.html.

——. 2015b. "Rituals and Ceremonies: Shikinen Sengu." Accessed October 14, 2017. http://www.isejingu.or.jp/en/ritual/index.html.

Jokilehto, Jukka, and Joseph King. 2001. "Authenticity and Conservation: Reflections on the Current State of Understanding." In

Authenticity and Integrity in an African Context: Expert Meeting—Great Zimbabwe, Zimbabwe, 26-29 May 2000, edited by Galia Saouma-Forero, 33-39. Paris: UNESCO.

Jokilehto, Jukka. 1995a. "Authenticity: A General Framework for the Concept." In *Nara Conference on Authenticity, Japan 1994, Proceedings*, edited by Knut Einar Larsen, 17-34. Tokyo: Agency for Cultural Affairs/UNESCO World Heritage Centre/ICCROM/ICOMOS.

———. 1995b. "Changing Concepts of Authenticity: Session Report." In *Nara Conference on Authenticity, Japan 1994, Proceedings*, edited by Knut Einar Larsen, 69-75. Tokyo: Agency for Cultural Affairs/UNESCO World Heritage Centre/ICCROM/ICOMOS.

Jones, Siân. 2010. "Negotiating Authentic Objects and Authentic Selves: Beyond the Deconstruction of Authenticity." *Journal of Material Culture* 15 (2): 181-203.

Jones, Siân, and Thomas Yarrow. 2013. "Crafting Authenticity: An Ethnography of Conservation Practice." *Journal of Material Culture* 18 (1): 3-26.

Joy, Charlotte. 2016. "UNESCO Is What? World Heritage, Militant Islam and the Search for a Common Humanity in Mali." In *World Heritage on the Ground: Ethnographic Perspectives*, edited by Christoph Brumann and David Berliner, 60-77. New York: Berghahn.

Kaneff, Deema. 2004. *Who Owns the Past? The Politics of Time in a "Model" Bulgarian Village*. New York: Berghahn Books.

Kapchan, Deborah. 1996. *Gender on the Market: Moroccan Women and the Revoicing of Tradition*. Philadelphia: University of Pennsylvania Press.

———. 2014. "Intangible Heritage in Transit. Goytisolo's Rescue and Moroccan Cultural Rights." In *Cultural Heritage in Transit: Intangible Rights as Human Rights Rights*,edited by Deborah Kapchan, 177-194. Philadelphia: University of Pennsylvania Press.

Khan, Naseem. 2005. Taking Root in Britain. The Process of Shaping Heritage. In *The Politics of Heritage. The Legacies of "Race,"* edited by Jo Littler and Roshi Naidoo,133-143. London: Routledge.

Kharmawphlang, Desmond, Arupjyoti Saikia, Laltluangiana Khiangte, and Chandan Kumar Sharma. 2004. "Conversation 2: Folklore and Identity." *Indian Folklife: A Quarterly Newsletter from National Folklore Support Centre* 3 (2):18-20.http://www.indianfolklore.org/publications_news.htm.

Kingston, Victoria. 1997. *Simon and Garfunkel: The Definitive Biography*. London: Pan Books.

Kirshenblatt-Gimblett, Barbara. 1988. "Mistaken Dichotomies." *Journal of American Folklore* 101 (400): 140-155.

———. 1996. "Topic Drift: Negotiating the Gap between Our Field and Our Name." *Journal of Folklore Research* 33 (3): 245-254.

———. 1998. *Destination Culture: Tourism, Museums, and Heritage*. Berkeley:University of California Press.

———. 2006. "World Heritage and Cultural Economics." In *Museum Frictions: Public Cultures/Global Transformations*, edited by Ivan Karp and Corinne Kratz, 161-202.Durham, NC: Duke University Press.

Klein, Barbro. 1997. "Tillhörighet och utanförskap: Om kulturarvspolitik och folklivsforskning i en multietnisk värld." *Rig-Kulturhistorisk tidskrift*, 80 (1-2): 15-32.

——. 2001. "More Swedish than in Sweden, More Iranian than in Iran: Folk Culture and World Migrations." In *Upholders of Culture: Past and Present*, edited by Bo Sundin, 67-80. Stockholm: Royal Swedish Academy of Engineering Sciences.

——. 2006. "Cultural Heritage, the Swedish Folklife Sphere, and the Others." *Cultural Analysis* 5: 57-80.

Klekot, Ewa. 2010. "The Seventh Life of Polish Folk Art and Craft." *Etnološka tribina* 40(33): 71-85.

Köstlin, Konrad. 1997. "The Passion for the Whole: Interpreted Modernity or Modernity as Interpretation." *Journal of American Folklore* 110 (437): 260-276.

——. 1999. On the Brink of the Next Century: The Necessary Invention of the Present. *Journal of Folklore Research* 36 (2-3): 289-298.

Kurin, Richard. 2002. "Comments on Peter J. M. Nas' Masterpieces of Oral and Intangible Culture: Reflections on the UNESCO World Heritage List." *Current Anthropology* 43(1): 144-145.

——. 2004. "Safeguarding Intangible Cultural Heritage in the 2003 UNESCO Convention: A Critical Appraisal." *Museum International* 56 (221-222): 66–76.

Kuutma, Kristin. 2007. "The Politics of Contested Representation: UNESCO and the Masterpieces of Intangible Cultural Heritage." In *Prädikat "Heritage" : Perspektiven auf Wertschöpfungen aus Kultur*, edited by Dorothee Hemme, Markus Tauschek, and Regina Bendix, 177-195. Berlin: Lit.

——. 2009. "Who Owns Songs? Authority of Heritage and Resources for Restitution." *Ethnologia Europaea: Journal of European*

Ethnology 39 (2): 26-40.

———. 2012. "Between Arbitration and Engineering: Concepts and Contingencies in the Shaping of Heritage Regimes." In *Heritage Regimes and the State*, edited by Regina Bendix, Aditya Eggert, and Arnika Peselmann, 21-36. 2nd ed. Göttingen:Universitätsverlag Göttingen.

Kwon, Hyeokhui. 2017. "Villagers' Agency in the Intangible Cultural Heritage Designation of a Korean Village Ritual." *International Journal of Heritage Studies* 23(3): 200-214.

La Razón. 2011. "La diablada ya es Patrimonio Cultural," July 12, 2011. http://www.larazon.com/index.php?_url=/la_revista/diablada-Patrimonio-Cultural_0_1429657077.html.

Labadi, Sophie. 2013. *UNESCO, Cultural Heritage, and Outstanding Universal Value:Value-based Analyses of the World Heritage and Intangible Cultural Heritage Conventions*. Lanham, MD: Rowman and Littlefield.

Lafranz-Samuels, Kathryn. 2015. "Introduction: Heritage as Persuasion." In *Heritage Keywords: Rhetoric and Redescription in Cultural Heritage*, edited by Kathryn Lafrenz Samuels and Trinidad Rico, 3-28. Boulder: University Press of Colorado.

Larsen, Knut Einar, ed. 1995a. *Nara Conference on Authenticity, Japan 1994, Proceedings*.Tokyo: Agency for Cultural Affairs/UNESCO World Heritage Centre/ICCROM/ICOMOS.

———. 1995b. "Preface." In *Nara Conference on Authenticity, Japan 1994, Proceedings*,edited by Knut Einar Larsen, xi-xiii. Tokyo: Agency for Cultural Affairs/UNESCO World Heritage Centre/ICCROM/

ICOMOS.

———. 1995c. " 'The Test of Authenticity' and National Heritage Legislation." In *Nara Conference on Authenticity, Japan 1994, Proceedings*, edited by Knut Einar Larsen,363-364. Tokyo: Agency for Cultural Affairs/UNESCO World Heritage Centre/ICCROM/ICOMOS.

Latino Perspectives Magazine. 2009. "The Devil Has Its Home in Bolivia." October 1,2009. Accessed August 5, 2017. https://latinopm.com/opinion/lp-journal/the-devil-hasits-home-in-bolivia-2926#.WYXUd9PyhE4.

Laville, Yann. 2014. "Festivalisation? Esquisse d'un phénomène et bilan critique." *Cahiers d'ethnomusicologie* 27:11-25.

Leal, João. 2016. "Festivals, Group Making, Remaking and Unmaking." *Ethnos: Journal of Anthropology* 81 (4): 584-599.

Leersen, Joep. 2007. *National Thought in Europe: A Cultural History*. Amsterdam:Amsterdam University Press.

———. 2012. "Oral Epic: The Nation Finds a Voice." In *Folklore and Nationalism in Europe during the Long Nineteenth Century*, edited by Timothy Baycroft and David Hopkin, 11-26. Leiden: Brill.

Lévi-Strauss, Laurent. 2001. "The African Cultural Heritage and the Application of the Concept of Authenticity in the 1972 Convention." In *Authenticity and Integrity in an African Context: Expert Meeting—Great Zimbabwe, Zimbabwe, 26-29 May 2000*,edited by Galia Saouma-Forero, 70-73. Paris: UNESCO.

Li, Tania Murray. 2001. "Boundary Work: Community, Market, and State Reconsidered." In *Communities and the Environment: Ethnicity, Gender, and the State in Community-Based Conservation*, edited by

Arun Agrawal and Clark C. Gibson, 157-179. New Brunswick, NJ: Rutgers University Press.

Library of Congress Copyright Office. 1933. *Catalogue of Copyright Entries. Published by the Authority of the Acts of Congress of March 3, 1891, of June 30, 1906, and of March 4, 1909. Part 3: Musical Compositions*. New Series 28 (5). Washington, DC:Government Printing Office.

Littler, Jo, and Roshi Naidoo, eds. 2005. *The Politics of Heritage. The Legacies of "Race."* London: Routledge.

Llórens Amico, José Antonio. 1983. *Música popular en Lima: Criollos y andinos*. Lima:Instituto de Estudios Peruanos.

Löfgren, Eva. 2011. *Hantverkslaboratorium*. Gothenburg: University of Gothenburg.

Löfgren, Orvar. 1989. "Nationalization of Culture." *Ethnologia Europaea: Journal of European Ethnology* 19: 5-25.

Logan, William. 2012. "Cultural Diversity, Cultural Heritage and Human Rights: Towards Heritage Management as Human Rights-Based Cultural Practice." *International Journal of Heritage Studies* 18 (3): 231-244.

Los Andes. 2009. "Gobierno de Bolivia reconoce que 'El Cóndor Pasa' es peruano." September 22, 2009. http://www.losandes.com.pe/Nacional/20090922/27482.html.

Lowenthal, David. 1998. *The Heritage Crusade and the Spoils of History*. Cambridge:Cambridge University Press.

Lowthorp, Leah. 2007. "The Cultural Politics of UNESCO's Intangible Cultural Heritage in India: Kutiyattam Sanskrit Theatre,"

Paper presented at the Annual Meeting of the American Folklore Society and the Folklore Studies Association of Canada in Quebec City, Canada, October 17-21.

——. 2013. "Scenarios of Endangered Culture, Shifting Cosmopolitanisms: Kutiyattam and UNESCO Intangible Cultural Heritage in Kerala, India." PhD dissertation,University of Pennsylvania.

——. 2015. "Voices on the Ground: Kutiyattam, UNESCO, and the Heritage of Humanity." *Journal of Folklore Research* 52 (2-3): 157-180.

Luftig, Stacey, ed. 1997. *The Paul Simon Companion: Four Decades of Commentary*.London: Omnibus.

Luxen, Jean-Louis. 1995. "Approches de l'authenticité: modestie et pluralisme." In *Nara Conference on Authenticity, Japan 1994, Proceedings*, edited by Knut Einar Larsen,371-374. Tokyo: Agency for Cultural Affairs/UNESCO World Heritage Centre/ICCROM/ICOMOS.

Margry, Peter Jan. 2014. "UNESCO en de paradox van bescherming: Immaterieel erfgoed in Nederland." *Ons Erfdeel* 1, 56-66.

Mathisen, Stein R. 2009. "Narrated Sámi Siedis: Heritage and Ownership in Ambiguous Border Zones." *Ethnologia Europaea: Journal of European Ethnology* 39 (2): 11-25.

Mayor Zaragoza, Federico. 2010. "Patrimonio cultural inmaterial en el siglo XXI:Entrevista con Federico Mayor Zaragoza, ex director general de la Unesco." *Quaderns de la Mediterrània* 13: 231-234.

Mazzarella, William. 2012. "Affect: What Is It Good For?" In *Enchantments of Modernity:Empire, Nation, Globalization*, edited by Saurabh Dube, 291-309. London: Routledge.

McArver, Charles. 1977. "Mining and Diplomacy: United States

Interests at Cerro de Pasco, Peru, 1876-1930." PhD dissertation, University of North Carolina.

McDermott, Melanie Hughes. 2001. "Invoking Community: Indigenous People and Ancestral Domain in Palawan, the Philippines." In *Communities and the Environment:Ethnicity, Gender, and the State in Community-Based Conservation*, edited by Arun Agrawal and Clark C. Gibson, 32-62. New Brunswick, NJ: Rutgers University Press.

McDowell, John H. 2010. "Rethinking Folklorization in Ecuador: Multivocality in the Expressive Contact Zone." *Western Folklore* 69 (2): 181-209.

McKernan, Bethan. 2016a. "Isis 'Destroys Thousands of Years of Culture Almost Overnight' as It Flees Iraqi Army Near Mosul." *Independent,* November 15, 2016.http://www.independent.co.uk/news/world/middle-east/isis-mosul-iraq-army-terroristsdestroy-demolish-nimrud-temples-artefacts-a7418136.html.

——. 2016b. "Mosul: Isis Destruction of Ancient Iraqi City Revealed for First Time with New Photos." *Independent*, November 16, 2016.http://www.independent.co.uk/news/world/middle-east/mosul-offensive-latest-isis-destruction-ancient-city-of-mesopotamia-nimrud-a7421036.html.

McLaughlin, Donald H. 1945. "Origin and Development of the Cerro de Pasco Copper Corporation." *Mining and Metallurgy* 26 (November): 509-511.

McSherry, J. Patrice. 2005. *Predatory States: Operation Condor and Covert War in Latin America*. Lanham, MD: Rowman and Littlefield.

Mendoza, Zoila S. 1998. "Defining Folklore. Mestizo and

Indigenous Identities on the Move." *Bulletin of Latin American Research* 17 (2): 165-183.

Merry, Sally Engle. 2006. *Human Rights and Gender Violence: Translating International Law into Local Justice*. Chicago: University of Chicago Press.

Meskell, Lynn. 2002. "Negative Heritage and Past Mastering in Archaeology." *Anthropological Quarterly* 75 (3): 557-574.

——. 2011. "From Paris to Pontdrift: UNESCO Meetings, Mapungubwe and Mining." *South African Archaeological Bulletin* 66 (194): 149-156.

——. 2012. "The Rush to Inscribe: Reflections on the 35th Session of the World Heritage Committee, UNESCO Paris, 2011." *Journal of Field Archaeology* 37 (2):145-151.

——. 2013. "UNESCO and the Fate of the World Heritage Indigenous Peoples Council of Experts (WHIPCOE)." *International Journal of Cultural Property* 20 (2): 155-174.

——. 2014. "States of Conservation: Protection, Politics, and Pacting within UNESCO's World Heritage Committee." *Anthropological Quarterly* 87 (1): 217-244.

Meskell, Lynn, Claudia Liuzza, Enrico Bertacchini, and Donatella Saccone. 2015. "Multilateralism and UNESCO World Heritage: Decision-Making, States Parties and Political Processes." *International Journal of Heritage Studies* 21 (5): 423-440.

Mitchell, Timothy. 1998. "Fixing the Economy." *Cultural Studies* 12 (1): 82-101.

——. 2002. *Rule of Experts: Egypt, Techno-politics, Modernity*.

Berkeley University of California Press.

Morgan, Andy. 2013. *Music, Culture and Conflict in Mali*. Raleigh: Freemuse.

Moser, Hans. 1962. "Vom Folklorismus in unserer Zeit." *Zeitschrift für Volkskunde* 58 (2):177-209.

——. 1964. "Der Folklorismus als Forschungsproblem der Volkskunde." *Hessische Blätter für Volkskunde* 55: 9-57.

Mugnaini, Fabio. 2016. "The Haunted Discipline: On the Political Nature of Folklore and the Political Destiny of Its Study." *Narodna Umjetnost* 53 (1): 15-41.

Müller, Birgit. 2011. "The Elephant in the Room: Multistakeholder Dialogue on Agricultural Biotechnology in the Food and Agriculture Organization." In *PolicyWorlds: Anthropology and the Analysis of Contemporary Power*, edited by Cris Shore and Susan Wright, 281-299. New York: Berghahn Books.

Munjeri, Dawson. 2001. "The Notions of Integrity and Authenticity: The Emerging Patterns in Africa." In *Authenticity and Integrity in an African Context: Expert Meeting—Great Zimbabwe, Zimbabwe, 26-29 May 2000*, edited by Galia Saouma-Forero, 17-19. Paris: UNESCO.

Muños-Vinas, Salvador. 2005. *Contemporary Theory of Conservation*. Oxford: Elsevier.

Murphy, Colin. 2001. "Immaterial Civilization." *Atlantic Monthly* 288, no. 2 (September):20-22.

Nader, Laura. 1969. "Up the Anthropologist: Perspectives Gained from Studying Up." In *Reinventing Anthropology*, edited by Dell Hymes, 284-311. New York: Vintage Books.

Nas, Peter J. M. 2002. "Masterpieces of Oral and Immaterial Culture: Reflections on the UNESCO World Heritage List." *Current Anthropology* 43 (1): 139-143.

Négrier, Emmanuel. 2015. "Festivalisation: Patterns and Limits." In *Focus on Festivals:Contemporary European Case Studies and Perspectives*, edited by Chris Newbold, Jennie Jordan, Franco Bianchini, and Christopher Maughan, 18-27. Oxford:Goodfellow.

Nora, Pierre. 1989. "Between Memory and History: Les Lieux de Mémoire." *Representations* 26 (Spring): 7-24.

Nordenstreng, Kaarle. 2012. "The History of NWICO and Its Lessons." In *From NWICO to WSIS: 30 Years of Communication Geopolitics. Actors and Flows, Structures and Divides*, edited by Divina Frau-Meigs, Julia Pohle, and Patricio Tupper, 29-40. Bristol:Intellect Books.

Noyes, Dorothy. 2003. "Group." In *Eight Words for the Study of Expressive Culture*, edited by Burt Feintuch, 7-41. Urbana: University of Illinois Press.

——. 2006. "The Judgment of Solomon: Global Protections for Tradition and the Problem of Community Ownership." *Cultural Analysis* 5: 25-76.

Ó Giolláin, Diarmuid. 2000. *Locating Irish Folklore. Tradition, Modernity, Identity*. Cork:Cork University Press.

Ong, Aihwa. 2006. *Neoliberalism as Exception: Mutations in Citizenship and Sovereignty*.Durham, NC: Duke University Press.

Ortiz, Carmen. 1999. "The Uses of Folklore by the Franco Regime." *Journal of American Folklore* 112 (446): 479-496.

Ortner, Sherry. 1974. "Is Female to Male as Nature Is to Culture?" In *Woman, Culture, and Society,* edited by Michelle Rosaldo and Louise Lamphere, 67-88. Stanford, CA:Stanford University Press.

Palmsköld, Anneli. 2011. "Hantverkskunskap som immateriellt kulturarv." In *Hantverkslaboratorium, edited by Eva Löfgren*, 96-105. Gothenburg: University of Gothenburg.

Palonen, Ville. 2013. "Winds of Change over Morocco." *Blue Wings Gift Issue*, December 2013. Published online September 30, 2016. https://issuu.com/finnair_bluewings/docs/blue_wings_10_2013_pieni/19.

Palumbo, Berardino. 2003. *L'UNESCO e il Campanile. Antropologia, politica e beni culturali in Siciliaorientale*. ROMA: Meltemi.

——. 2011. "Politics, Heritage, and Globalization: South Eastern Sicily in the 'Patrimonialization' Process (1996–2011)." *Il nostro tempo e la speranza* 7:7-15.

Patterson, Thomas C. 2016. "Too Much Common Sense, Not Enough Critical Thinking." *Dialectical Anthropology* 40 (3): 251-258.

"Periodic Reporting on the Convention for the Safeguarding of the Intangible Cultural Heritage: Belgium." 2012. Report submitted on December 15, 2012, and examined by the Committee in 2013. *UNESCO: Intangible Cultural Heritage*, accessed May 29,2017. https://ich.unesco.org/en/state/belgium-BE?info=periodic-reporting#pr-2013-2013.

"Periodic Reporting on the Convention for the Safeguarding of the Intangible Cultural Heritage: Madagascar." 2012. Report submitted on December 15, 2012, and examined by the Committee in 2013. *UNESCO:*

Intangible Cultural Heritage, accessed May 29,2017. https://ich.unesco.org/en/state/madagascar-MG?info=periodic-reporting#pr-2013-2013.

"Periodic Reporting on the Convention for the Safeguarding of the Intangible Cultural Heritage: Morocco." 2013. Report submitted on December 15, 2012, and examined by the Committee in 2014. *UNESCO: Intangible Cultural Heritage*, accessed May 29,2017. https://ich.unesco.org/en/state/morocco-MA?info=periodic-reporting.

"Periodic Reporting on the Convention for the Safeguarding of the Intangible Cultural Heritage: Vietnam." 2013. Report submitted on December 15, 2012, and examined by the Committee in 2014. *UNESCO: Intangible Cultural Heritage*, accessed May 29,2017. https://ich.unesco.org/en/state/viet-nam-VN?info=periodic-reporting#pr-2012-2012.

Picard, David, and Mike Robinson, eds. 2006. *Festivals, Tourism and Social Change:Remaking Worlds*. Bristol: Channel View.

Poulot, Dominique. 1997. *Musée, nation, patrimoine*. Paris: Gallimard-Jeunesse.

——. 2006. *Une histoire du patrimoine en Occident*. Paris: Presses Universitaires De France.

Pressouyre, Léon. 1997. "Cultural Heritage and the 1972 Convention: Definition and Evolution of a Concept." In *African Cultural Heritage and the World Heritage Convention. Second Global Strategy Meeting*, edited by Bertrand Hirsch, Laurent Lévi-Strauss, and Galia Saouma-Forero, 56-64. Paris: UNESCO.

Proef de Cultuur Djemaa el Fna Rotterdam. 2017. Accessed March 18, 2017.http://djemaaelfnarotterdam.stichtingdeloodsen.nl/.

Rana, Jasmijn, Marlous Willemsen, and Hester Dibbits. 2017.

"Moved by the Tears of Others. Emotion Networking in the Heritage Sphere." *International Journal of Heritage Studies* 23 (10): 977-988.

Rastrick, Ólafur. 2007. "Menningararfur í fjölmenningarsamfélagi: Einsleitni, fjölhyggja,tvíbendni." In *Þriðja íslenska söguþingið 18-21. maí 2006: Ráðstefnurit*, edited by Benedikt Eyþórsson and Hrafnkell Lárusson, 333-341. Reykjavík: Sagnfræðingafélag Íslands.

Redacción La Industria. 2013. "El Cóndor pasa levanta vuelo a complir un siglo de vida." December 22, 2013. Accessed October 15, 2017.https://issuu.com/alobso/docs/la_industria_regional_22_dic_2013/5.

Rico, Trinidad. 2017. "Heritage Studies and Islam: A Crisis of Representation." *Review of Middle East Studies*, 1-5. doi:10.1017/rms.2017.96.

Rios, Fernando. 2005. "Music in Urban La Paz, Bolivian Nationalism, and the Early History of Cosmopolitan Andean Music: 1936-1970." PhD dissertation, University of Illinois at Urbana-Champaign.

——. 2006. "Andean Music, the Left, and Pan-Latin Americanism: The Early History." *Diagonal: Journal of the Center for Iberian and Latin American Music* 2: 1-13.http://www.cilam.ucr.edu/diagonal/issues/2006/Rios.pdf.

——. 2008. "La Flûte Indienne: The Early History of Andean Folkloric-Popular Music in France and Its Impact on Nueva Canción." *Latin American Music Review* 29 (2):145-189.

——. 2010. "Bolero Trios, Mestizo Panpipe Ensembles, and Bolivia's 1952 Revolution:Urban La Paz Musicians and the Nationalist

Revolutionary Movement." *Ethnomusicology* 54 (2): 281-317.

——. 2014. "'They're Stealing Our Music': The Argentinísima Controversy, National Culture Boundaries, and the Rise of a Bolivian Nationalist Discourse." *Latin American Music Review* 35 (2): 197-228.

Rodenberg, Jeroen, and Pieter Wagenaar. 2016. "Essentializing 'Black Pete': Competing Narratives Surrounding the Sinterklaas Tradition in the Netherlands." *International Journal of Heritage Studies* 22 (9): 716-728.

Ronström, Owe 2008. *Kulturarvspolitik: Visby från sliten småstad till medeltidsikon*.Stockholm: Carlsson.

——. 2016. "Four Facets of Festivalisation." *Puls: Musik- och dansetnologisk tidskrift/Journal for Ethnomusicology and Ethnochoreology* 1: 67-83.

Rose, Nikolas. 1999. *Powers of Freedom. Reframing Political Thought*. Cambridge:Cambridge University Press.

RPP Notícias. 2009a. "Bolivianos irán a Miss Universo para protestar por traje de 'La Diablada.'" August 11, 2009. http://rpp.pe/famosos/celebridades/bolivianos-iran-a-miss-universo-para-protestar-por-traje-de-la-diablada-noticia-200587.

——. 2009b. "Miss Perú defiende traje típico de 'La Diablada' ante prensa boliviana." August 12, 2009. http://rpp.pe/lima/actualidad/miss-peru-defiende-traje-tipico-de-la-diablada-ante-prensa-boliviana-noticia-200881.

——. 2009c. "Diablada peruana es más antigua que la de Bolivia asegura directora del INC." August 14, 2009. http://rpp.pe/cultura/literatura/diablada-peruana-es-mas-antigua-que-la-de-bolivia-aseguradirectora-del-inc-noticia-201626.

———. 2009d. "Piden que Perú se pronuncie por difundir 'El Cóndor Pasa' como boliviano." September 21, 2009. http://rpp.pe/peru/actualidad/piden-que-peru-se-pronuncie-por-difundir-el-condor-pasa-como-boliviano-noticia-210214.

———. 2009e. "Bolivia reconoce que 'El Cóndor Pasa' es una canción peruana." September 22, 2009. http://rpp.pe/mundo/actualidad/bolivia-reconoce-que-el-condor-pasa-es-una-cancion-peruana-noticia-210605.

RTBF. 2014. "Les friteries font désormais partie de l'héritage culture limmatériel flamand." January 10, 2014. https://www.rtbf.be/info/belgique/detail_les-friteries-font-desormais-partie-de-l-heritage-culturel-immateriel-flamand?id=8173201.

———. 2016. "Le 'fritkot' devient patrimoine oral et immatériel de la FédérationWallonie-Bruxelles." November 24, 2016. https://www.rtbf.be/info/societe/detail_le-fritkot-devient-patrimoine-oral-et-immateriel-de-la-federation-wallonie-bruxelles?id=9462253.

Sáenz Vargas, Virginia. 2014. "Semblanza de una boliviana: Julia Elena Fortún." In *Otras Miradas Presencias femeninas en una historia de larga duración*, edited by Walter Sánchez Canedo and Claudia Rivera Casanovas, 35-70. Cochabamba: Instituto de Investigaciones Antropológicas y Museo Arqueológico de la Universidad Mayor de San Simón (INIAM-UMSS).

Sagan, Carl, E. D. Drake, Ann Dryuan, Timothy Ferris, Jon Lomberg, Linda Salzman Sagan. 1978. *Murmurs of Earth: The Voyager Interstellar Record*. New York: Random House.

Saikawa, Takashi. 2016. "Returning to the International Community: UNESCO and Postwar Japan, 1945-1951." In *A History of UNESCO: Global Actions and Impacts*, edited by Poul Duedahl, 116-130. New York: Springer.

Salazar Mejía, Luis. 2014. "El Cóndor Pasa...y sus misterios." Revista de Crítica Literaria Latinoamericana 40 (80): 11-37.

Sánchez Carretero, Cristina. 2015. "Heritagization of the Camino to Finisterre." In *Heritage, Pilgrimage and the Camino to Finisterre*, edited by Cristina Sánchez Carretero, 95-120. Cham: Springer.

Saouma-Forero, Galia. 2001. "Synthesis Report of the Expert Meeting on Authenticity and Integrity in the African Context." In *Authenticity and Integrity in the African Context:Expert Meeting—Great Zimbabwe, Zimbabwe 26-29 May 2000*, edited by Galia Saouma-Forero, 144-164. Paris: UNESCO.

Schmitt, Thomas. 2005. "Jemaa el Fna Square in Marrakech: Changes to a Social Space and to a UNESCO Masterpiece of the Oral and Intangible Heritage of Humanity as a Result of Global Influences." *Arab World Geographer* 8 (4): 173-195.

——. 2008. "The UNESCO Concept of Safeguarding Intangible Cultural Heritage: Its Background and Marrakchi Roots." *International Journal of Heritage Studies* 14 (2):95-111.

——. 2009. "Global Cultural Governance: Decision-Making Concerning World Heritage between Politics and Science." *Erdkunde* 63 (2): 103-121.

Schuster, J. Mark. 2002. "Making a List and Checking It Twice: The List as a Tool of Historic Preservation." Working paper no. 14. The

Cultural Policy Center at the University of Chicago.https://culturalpolicy. uchicago.edu/sites/culturalpolicy.uchicago.edu/files/Schuster14.pdf.

Semaine de la frite. 2016. Accessed March 18, 2017. http://www.semainedelafrite.be/.

Sherkin, Samantha. 2001. "A Historical Study on the Preparation of the 1989 Recommendation on the Safeguarding of Traditional Culture and Folklore." In *Safeguarding Traditional Cultures. A Global Assessment*, edited by Peter Seitel, 42-56.Washington, DC: Center for Folklife and Cultural Heritage, Smithsonian Institution.

Silverman, Carol. 2015. "Macedonia, UNESCO, and Intangible Cultural Heritage: The Challenging Fate of Teškoto." *Journal of Folklore Research* 52 (2-3): 233–251.

Skrydstrup, Martin. 2009. "Theorizing Repatriation." *Ethnologia Europaea: Journal of European Ethnology* 39 (2): 54-66.

———. 2012. "Cultural Property." *A Companion to Folklore*, edited by Regina Bendix and Galit Hasan-Rokem, 520-536. Hoboken, NJ: Blackwell.

Smeets, Rieks, and Harriet Deacon. 2017. "The Examination of Nomination Files under the UNESCO Convention for the Safeguarding of the Intangible Cultural Heritage." In *The Routledge Companion to Intangible Cultural Heritage*, edited by Michelle L. Stefano and Peter Davis, 22-39. London: Routledge.

Smith, Claire, Heather Burke, Cherrie de Leiuen, and Gary Jackson. 2016. "The Islamic State's Symbolic War: Da'esh's Socially Mediated Terrorism as a Threat to Cultural Heritage." *Journal of Social Archeology* 16 (2): 164-188.

Smith, Laurajane. 2006. *Uses of Heritage*. London: Routledge.

Smith, Laurajane, and Natsuko Akagawa, eds. 2009. *Intangible Heritage*. London:Routledge.

Soko, Boston. 2014. *Vimbuza The Healing Dance of Northern Malawi*. Lilongwe: Mzuni Press.

Statistics Lithuania. 2013. "2011 Census." https://osp.stat.gov.lt/en_GB/pradinis.

Stefano, Michelle L. and Peter Davis, eds. 2017. *The Routledge Companion to Intangible Cultural Heritage*. London: Routledge.

Stefano, Michelle L., Peter Davis, and Gerard Corsane, eds. 2014. *Safeguarding Intangible Cultural Heritage*. Suffolk: Boydell & Brewer.

Stenou, Katérina. 2003. *UNESCO and the Issue of Cultural Diversity. Review and Strategy, 1946-2003: A Study Based on Official Documents*. Revised version. Paris: UNESCO Division of Cultural Policies and Intercultural Dialogue.

Stovel, Herb. 1995. "Foreword: Working Towards the Nara Document." In *Nara Conference on Authenticity, Japan 1994, Proceedings*, edited by Knut Einar Larsen, xxxiii-xxxvi. Tokyo: Agency for Cultural Affairs/UNESCO World Heritage Centre/ICCROM/ICOMOS.

Ströbele-Gregor, Juliana. 1996. "Culture and Political Practice of the Aymara and Quechua in Bolivia: Autonomous Forms of Modernity in the Andes." *Latin American Perspectives* 23 (2): 72-90.

Swenson, Astrid. 2007. "'Heritage,' 'Patromoine' und 'Kulturerbe': Eine vergleichende historische Semantik." In *Prädikat Heritage: Wertschöpfungen aus kulturellen Ressourcen*, edited by

Dorothee Hemme, Markus Tauschek, and Regina Bendix, 53-74. Berlin: Lit.

——. 2013. *The Rise of Heritage: Preserving the Past in France, Germany and England, 1789-1914*. Cambridge: Cambridge University Press.

Tauschek, Markus. 2009. "Cultural Property as Strategy: The Carnival of Binche, the Creation of Cultural Heritage and Cultural Property." *Ethnologia Europaea: Journal of European Ethnology* 39 (2): 67-80.

——. 2010. *Wertschöpfung aus Tradition: der Karneval von Binche und die Konstituierung kulturellen Erbes*. Münster: LIT.

Tebbaa, Ouidad. 2010. "Le patrimoine de la place Jemaa El Fna de Marrakech: Entre le matériel et l'immatériel." *Quaderns de la Mediterrània* 13: 51-58.

Tebbaa, Ouidad and Ahmed Skounti. 2011. "Patrimoine mondial et patrimoine culturel immatériel, le problème de la double reconnaissance de l'UNESCO. Cas de Marrakech." In *De l'immatérialité du patrimoine culturel*, edited by Ouidad Tebbaa and Ahmed Skounti, 44-64. Marrakech: Marrakech Culture Patrimoine et Tourisme / Faculté des Lettres et des Sciences Humaines, Université Cadi Ayyad.

Telegraph. 2012. "Timbuktu Shrine Destruction 'a War Crime.'" July 2, 2012. http://www.telegraph.co.uk/news/worldnews/africaandindianocean/mali/9369271/Timbuktu-shrine-destruction-a-war-crime.html.

Telemetro. 2009. "Miss Perú rechaza invitación de Evo Morales para bailar." October 9, 2009. http://www.telemetro.com/entretenimiento/

espectaculo/Miss-Peru-invitacion-Evo-Morales_0_194080599.html.

Thompson, Tok. 2006. "Heritage versus the Past." In *The Past in the Present: A Multidisciplinary Approach*, edited by Fabio Mugnaini, Pádraig Ó Hélaí, and Tok Thompson, 197-208. Catania: Edit Press.

Titchen, Sarah M. 1995. "On the Construction of Outstanding Universal Value: UNESCO's World Heritage Convention (Convention Concerning the Protection of the World Cultural and Natural Heritage, 1972) and the Identification and Assessment of Cultural Places for Inclusion in the World Heritage List." PhD Dissertation, Australian National University.

Toledo Brückmann, Ernesto. 2011. *El cóndor pasa: Mandato y obediencia; Análisis político y social de una zarzuela.* Lima: Editorial San Marco.

Tolia-Kelly, Divya P., Emma Waterton, and Steve Watson. 2017. *Heritage, Affect and Emotion: Politics, Practices and Infrastructures*. Oxford: Routledge.

Tornatore, Jean-Louis. 2007. "Qu'est ce qu'un ethnologue politisé? Expertise et engagement en socio-anthropologie de l'activité patrimoniale." *ethnographiques.org* 12 (February). http://www.ethnographiques.org/2007/Tornatore.

——. 2011. "Du patrimoine ethnologique au patrimoine immatériel. Suivre la voie politique de l'immatérialité culturelle." In *Le patrimoine culturel immatériel: Enjeux d'une nouvelle catégorie*, edited by Chiara Bortolotto, 213-232. Paris: Maison des sciences de l'homme.

——. 2012. "Retour d'anthropologie: 'Le Repas gastronomique des Français.' Éléments d'ethnographie d'une distinction patrimoniale."

ethnographiques.org 24 (July). http://www.ethnographiques.org/2012/ Tornatore.

Trip Advisor User Review. 2013. "Aminated." April 9, 2013. https://www.tripadvisor.co.uk/ShowUserReviews-g293734-d318047-r157242126-Jemaa_el_Fnaa-Marrakech_Marrakech_Tensift_El_Haouz_Region.html#.

Trujillo, Oscar Ramírez. 2012. "El Cóndor Pasa es Patrimonio Cultural de nuestra Nación." *El Cóndor Pasa*, November 18, 2012. http://www.elcondorpasa.org/gort/2012/11/18/el-condor-pasa-es-patrimonio-cultural-de-nuestra-nacion-el-peru/.

Tschofen, Bernhard. 2007. "Antreten, ablehnen, verwalten? Was der Heritage-Boom der Kulturwissenschaften aufträgt." In *Prädikat "Heritage" : Perspektiven auf Wertschöpfungen aus Kultur*, edited by Dorothee Hemme, Markus Tauschek, and Regina Bendix, 19-32. Berlin: Lit.

Tucker, Joshua. 2013. *Gentleman Troubadours and Andean Pop Stars: Huayno Music, Media Work, and Ethnic Imaginaries in Urban Peru*. Chicago: University of Chicago Press.

Turino, Thomas. 1988. "The Music of Andean Migrants in Lima, Peru: Demographics, Social Power, and Style." *Latin American Music Review* 9 (2): 127-150.

———. 2003. "Nationalism and Latin American Music: Selected Case Studies and Theoretical Considerations." *Latin American Music Review / Revista De Música Latinoamericana* 24 (2): 169-209.

Turtinen, Jan. 2000. *Globalising Heritage: On UNESCO and the Transnational Construction of World Heritage*. SCORE Rapportserie

2000: 12. Stockholm: Stockholm Center for Organizational Research.

——. 2006. *Världsarvets villkor. Intressen, förhandlingar och bruk i internationell politik*. Acta universitatis stockholmiensis, Stockholm Studies in Ethnology, 1. Stockholm: Stockholms Universitet.

UN News Centre. 2008. "UN's Intangible Cultural Heritage List Comes into Being with 90 Entries." November 4, 2008. http://www.un.org/apps/news/story.asp? NewsID=28812#.WeNtAlu0PIU.

——. 2012. "Ban Voices Concern by Worsening Humanitarian Situation in Mali." July 1, 2012. http://www.un.org/apps/news/story.asp?NewsID=42368#.WZS6wdPyhE4.

UNESCO. 1971. "Possibility of Establishing an International Instrument for the Protection of Folklore." Document B/EC/IX/11-IGC/XR.1/15.

——. 1977. "Letter from the Ministry of Foreign Affairs and Religion, Republic of Bolivia, 24 April 1973." Document FOLK/I/3, Annex. Paris.

——. 1982. *Nubia. A Triumph of International Solidarity. Official Inauguration of the Temples of Philae and the Twentieth Anniversary of the International Campaign to Save the Monuments of Nubia*. Paris: UNESCO.

——. 1993. "Establishment of a System of 'Living Cultural Properties' (Living Human Treasures) at UNESCO." Executive Board, 142nd session, August 10, 1993. Document 142 EX/18, Paris: UNESCO.

——. 2001a. *Proclamation of Masterpieces of the Oral and Intangible Heritage of Humanity. Guide for the Presentation of Candidature Files*. Paris: Intangible Heritage Section, Division of

Cultural Heritage, UNESCO.

———. 2001b. *Première Proclamation des chefs-d'œuvre du patrimoine oral et immatériel de l'humanité*. Paris: Intangible Heritage Section, Division of Cultural Heritage, UNESCO.

———. 2002a. *Guidelines for the Establishment of Living Human Treasures Systems*. Paris: UNESCO Section of Intangible Cultural Heritage and Korean National Commission for UNESCO.

———. 2002b. "Intangible Cultural Heritage: Priority Domains for an International Convention. Impacts of the First Proclamation on the Nineteen Masterpieces Proclaimed Oral and Intangible Heritage of Humanity." Expert Meeting, Rio de Janeiro, 2002. Document RIO/ITH/2002/INF.

———. 2002c. "Study with a View to the Establishment of Consolidated Administrative and Financial Procedures for the Implementation of the Project Concerning the 'Proclamation of Masterpieces of the Oral and Intangible Heritage of Humanity.'" Executive Board, 164th session, May 6, 2002. Document 164 EX/18, Paris: UNESCO.

———. 2003a. "Intersessional Working Group of Government Experts on the Preliminary Draft Convention for the Safeguarding of the Intangible Cultural Heritage." Report, April 22-30, 2003. Document CLT-2003/CONF.206/3, Paris: UNESCO.

———. 2003b. "Preliminary Draft International Convention for the Safeguarding of the Intangible Cultural Heritage and Report by the Director-General on the Situation Calling for Standard-Setting and on the Possible Scope of such Standard-Setting." General Conference, 32nd session, July 18, 2003. Document 32 C/26, Paris: UNESCO.

———. 2004a. *Deuxième Proclamation des chefs-d'œuvre du patrimoine oral et immatériel de l'humanité*. Paris: Intangible Heritage Section, Division of Cultural Heritage, UNESCO.

———. 2004b. "Address by Mr Koïchiro Matsuura, Director-General of UNESCO, on the Convention for the Safeguarding of the Intangible Cultural Heritage." Copenhagen, Denmark, June 1, 2004. Document DG/2004/079, Paris: UNESCO.

UNESCO Intangible Cultural Heritage. 2014. "Decision of the Intergovernmental Committee: 9.COM 10.34." Accessed October 13, 2017. https://ich.unesco.org/en/decisions/9.COM/10.34.

UNESCO Intangible Cultural Heritage Lists. 2008a. "Carnival of Barranquilla." Accessed May 29, 2017. https://ich.unesco.org/en/RL/carnival-of-barranquilla-00051.

———. 2008b. "Vimbuza Healing Dance." Accessed September 6, 2017. https://ich.unesco.org/en/RL/vimbuza-healing-dance-00158.

———. 2013. "Kimjang, Making and Sharing Kimchi in the Republic of Korea." Accessed October 30, 2017. https://ich.unesco.org/en/RL/kimjang-making-and-sharing-kimchiin-the-republic-of-korea-00881.

———. 2016. "Yama, Hoko, Yatai, Float Festivals in Japan." Accessed September 6, 2017. https://ich.unesco.org/en/RL/yama-hoko-yatai-float-festivals-in-japan-01059.

UNESCO World Heritage Centre. n.d. "Historic Centre of Warsaw." Accessed October 13, 2017. http://whc.unesco.org/en/list/30.

———. n.d. "The World Heritage Convention: Brief History." Accessed October 13, 2017. http://whc.unesco.org/en/convention/.

——. 2009. "50th Anniversary of Nubia Campaign." March 31, 2009. http://whc.unesco.org/en/news/497/.

——. 2015. "UNESCO Director General Condemns Destruction of Nimrud in Iraq." March 6, 2015.

United Nations General Assembly. 2015. "Saving the Cultural Heritage of Iraq. Sixty-ninth session, Agenda item 14, Culture of Peace." May 21, 2015. Document A/69/L.71. http://www.un.org/ga/search/view_doc.asp?symbol=A/69/L.71.

Varallanos, José. 1988. *El Cóndor Pasa. Vida y obra de Daniel Alomía Robles*. Lima: Talleres Gráficos P. L. Villanueva.

Vargas Luza, Jorge Enrique. 1998. *La diablada de Oruro: sus máscaras y caretas*. La Paz: Plural Editores/Centro de Información para el Desarrollo.

Velure, Magne. 1972. "Levande dansetra disjon eller stagnasjon og kopiering: Folkedans som folklorisme-fenomen." *Tradisjon* 2: 3-9.

Viejo-Rose, Dacia, and Marie Louise Stig Sørensen. 2015. "Cultural Heritage and Armed Conflict. New Questions for an Old Relationship." In *The Palgrave Handbook of Contemporary Heritage Research*, edited by Emma Waterton and Steve Watson, 281-296. Hampshire: Palgrave Macmillan.

Whisnant, David E. 1983. *All that Is Native and Fine: The Politics of Culture in an American Region*. Chapel Hill: University of North Carolina Press.

——. 1988. "Public Sector Folklore as Intervention: Lessons from the Past, Prospects for the Future." In *The Conservation of Culture: Folklorists and the Public Sector*, edited by Burt Feintuch, 233-247.

Lexington: University Press of Kentucky.

Williams, Gareth. 2002. *The Other Side of the Popular: Neoliberalism and Subalternity in Latin America*. Durham, NC: Duke University Press.

Winter, Tim. 2010. "Heritage Tourism: The Dawn of a New Era?" In *Heritage and Globalisation*, edited by Sophia Labadi and Colin Long, 117-129. Abingdon: Taylor & Francis.

——. 2014. "Beyond Eurocentrism? Heritage Conservation and the Politics of Difference." *International Journal of Heritage* 20 (2): 123-137.

——. 2015. "Heritage Diplomacy." *International Journal of Heritage Studies* 21 (10): 997-1015.

——. 2016. "Heritage Diplomacy: Entangled Materialities of International Relations." *Future Anterior* 13 (1): 16-34.

WIPO Lex. 2010. "Lithuania: Law on the Principles of State Protection of Ethnic Culture VIII-1328 of September 21, 1999 (as amended on January 9, 2006). WIPO Lex No. LT042. http://www.wipo.int/wipolex/en/details.jsp?id=5572.

——. 2011. Ley No. 149. Bolivia. http://www.wipo.int/edocs/lexdocs/laws/es/bo/bo062es.pdf.

World Heritage Newsletter. 2001. "AFRICA 2009: Interview with Joseph King of ICCROM." No. 32 (October-November): 2.

You, Ziying. 2015. "Shifting Actors and Power Relations: Contentious Local Responses to the Safeguarding of Intangible Cultural Heritage in Contemporary China." *Journal of Folklore Research* 52 (2-3): 253-268.

Yúdice, George. 2004. *The Expediency of Culture: Uses of Culture in the Global Era*. Durham, NC: Duke University Press.

Yun, Kyoim. 2015. "The Economic Imperative of UNESCO Recognition: A South Korean Shamanic Ritual." *Journal of Folklore Research* 52 (2-3): 181-198.

Zaeef, Abdul Salam. 2010. *My Life with the Taliban*. New York: Columbia University Press.

Zapata-Barrero, Ricard. 2016. "Diversity and Cultural Policy: Cultural Citizenship as a Tool for Inclusion." *International Journal of Cultural Policy* 22 (4): 534-552.

新知
文库

01 《证据：历史上最具争议的法医学案例》[美] 科林·埃文斯 著　毕小青 译
02 《香料传奇：一部由诱惑衍生的历史》[澳] 杰克·特纳 著　周子平 译
03 《查理曼大帝的桌布：一部开胃的宴会史》[英] 尼科拉·弗莱彻 著　李响 译
04 《改变西方世界的 26 个字母》[英] 约翰·曼 著　江正文 译
05 《破解古埃及：一场激烈的智力竞争》[英] 莱斯利·罗伊·亚京斯 著　黄中宪 译
06 《狗智慧：它们在想什么》[加] 斯坦利·科伦 著　江天帆、马云霏 译
07 《狗故事：人类历史上狗的爪印》[加] 斯坦利·科伦 著　江天帆 译
08 《血液的故事》[美] 比尔·海斯 著　郎可华 译　张铁梅 校
09 《君主制的历史》[美] 布伦达·拉尔夫·刘易斯 著　荣予、方力维 译
10 《人类基因的历史地图》[美] 史蒂夫·奥尔森 著　霍达文 译
11 《隐疾：名人与人格障碍》[德] 博尔温·班德洛 著　麦湛雄 译
12 《逼近的瘟疫》[美] 劳里·加勒特 著　杨岐鸣、杨宁 译
13 《颜色的故事》[英] 维多利亚·芬利 著　姚芸竹 译
14 《我不是杀人犯》[法] 弗雷德里克·肖索依 著　孟晖 译
15 《说谎：揭穿商业、政治与婚姻中的骗局》[美] 保罗·埃克曼 著　邓伯宸 译　徐国强 校
16 《蛛丝马迹：犯罪现场专家讲述的故事》[美] 康妮·弗莱彻 著　毕小青 译
17 《战争的果实：军事冲突如何加速科技创新》[美] 迈克尔·怀特 著　卢欣渝 译
18 《最早发现北美洲的中国移民》[加] 保罗·夏亚松 著　暴永宁 译
19 《私密的神话：梦之解析》[英] 安东尼·史蒂文斯 著　薛绚 译
20 《生物武器：从国家赞助的研制计划到当代生物恐怖活动》[美] 珍妮·吉耶曼 著　周子平 译
21 《疯狂实验史》[瑞士] 雷托·U. 施奈德 著　许阳 译
22 《智商测试：一段闪光的历史，一个失色的点子》[美] 斯蒂芬·默多克 著　卢欣渝 译
23 《第三帝国的艺术博物馆：希特勒与"林茨特别任务"》[德] 哈恩斯 – 克里斯蒂安·罗尔 著　孙书柱、刘英兰 译
24 《茶：嗜好、开拓与帝国》[英] 罗伊·莫克塞姆 著　毕小青 译
25 《路西法效应：好人是如何变成恶魔的》[美] 菲利普·津巴多 著　孙佩妏、陈雅馨 译

26	《阿司匹林传奇》[英]迪尔米德·杰弗里斯 著　暴永宁、王惠 译	
27	《美味欺诈：食品造假与打假的历史》[英]比·威尔逊 著　周继岚 译	
28	《英国人的言行潜规则》[英]凯特·福克斯 著　姚芸竹 译	
29	《战争的文化》[以]马丁·范克勒韦尔德 著　李阳 译	
30	《大背叛：科学中的欺诈》[美]霍勒斯·弗里兰·贾德森 著　张铁梅、徐国强 译	
31	《多重宇宙：一个世界太少了？》[德]托比阿斯·胡阿特、马克斯·劳讷 著　车云 译	
32	《现代医学的偶然发现》[美]默顿·迈耶斯 著　周子平 译	
33	《咖啡机中的间谍：个人隐私的终结》[英]吉隆·奥哈拉、奈杰尔·沙德博尔特 著　毕小青 译	
34	《洞穴奇案》[美]彼得·萨伯 著　陈福勇、张世泰 译	
35	《权力的餐桌：从古希腊宴会到爱丽舍宫》[法]让-马克·阿尔贝 著　刘可有、刘惠杰 译	
36	《致命元素：毒药的历史》[英]约翰·埃姆斯利 著　毕小青 译	
37	《神祇、陵墓与学者：考古学传奇》[德]C. W. 策拉姆 著　张芸、孟薇 译	
38	《谋杀手段：用刑侦科学破解致命罪案》[德]马克·贝内克 著　李响 译	
39	《为什么不杀光？种族大屠杀的反思》[美]丹尼尔·希罗、克拉克·麦考利 著　薛绚 译	
40	《伊索尔德的魔汤：春药的文化史》[德]克劳迪娅·米勒-埃贝林、克里斯蒂安·拉奇 著　王泰智、沈惠珠 译	
41	《错引耶稣：〈圣经〉传抄、更改的内幕》[美]巴特·埃尔曼 著　黄恩邻 译	
42	《百变小红帽：一则童话中的性、道德及演变》[美]凯瑟琳·奥兰丝汀 著　杨淑智 译	
43	《穆斯林发现欧洲：天下大国的视野转换》[英]伯纳德·刘易斯 著　李中文 译	
44	《烟火撩人：香烟的历史》[法]迪迪埃·努里松 著　陈睿、李欣 译	
45	《菜单中的秘密：爱丽舍宫的飨宴》[日]西川惠 著　尤可欣 译	
46	《气候创造历史》[瑞士]许靖华 著　甘锡安 译	
47	《特权：哈佛与统治阶层的教育》[美]罗斯·格雷戈里·多塞特 著　珍栎 译	
48	《死亡晚餐派对：真实医学探案故事集》[美]乔纳森·埃德罗 著　江孟蓉 译	
49	《重返人类演化现场》[美]奇普·沃尔特 著　蔡承志 译	
50	《破窗效应：失序世界的关键影响力》[美]乔治·凯林、凯瑟琳·科尔斯 著　陈智文 译	
51	《违童之愿：冷战时期美国儿童医学实验秘史》[美]艾伦·M.霍恩布鲁姆、朱迪斯·L.纽曼、格雷戈里·J.多贝尔 著　丁立松 译	
52	《活着有多久：关于死亡的科学和哲学》[加]理查德·贝利沃、丹尼斯·金格拉斯 著　白紫阳 译	

53 《疯狂实验史Ⅱ》[瑞士]雷托·U.施奈德 著　郭鑫、姚敏多 译

54 《猿形毕露：从猩猩看人类的权力、暴力、爱与性》[美]弗朗斯·德瓦尔 著　陈信宏 译

55 《正常的另一面：美貌、信任与养育的生物学》[美]乔丹·斯莫勒 著　郑嬿 译

56 《奇妙的尘埃》[美]汉娜·霍姆斯 著　陈芝仪 译

57 《卡路里与束身衣：跨越两千年的节食史》[英]路易丝·福克斯克罗夫特 著　王以勤 译

58 《哈希的故事：世界上最具暴利的毒品业内幕》[英]温斯利·克拉克森 著　珍栎 译

59 《黑色盛宴：嗜血动物的奇异生活》[美]比尔·舒特 著　帕特里曼·J.温 绘图　赵越 译

60 《城市的故事》[美]约翰·里德 著　郝笑丛 译

61 《树荫的温柔：亘古人类激情之源》[法]阿兰·科尔班 著　苜蓓 译

62 《水果猎人：关于自然、冒险、商业与痴迷的故事》[加]亚当·李斯·格尔纳 著　于是 译

63 《囚徒、情人与间谍：古今隐形墨水的故事》[美]克里斯蒂·马克拉奇斯 著　张哲、师小涵 译

64 《欧洲王室另类史》[美]迈克尔·法夸尔 著　康怡 译

65 《致命药瘾：让人沉迷的食品和药物》[美]辛西娅·库恩等 著　林慧珍、关莹 译

66 《拉丁文帝国》[法]弗朗索瓦·瓦克 著　陈绮文 译

67 《欲望之石：权力、谎言与爱情交织的钻石梦》[美]汤姆·佐尔纳 著　麦慧芬 译

68 《女人的起源》[英]伊莲·摩根 著　刘筠 译

69 《蒙娜丽莎传奇：新发现破解终极谜团》[美]让－皮埃尔·伊स鲍茨、克里斯托弗·希斯·布朗 著　陈薇薇 译

70 《无人读过的书：哥白尼〈天体运行论〉追寻记》[美]欧文·金格里奇 著　王今、徐国强 译

71 《人类时代：被我们改变的世界》[美]黛安娜·阿克曼 著　伍秋玉、澄影、王丹 译

72 《大气：万物的起源》[英]加布里埃尔·沃克 著　蔡承志 译

73 《碳时代：文明与毁灭》[美]埃里克·罗斯顿 著　吴妍仪 译

74 《一念之差：关于风险的故事与数字》[英]迈克尔·布拉斯兰德、戴维·施皮格哈尔特 著　威治 译

75 《脂肪：文化与物质性》[美]克里斯托弗·E.福思、艾莉森·利奇 编著　李黎、丁立松 译

76 《笑的科学：解开笑与幽默感背后的大脑谜团》[美]斯科特·威姆斯 著　刘书维 译

77 《黑丝路：从里海到伦敦的石油溯源之旅》[英]詹姆斯·马里奥特、米卡·米尼奥－帕卢埃洛 著　黄煜文 译

78 《通向世界尽头：跨西伯利亚大铁路的故事》[英]克里斯蒂安·沃尔玛 著　李阳 译

79	《生命的关键决定:从医生做主到患者赋权》[美]彼得·于贝尔 著 张琼懿 译
80	《艺术侦探:找寻失踪艺术瑰宝的故事》[英]菲利普·莫尔德 著 李欣 译
81	《共病时代:动物疾病与人类健康的惊人联系》[美]芭芭拉·纳特森–霍洛威茨、凯瑟琳·鲍尔斯 著 陈筱婉 译
82	《巴黎浪漫吗?——关于法国人的传闻与真相》[英]皮乌·玛丽·伊特韦尔 著 李阳 译
83	《时尚与恋物主义:紧身褡、束腰术及其他体形塑造法》[美]戴维·孔兹 著 珍栎 译
84	《上穷碧落:热气球的故事》[英]理查德·霍姆斯 著 暴永宁 译
85	《贵族:历史与传承》[法]埃里克·芒雄–里高 著 彭禄娴 译
86	《纸影寻踪:旷世发明的传奇之旅》[英]亚历山大·门罗 著 史先涛 译
87	《吃的大冒险:烹饪猎人笔记》[美]罗布·沃乐什 著 薛绚 译
88	《南极洲:一片神秘的大陆》[英]加布里埃尔·沃克 著 蒋功艳、岳玉庆 译
89	《民间传说与日本人的心灵》[日]河合隼雄 著 范作申 译
90	《象牙维京人:刘易斯棋中的北欧历史与神话》[美]南希·玛丽·布朗 著 赵越 译
91	《食物的心机:过敏的历史》[英]马修·史密斯 著 伊玉岩 译
92	《当世界又老又穷:全球老龄化大冲击》[美]泰德·菲什曼 著 黄煜文 译
93	《神话与日本人的心灵》[日]河合隼雄 著 王华 译
94	《度量世界:探索绝对度量衡体系的历史》[美]罗伯特·P.克里斯 著 卢欣渝 译
95	《绿色宝藏:英国皇家植物园史话》[英]凯茜·威利斯、卡罗琳·弗里 著 珍栎 译
96	《牛顿与伪币制造者:科学巨匠鲜为人知的侦探生涯》[美]托马斯·利文森 著 周子平 译
97	《音乐如何可能?》[法]弗朗西斯·沃尔夫 著 白紫阳 译
98	《改变世界的七种花》[英]詹妮弗·波特 著 赵丽洁、刘佳 译
99	《伦敦的崛起:五个人重塑一座城》[英]利奥·霍利斯 著 宋美莹 译
100	《来自中国的礼物:大熊猫与人类相遇的一百年》[英]亨利·尼科尔斯 著 黄建强 译
101	《筷子:饮食与文化》[美]王晴佳 著 汪精玲 译
102	《天生恶魔?:纽伦堡审判与罗夏墨迹测验》[美]乔尔·迪姆斯代尔 著 史先涛 译
103	《告别伊甸园:多偶制怎样改变了我们的生活》[美]戴维·巴拉什 著 吴宝沛 译
104	《第一口:饮食习惯的真相》[英]比·威尔逊 著 唐海娇 译
105	《蜂房:蜜蜂与人类的故事》[英]比·威尔逊 著 暴永宁 译
106	《过敏大流行:微生物的消失与免疫系统的永恒之战》[美]莫伊塞斯·贝拉斯克斯–曼诺夫 著 李黎、丁立松 译

107 《饭局的起源：我们为什么喜欢分享食物》[英] 马丁·琼斯 著　陈雪香 译　方辉 审校

108 《金钱的智慧》[法] 帕斯卡尔·布吕克内 著　张叶 陈雪乔 译　张新木 校

109 《杀人执照：情报机构的暗杀行动》[德] 埃格蒙特·科赫 著　张芸、孔令逊 译

110 《圣安布罗焦的修女们：一个真实的故事》[德] 胡贝特·沃尔夫 著　徐逸群 译

111 《细菌》[德] 汉诺·夏里修斯 里夏德·弗里贝 著　许嫚红 译

112 《千丝万缕：头发的隐秘生活》[英] 爱玛·塔罗 著　郑嬿 译

113 《香水史诗》[法] 伊丽莎白·德·费多 著　彭禄娴 译

114 《微生物改变命运：人类超级有机体的健康革命》[美] 罗德尼·迪塔特 著　李秦川 译

115 《离开荒野：狗猫牛马的驯养史》[美] 加文·艾林格 著　赵越 译

116 《不生不熟：发酵食物的文明史》[法] 玛丽－克莱尔·弗雷德里克 著　冷碧莹 译

117 《好奇年代：英国科学浪漫史》[英] 理查德·霍姆斯 著　暴永宁 译

118 《极度深寒：地球最冷地域的极限冒险》[英] 雷纳夫·法恩斯 著　蒋功艳、岳玉庆 译

119 《时尚的精髓：法国路易十四时代的优雅品位及奢侈生活》[美] 琼·德让 著　杨冀 译

120 《地狱与良伴：西班牙内战及其造就的世界》[美] 理查德·罗兹 著　李阳 译

121 《骗局：历史上的骗子、赝品和诡计》[美] 迈克尔·法夸尔 著　康怡 译

122 《丛林：澳大利亚内陆文明之旅》[澳] 唐·沃森 著　李景艳 译

123 《书的大历史：六千年的演化与变迁》[英] 基思·休斯敦 著　伊玉岩、邵慧敏 译

124 《战疫：传染病能否根除？》[美] 南希·丽思·斯特潘 著　郭骏、赵谊 译

125 《伦敦的石头：十二座建筑塑名城》[英] 利奥·霍利斯 著　罗隽、何晓昕、鲍捷 译

126 《自愈之路：开创癌症免疫疗法的科学家们》[美] 尼尔·卡纳万 著　贾颐 译

127 《智能简史》[韩] 李大烈 著　张之昊 译

128 《家的起源：西方居所五百年》[英] 朱迪丝·弗兰德斯 著　珍栎 译

129 《深解地球》[英] 马丁·拉德威克 著　史先涛 译

130 《丘吉尔的原子弹：一部科学、战争与政治的秘史》[英] 格雷厄姆·法米罗 著　刘晓 译

131 《亲历纳粹：见证战争的孩子们》[英] 尼古拉斯·斯塔加特 著　卢欣渝 译

132 《尼罗河：穿越埃及古今的旅程》[英] 托比·威尔金森 著　罗静 译

133 《大侦探：福尔摩斯的惊人崛起和不朽生命》[美] 扎克·邓达斯 著　肖洁茹 译

134 《世界新奇迹：在20座建筑中穿越历史》[德] 贝恩德·英玛尔·古特贝勒特 著　孟薇、张芸 译

135 《毛奇家族：一部战争史》[德] 奥拉夫·耶森 著　蔡玳燕、孟薇、张芸 译

136 《万有感官：听觉塑造心智》[美]塞思·霍罗威茨 著　蒋雨蒙 译　葛鉴桥 审校
137 《教堂音乐的历史》[德]约翰·欣里希·克劳森 著　王泰智 译
138 《世界七大奇迹：西方现代意象的流变》[英]约翰·罗谟、伊丽莎白·罗谟 著　徐剑梅 译
139 《茶的真实历史》[美]梅维恒、[瑞典]郝也麟 著　高文海 译　徐文堪 校译
140 《谁是德古拉：吸血鬼小说的人物原型》[英]吉姆·斯塔迈尔 著　刘芳 译
141 《童话的心理分析》[瑞士]维蕾娜·卡斯特 著　林敏雅 译　陈瑛 修订
142 《海洋全球史》[德]米夏埃尔·诺尔特 著　夏嫱、魏子扬 译
143 《病毒：是敌人，更是朋友》[德]卡琳·莫林 著　孙薇娜、孙娜薇、游辛田 译
144 《疫苗：医学史上最伟大的救星及其争议》[美]阿瑟·艾伦 著　徐宵寒、邹梦廉 译　刘火雄 审校
145 《为什么人们轻信奇谈怪论》[美]迈克尔·舍默 著　卢明君 译
146 《肤色的迷局：生物机制、健康影响与社会后果》[美]尼娜·雅布隆斯基 著　李欣 译
147 《走私：七个世纪的非法携运》[挪]西蒙·哈维 著　李阳 译
148 《雨林里的消亡：一种语言和生活方式在巴布亚新几内亚的终结》[瑞典]唐·库里克 著　沈河西 译
149 《如果不得不离开：关于衰老、死亡与安宁》[美]萨缪尔·哈灵顿 著　丁立松 译
150 《跑步大历史》[挪威]托尔·戈塔斯 著　张翎 译
151 《失落的书》[英]斯图尔特·凯利 著　卢葳、汪梅子 译
152 《诺贝尔晚宴：一个世纪的美食历史（1901—2001）》[瑞典]乌利卡·索德琳德 著　张琦 译
153 《探索亚马孙：华莱士、贝茨和斯普鲁斯在博物学乐园》[巴西]约翰·亨明 著　法磊 译
154 《树懒是节能，不是懒！：出人意料的动物真相》[美]露西·库克 著　黄悦 译
155 《本草：李时珍与近代早期中国博物学的转向》[加]卡拉·纳皮 著　刘黎琼 译
156 《制造非遗：〈山鹰之歌〉与来自联合国的其他故事》[冰]瓦尔迪马·哈夫斯泰因 著　闾人 译　马莲 校